DE DIEU
QUI VIENT À L'IDÉE

DU MÊME AUTEUR
À LA MÊME LIBRAIRIE

En découvrant l'existence avec Husserl et Heidegger, 1949, 1967 pour l'édition suivi d'*Essais nouveaux,* 2001 pour l'édition de poche.

Théorie de l'intuition dans la phénoménologie de Husserl, 1930, 8e tirage, 2001.

De l'existence à l'existant, 1947, 2e éd., 1978, 1990 pour l'édition de poche.

Traduction de l'allemand :

HUSSERL : *Méditations cartésiennes*, 1931 (Colin), 1947 (Vrin), 1992 pour l'édition de poche, en collaboration avec G. Peiffer.

BIBLIOTHÈQUE DES TEXTES PHILOSOPHIQUES

Fondateur : Henri GOUHIER Directeur : Jean-François COURTINE

Emmanuel LEVINAS

DE DIEU QUI VIENT À L'IDÉE

Seconde édition augmentée
Quatrième tirage

PARIS
LIBRAIRIE PHILOSOPHIQUE J. VRIN
6, Place de la Sorbonne, V^e
2004

Imprimé en France
ISBN 2-7116-1120-5
(ISBN 2-7116-2017-4 pour la 1re édition)

www.vrin.fr

Préface à la deuxième édition.

Le texte de la première édition du présent ouvrage est reproduit dans la deuxième sans modification.

Cet essai de trouver les traces de la venue de Dieu à l'idée, de sa descente sur nos lèvres et de son inscription dans les livres, s'en est tenu là où – grâce au surgissement de l'humain dans l'être – peuvent s'interrompre ou se suspendre l'impénitente persévérance de l'être dans son être, l'universel inter-essement et, dès lors, la lutte de tous contre tous. Interruption ou dés-inter-essement qui se produit dans l'homme répondant de son prochain, lequel, autrui, lui est étranger. Responsabilité qui est réponse à l'impératif de l'amour gratuit qui me vient du visage d'autrui où signifient à la fois, l'abandon et l'élection de son unicité ; ordre de l'être-pour-l'autre ou de la sainteté comme source de toute valeur.

Cet impératif d'aimer – qui est aussi élection et amour atteignant dans son unicité de responsable celui qui en est investi – est décrit dans De Dieu qui vient à l'idée *sans évocation de la création, de la toute-puissance, des récompenses, et des promesses. On nous a reproché d'avoir ignoré la théologie. Nous ne contestons pas ici la nécessité d'une récupération ou, du moins, la nécessité d'en décider l'opportunité. Nous pensons cependant que cela vient après l'entrevision de la sainteté qui est première. D'autant plus que nous appartenons à une génération et à un siècle auxquels avait été réservée l'épreuve impitoyable d'une éthique sans secours ni promesses et qu'il nous est impossible – à nous, les survivants – de témoigner contre la sainteté, en lui cherchant des conditions.*

* *
*

Nous avons pu apporter à la typographie de la nouvelle édition de très nombreuses corrections grâce à l'intervention précieuse d'un lecteur. Nous devons, en effet, notre mise au point à l'amabilité extrême et à l'éclairée attention de Monsieur Eugène Demont que nous remercions avec confusion mais de tout cœur.

AVANT-PROPOS

Les divers textes réunis dans ce volume exposent une recherche sur la possibilité – ou même sur le fait – d'entendre le mot Dieu comme un mot signifiant. Elle est menée indépendamment du problème de l'existence ou de la non-existence de Dieu, indépendamment de la décision qui pourrait être prise devant cette alternative et indépendamment aussi de la décision sur le sens ou le non-sens de cette alternative même. Ce qui est recherché ici, c'est la concrétude phénoménologique *dans laquelle cette signification pourrait signifier ou signifie, même si elle tranche sur toute phénoménalité. Car ce* trancher *ne saurait se dire de façon purement négative et comme une négation apophantique. Il s'agit d'en décrire les « circonstances » phénoménologiques, leur conjoncture positive et comme la « mise en scène » concrète de ce qui se dit en guise d'abstraction.*

Le lecteur attentif s'apercevra probablement que notre thème mène à des questions moins « gratuites » que ne laisse imaginer sa formulation initiale. Et cela, non pas seulement en raison de l'importance que peut revêtir la description du sens attaché au nom ou au mot Dieu pour celui qui s'inquiète de reconnaître – ou de contester – dans le langage de la Révélation enseignée ou prêchée par les religions positives, que c'est bien Dieu qui a parlé et non pas, sous un faux nom, un malin génie ou une politique. Bien que cette inquiétude soit déjà philosophie.

Les questions relatives à Dieu ne se résolvent pas par des réponses où cesse de résonner, où s'apaise pleinement, l'interrogation. La recherche ne saurait ici progresser de façon rectiligne. Aux difficultés de l'espace qu'on explore s'ajoutent toujours probablement les maladresses et les lenteurs de l'explorateur. Quoi qu'il en soit, le livre que nous présentons apparaît sous forme d'études distinctes qui n'ont pas été unies entre elles par une écriture continue. Les étapes d'un itinéraire, qui souvent ramènent au point de départ, ont été attestées ainsi ; en cours de route surgissent aussi des textes où la voie est survolée et ses perspectives se devinent et où est fait le point. Nous avons disposé les divers essais selon l'ordre chronologique de leur rédaction. Mais il nous est possible – et cela sera utile – d'en donner en quelques pages, au seuil de ce recueil, l'argument.

On se demande s'il est possible de parler légitimement de Dieu, sans porter atteinte à l'absoluité que son mot semble signifier. Avoir pris conscience de Dieu, n'est-ce pas l'avoir inclus dans un savoir qui assimile, dans une expérience qui demeure – quelles que soient ses modalités – un apprendre et un saisir ? Et ainsi l'infinité ou l'altérité totale, ou la nouveauté de l'absolu n'est-elle pas restituée à l'immanence, à la totalité que le « je pense » de l'« aperception transcendantale » embrasse, au système auquel le savoir aboutit ou tend à travers l'histoire universelle ? Ce que signifie ce nom extraordinaire de Dieu dans notre vocabulaire, ne se trouve-t-il pas contredit par cette restitution inévitable jusqu'à démentir la cohérence de ce signifier souverain et à réduire son nom à un pur flatus vocis *?*

Mais (1) que peut-on chercher d'autre que de la conscience et de l'expérience – quoi d'autre que du savoir – sous la pensée, pour que, accueillant la nouveauté de l'absolu, elle ne la dépouille pas de sa nouveauté de par son accueil même ? Quelle est cette pensée autre qui – ni assimilation, ni intégration – ne ramènerait pas l'absolu dans sa nouveauté au « déjà connu » et ne compromettrait pas la nouveauté du neuf en le déflorant dans la corrélation entre pensée et être, que la pensée instaure ? Il y faudrait une pensée qui ne soit plus bâtie comme relation reliant le penseur au pensé ou il faudrait, dans cette pensée, une relation sans corrélatifs, une pensée non-astreinte à la rigoureuse correspondance entre ce que Husserl appelle noèse *et* noème, *non-astreinte à l'adéquation du visible à la visée à laquelle il répondrait dans l'intuition de la vérité ; il y faudrait une pensée où ne seraient plus légitimes les métaphores mêmes de vision et de visée.*

Exigences impossibles ! A moins qu'à ces exigences ne fasse écho ce que Descartes appelait idée-de-l'infini-en-nous, pensée pensant au delà de ce qu'elle est à même de contenir dans sa finitude de cogito, idée que Dieu, selon la façon de s'exprimer de Descartes, aurait déposée en nous. Idée exceptionnelle, idée unique et, pour Descartes, le penser à Dieu. *Penser qui, dans sa phénoménologie, ne se laisse pas réduire, sans reste, à l'acte de conscience d'un sujet, à la pure intentionalité thématisante. Contrairement aux idées qui, toujours à l'échelle de « l'objet intentionnel », à l'échelle de leur* ideatum, *ont prise*

1. Les idées de notre argument ont été présentées dans un Cercle d'études d'étudiants israélites de Paris et ont aussi servi de conclusion à des conférences sur « l'Ancien et le Nouveau » prononcées dans un séminaire du Père Doré à l'Institut Catholique de Paris en mai 1980, à paraître prochainement aux éditions du Cerf.

sur lui, contrairement aux idées par lesquelles la pensée saisit progressivement le monde, l'idée de l'Infini contiendrait plus qu'elle ne serait à même de contenir, plus que sa capacité de cogito. *Elle penserait en quelque façon, au-delà de ce qu'elle pense. Dans son rapport à ce qui devrait être son corrélat « intentionnel », elle serait aussi* dé-portée, *n'aboutissant pas, n'arrivant pas à une fin, à du fini. Mais il faut distinguer entre le pur échec du non-aboutissement de la visée intentionnelle, qui ressortirait encore à la finalité, à la fameuse téléologie de la « conscience transcendantale » vouée à un terme, d'une part, et la « déportation » ou la transcendance au delà de toute fin et de toute finalité d'autre part : pensée de l'absolu sans que cet absolu soit atteint comme une fin, ce qui aurait signifié encore la finalité et la finitude. Idée de l'Infini – pensée dégagée de la conscience, non pas selon le concept négatif de l'inconscient, mais selon la pensée peut-être la plus profondément pensée, celle du dés-intéressement : relation sans emprise sur un être, ni anticipation d'être, mais pure patience. Dans la passivité dé-férence, par delà tout ce qui s'assume ; dé-férence irréversible comme le temps. La patience ou la longueur du temps dans sa dia-chronie – où jamais demain ne s'atteint aujourd'hui – ne serait-elle pas, avant toute activité de la conscience – plus antique que la conscience – la pensée la plus profonde du nouveau ? Gratuite comme une dévotion, pensée qui serait déjà méconnue dans sa transcendance quand on s'obstine à chercher dans sa dia-chronie et dans la procrastination, non pas le surplus – ou le* Bien *– de la gratuité et de la dévotion, mais une intentionalité, une thématisation et l'impatience d'un* saisir.

Nous pensons que l'on peut et que l'on doit rechercher, par delà cette apparente négativité de l'idée de l'Infini, les horizons oubliés de sa signification abstraite ; qu'il faut ramener le retournement de la téléologie de l'acte de conscience en pensée dés-inter-essée, aux conditions et aux circonstances non-fortuites de son signifier dans l'homme dont l'humanité est, peut-être, la remise en question de la bonne conscience de l'être qui persévère dans l'être ; qu'il convient de reconstituer les décors indispensables de la « mise en scène » de ce retournement. Phénoménologie de l'idée de l'Infini. Elle n'intéressait pas Descartes à qui suffisaient la clarté et la distinction mathématiques des idées, mais dont l'enseignement sur l'antériorité de l'idée de l'Infini par rapport à l'idée du fini, cst une indication précieuse pour toute phénoménologie de la conscience. (2)

Nous pensons que l'idée-de-l'Infini-en-moi — ou ma relation à Dieu — me vient dans la concrétude de ma relation à l'autre homme, dans la socialité qui est ma responsabilité pour le prochain : responsabilité que, dans aucune « expérience » je n'ai contractée, mais dont le visage d'autrui, de par son altérité, de par son étrangeté même, parle le commandement venu on ne sait d'où. *On ne sait d'où : non pas comme si ce visage était une image renvoyant*

2. Le linéament formel paradoxal de cette idée contenant plus que sa capacité et de la rupture en elle de la corrélation noético-noématique, est, certes, subordonné dans le système cartésien, à la recherche d'un savoir. Il devient chaînon d'une preuve de l'existence de Dieu qui se trouve ainsi exposée, comme tout savoir corrélatif d'être, à l'épreuve de la critique soupçonnant, dans le dépassement du donné, une illusion transcendantale. Husserl reproche à Descartes d'avoir avec précipitation reconnu, dans le *cogito,* l'âme, c'est-à-dire une partie du monde, alors que le *cogito* conditionne le monde. De même pourrions-nous contester cette réduction à l'ontologie du problème de Dieu, comme si l'ontologie et le savoir étaient l'ultime région du sens. Dans la structure extraordinaire de l'idée de l'Infini, l'à-Dieu ne signifie-t-il pas une intrigue spirituelle qui ne coïncide ni avec le mouvement marqué par la finalité, ni avec l'auto-identification de l'identité, telle qu'elle se déformalise dans la conscience de soi ?

à une source inconnue, à un original inaccessible, résidu et témoignage d'une dissimulation et le pis-aller d'une présence manquée ; ni comme si l'idée de l'infini était la simple négation de toute détermination ontologique qu'on s'obstinerait à chercher dans son essence théorétique, soupçonnant, dès lors, en elle le « mauvais infini » où se dissimulerait l'ennui des tendances frustrées d'une finalité empêchée, où s'excuserait une interminable série d'échecs et s'ajournerait une impossibilité d'aboutir s'ouvrant sur une théologie négative. Mais comme si le visage de l'autre homme, qui d'emblée « me demande » et m'ordonne, était le nœud de l'intrigue même du dépassement par Dieu, de l'idée de Dieu et de toute idée où Il serait encore visé, visible et connu et où l'Infini serait démenti par la thématisation, dans la présence ou dans la représentation. Ce n'est pas dans la finalité d'une visée intentionnelle que je pense l'infini. Ma pensée la plus profonde et qui porte toute pensée, ma pensée de l'infini plus ancienne que la pensée du fini (3), est la diachronie même du temps, la non-coïncidence, le déssaisissement même : une façon d'« être voué » avant tout acte de conscience, et plus profondément que la conscience, de par la gratuité du temps (où des philosophes ont pu redouter la vanité ou la privation). Façon d'être voué qui est dévotion. A Dieu, qui n'est précisément pas intentionnalité dans sa complexion noético-noématique.

Dia-chronie qu'aucun mouvement thématisant et inter-essé de la conscience – souvenir ou espoirs – ne peut ni résorber, ni récupérer dans les simultanéités qu'il constitue. Dévotion qui, dans son dés-inter-essement ne

3. L'à-Dieu ou l'idée de l'Infini, n'est pas une espèce dont intentionalité ou aspiration désigneraient le genre. Le dynamisme du désir renvoie au contraire à l'à-Dieu, pensée plus profonde et plus archaïque que le cogito.

manque précisément aucun but, mais est détournée – par un Dieu « qui aime l'étranger » plutôt qu'il ne se montre – vers l'autre homme dont j'ai à répondre. Responsabilité sans souci de réciprocité : j'ai à répondre d'autrui sans m'occuper de la responsabilité d'autrui à mon égard. Relation sans corrélation ou amour du prochain qui est amour sans eros. Pour-l'autre homme et par là à-Dieu ! Ainsi pense une pensée qui pense plus qu'elle ne pense. Demande et responsabilité d'autant plus impérieuses, d'autant plus urgentes qu'elles sont subies avec plus de patience : origine concrète ou situation originaire où l'Infini se met en moi, où l'idée de l'Infini commande l'esprit et le mot Dieu vient sur le bout de la langue. Inspiration et ainsi l'événement prophétique de la relation au nouveau.

Mais aussi, avec la mise en moi de l'idée de l'Infini, événement prophétique au delà de sa particularité psychologique : le battement du temps primordial où, pour elle-même ou de soi, l'idée de l'Infini – déformalisée – signifie. Dieu-venant-à-l'idée, comme vie de Dieu.

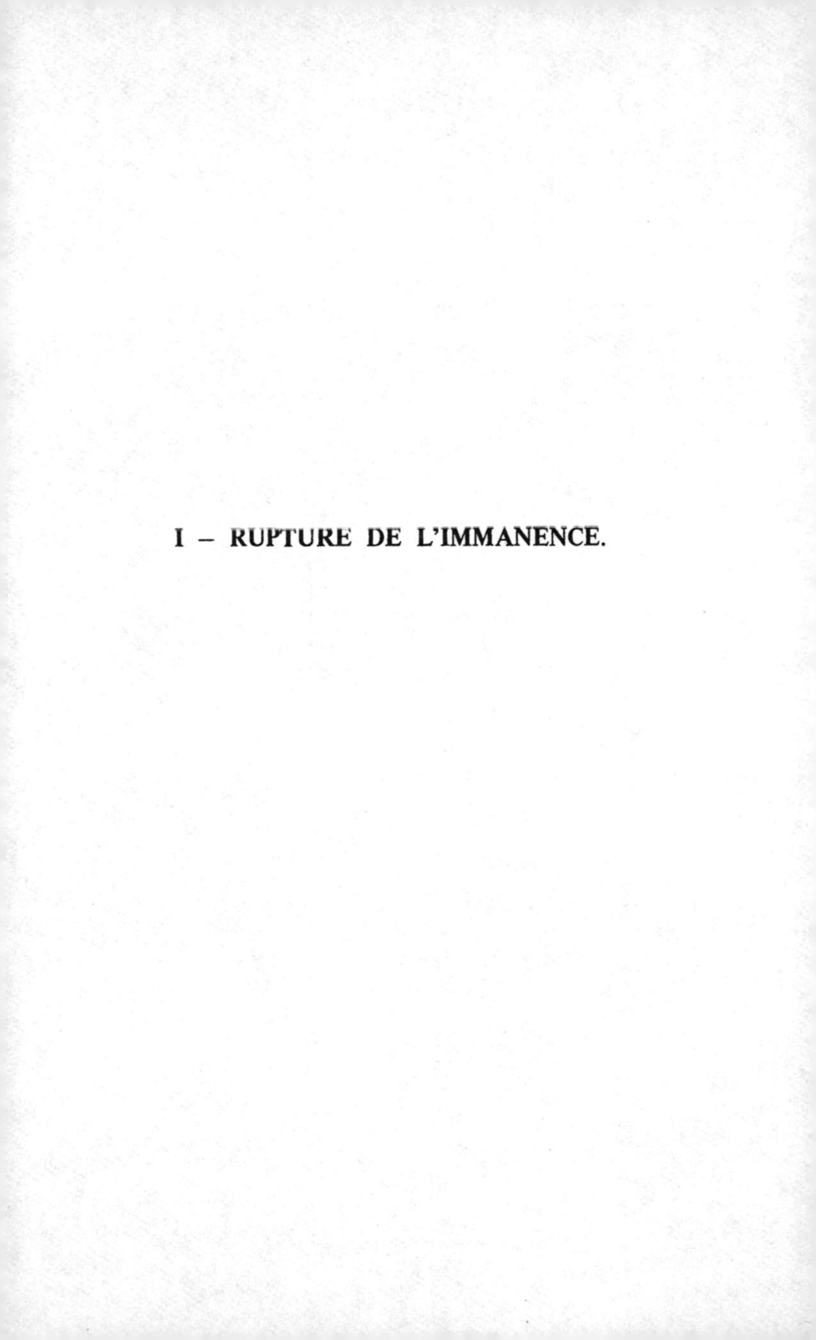

I – RUPTURE DE L'IMMANENCE.

IDÉOLOGIE ET IDÉALISME*

1. Idéologie et morale.

L'idéologie usurpe les apparences de la science, mais l'énoncé de son concept ruine le crédit de la morale. Le soupçon d'idéologie porte à la morale le coup le plus dur qu'elle ait jamais reçu. Il marque probablement la fin de toute une éthique des hommes et, en tous cas, bouleverse la théorie du devoir et des valeurs.

Entendue comme un ensemble de règles de conduite fondées sur l'universalité des maximes ou sur un système hiérarchisé des valeurs, la morale portait en elle une raison. Elle avait son évidence et s'appréhendait dans un acte intentionnel analogue au connaître. Comme l'impératif

* Les idées exposées dans cette étude ont été communiquées sous une forme succinte à la « Société de Philosophie de Fribourg en Suisse », en juin 1972 ; sous le titre de *L'éthique comme transcendance et la pensée contemporaine* en juillet 1972, en Israël à la Session du « Summer Institute on Judaïsm and contemporary thougth », en hébreu ; et en conférence publique sous l'égide de la « Katholieke Theologische Hogeschool » à Amsterdam le 30 novembre 1972. Sur de nombreux points ces idées recoupent quelques uns des thèmes exposés par Jean Lacroix, avec force et concision, dans *Le personnalisme comme anti-idéologie* (P.U.F., 1972).

Paru dans *Démythisation et idéologie*, Actes du Colloque organisé par le centre international d'études humanistes et par l'Institut d'Etudes Philosophiques de Rome – Aubier 1973.

catégorique, l'axiologie appartenait au logos. La relativité de la morale par rapport à l'histoire, ses variations et variantes en fonction des structures sociales et économiques, ne compromettaient pas foncièrement cette raison : la situation historique et le particularisme social, se laissaient correctement interpréter comme déterminant les conditions « subjectives » de l'accession au logos et les délais qui y sont nécessaires ; conditions variables d'une clairvoyance qui ne tombait pas toute sage du ciel et qui connaissait des périodes d'obscurité. Le relativisme auquel l'expérience de ces conditions semblait inviter, s'atténuait dans la mesure où l'évolution historique se laissait comprendre comme la manifestation de la raison à elle-même, comme une rationalisation progressive du Sujet jusqu'à l'absolu d'une raison devenant acte libre ou raison pratique efficace. Utilisée dans la critique marxiste de l'humanisme bourgeois, la notion d'idéologie a reçu beaucoup de sa force persuasive chez Nietzsche et chez Freud. Que l'apparence de la rationalité puisse être plus insinuante et plus résistante qu'un paralogisme et que ses pouvoirs de mystification se dissimulent au point que l'art logique ne suffit pas à la démystification et que la mystification mystifie les mystificateurs, procédant d'une intention inconsciente d'elle-même – voilà la nouveauté de cette notion.

Il est cependant permis de penser que l'étrange notion d'une *raison suspecte* n'a pas surgi dans un discours philosophique qui se serait simplement laissé aller à des soupçons au lieu de produire des preuves. (1) Son sens s'impose dans le « désert qui grandit », dans la misère morale montante de l'ère industrielle. Sens qui *signifie*

1. C'est à la critique si ferme que Claude Bruaire fait de l'idée de soupçon qu'essaient de répondre les lignes qui suivent.

dans le gémissement ou dans un cri dénonçant un scandale auquel la Raison – capable de penser comme *ordre* un monde où on vend le « pauvre pour une paire de sandales » – resterait insensible sans ce cri (2). Cri prophétique, à peine discours ; voix qui crie dans le désert ; révolte de Marx et des marxistes par delà la science marxienne. Sens déchirant comme un cri, qui ne se résorbe pas dans le système qui l'absorbe et où il ne cesse de retentir d'une autre voix que de celle qui porte le discours cohérent. Il n'est pas toujours vrai que ne-pas-philosopher, c'est encore philosopher ! La force de rupture de l'éthique n'atteste pas un simple relâchement de la raison, mais une mise en question du *philosopher*, laquelle ne peut pas retomber en philosophie. Mais quel singulier retournement ! De par sa relativité historique, de par ses allures normatives que l'on dit régressives, l'éthique est la première victime de la lutte contre l'idéologie qu'elle suscita. Elle perd son statut de raison pour une condition précaire dans la Ruse. Elle passe pour un effort inconscient, certes, mais susceptible aussi de devenir conscient et, dès lors, courageux ou lâche en vue de tromper et les autres et ses propres fidèles ou prédicateurs. Sa rationalité, de pure semblance, est ruse de guerre d'une classe opposée à l'autre ou refuge d'êtres frustrés, faisceau d'illusions commandées par les intérêts et les besoins de compensation.

2. Idéologie et « désintéressement ».

Que l'idéologie – comme la raison dans la dialectique transcendantale de Kant – soit une source nécessaire

2. Comme la dénonciation de la rhétorique par Platon suppose le scandale moral de la condamnation de Socrate.

d'illusions, est probablement, une vue encore plus récente. A en croire Althusser, l'idéologie exprime toujours la façon dont la dépendance de la conscience à l'égard des conditions objectives ou matérielles qui la déterminent – et que la raison scientifique saisit dans leur objectivité – est vécue par cette conscience. Il faut aussitôt se demander si cela ne nous enseigne pas en même temps une certaine excentricité de conscience par rapport à l'ordre contrôlé par la science – et auquel la science appartient sans doute – un déboîtement du sujet, un baîllement, un « jeu » entre lui et l'être.

Si l'illusion est la modalité de ce jeu, elle ne rend pas illusoire ce jeu ou cet écart ou cet exil ou cette « apatridie » ontologique de la conscience. Cet écart serait-il le simple effet de l'inachèvement de la science qui, en s'achèvant, rongerait jusqu'à la corde le sujet dont la vocation ultime ne serait qu'au service de la vérité et qui, la science achevée, perdrait sa raison d'être ? Mais alors, c'est cet ajournement indéfini de l'achèvement scientifique que signifierait l'écart entre le sujet et l'être ; comme cet écart se retrouve dans la possibilité qu'aurait le sujet d'oublier la science qui, ayant remis l'idéologie à sa place et lui faisant perdre, certes, la prétention à être une connaissance vraie et à diriger des actes efficaces, l'aurait ramenée au rang de facteur psychologique à modifier par la praxis comme tout autre facteur du réel. Elle n'aura pas cependant empêché que cette idéologie, désormais inoffensive, ne continue à assurer la permanence d'une vie subjective qui vit de ses illustions démystifiées. Vie, où sous le nez de la science, on commet des folies, où on mange et se distrait, où on a des ambitions et des goûts esthétiques, où on pleure et où on s'indigne, en oubliant la certitude de la mort et toute la physique, la psychologie, la sociologie qui, de derrière le dos de la vie, commandent cette vie. L'écart entre le sujet et la réalité, attestée par l'idéologie, tiendrait ainsi soit à un achèvement toujours ajourné, soit à cet oubli toujours possible de la science.

Mais cet écart vient-il du sujet ? Vient-il d'un *étant* soucieux de son être et persévérant dans l'être, d'une intériorité revêtue d'une essence de personnage, d'une singularité se complaisant dans son ex-ception, soucieuse de son bonheur – ou de son salut – avec ses arrière-pensées privées au sein de l'universalité du vrai ? Est-ce le sujet lui-même qui aura creusé un vide pour idéologie, entre lui et l'être ? Ce vide ne dérive-t-il pas d'une rupture antérieure aux illusions et aux ruses qui l'emplissent, d'une interruption de l'essence, d'un non-lieu, d'une « utopie », d'un pur intervalle de l'*époché* (3) ouvert par le désintéressement ? La science n'aurait eu encore là ni rêves consolants à interrompre, ni mégalomanie à ramener à la raison ; mais elle y aurait seulement trouvé la distance nécessaire à son impartialité et à son objectivité. L'idéologie aurait ainsi été le symptôme ou le signe d'un « non-lieu » où l'objectivité de la science se soustrait à toute partialité. Comment décider entre les termes de l'alternative ? Peut-être un autre moment de l'esprit moderne suggérera-t-il le sens de l'option à choisir. Et aussi une analyse plus complète du désintéressement.

3. La science ininterrompue.

De cette condition inconditionnelle – de cette nécessité de s'arracher à l'être pour se placer en guise de sujet

3. Nous devons à la remarque faite par M. Le professeur Filiasi Carcano, ce rapprochement avec la démarche husserlienne de la Réduction transcendantale qu'évoque le terme d'*époché*. L'ex-ception à l'être que nous appelons désintéressement aura – comme on le verra plus loin – un sens éthique. L'éthique serait ainsi la possibilité d'un mouvement aussi radical que la réduction transcendantale.

sur un sol absolu ou utopique, sur un terrain qui rend possible le désintéressement – l'épistémologie moderne se soucie peu. Elle s'en méfie même : tout éloignement de la réalité favorise, à ses yeux, l'idéologie. Les conditions de la rationalité sont désormais toutes du côté du savoir lui-même et de l'activité technique qui en résulte. Une espèce de néo-scientisme et de néo-positivisme domine la pensée occidentale. Il s'étend aux savoirs ayant l'homme pour objet, il s'étend aux idéologies elles-mêmes dont on démonte les mécanismes, dont on dégage les structures. La formalisation mathématique pratiquée par le structuralisme, constitue l'objectivisme de la nouvelle méthode conséquente à l'extrême. Jamais, dans la nouvelle science de l'homme, la valeur ne servira de principe d'intelligibilité. En elle, précisément, se réfugierait le grand Mensonge : la pulsion ou l'instinct, phénomène mécanique objectivement décelable dans l'homme, donne, par sa spontanéité, l'illusion du sujet et, par son terme, l'apparence d'une fin ; la fin se fait passer pour valeur, et la pulsion, dès lors, parée en raison pratique, est guidée par la valeur promue au rang d'un principe universel. Tout un drame à réduire ! Il faudra rappeler Spinoza, le grand démolisseur des idéologies, encore ignorant leur nom, ou des connaissances du premier genre ; c'est le désirable qui est en valeur, ce n'est pas la valeur qui suscite des désirs.

Dans l'ambiguïté du désir qui se laisse encore comprendre, soit comme provoqué par la valeur de sa fin, soit comme instaurant la valeur par le mouvement qui l'anime, seul le deuxième terme de l'alternative se maintient. La mort de Dieu commençait là. Elle aboutit de nos jours à la subordination de l'axiologie aux désirs compris comme pulsions, lesquelles s'ordonnent selon certaines formules dans les machines désirantes que seraient les hommes. La nouvelle théorie de la connaissance ne prête plus aucun rôle transcendantal à la subjectivité humaine. L'activité scientifique du sujet s'interprète comme un détour par lequel s'arriment en système et se montrent les diverses structures auxquelles la réalité se réduit. Ce qu'on appelait autrefois effort d'une intelligence dans l'invention, ne serait donc qu'un événement objectif de l'intelligible lui-même et, en quelque manière, un enchaînement purement logique. La vraie raison, contrairement aux enseignements kantiens, n'aurait pas d'intérêt. Le structuralisme est le primat de la raison théorique.

La pensée contemporaine se meut ainsi dans un être sans traces humaines où la subjectivité a perdu sa place au milieu d'un paysage spirituel qu'on peut comparer à celui qui s'offrit aux astronautes qui, les premiers, mirent pied sur la lune où la terre elle-même se montra astre déshumanisé. Spectacles enchanteurs, jamais vus ! Du « déjà vu » aux prochains voyages ! Découvertes dont on emporte des kilogrammes de pierres composées des mêmes éléments chimiques que nos minéraux terrestres. Ils répondent peut-être à des problèmes qui, jusqu'alors, semblaient insolubles aux spécialistes, ils élargissent peut-être l'horizon des problèmes spéciaux. Ils ne déchireront pas la ligne idéale qui n'est certes plus la rencontre du ciel et de la terre, mais qui marque la limite du Même. Dans l'infini du cosmos offert à ses mouvements, le cosmonaute ou le piéton de l'espace – l'homme – se trouve enfermé sans pouvoir mettre le pied dehors.

La science a-t-elle produit l'*au-delà de l'être* découvrant le tout de l'être, s'est-elle donné à elle-même le lieu ou le non-lieu nécessaire à sa propre naissance, au maintien de son esprit objectif ? La question demeure. L'aventure surhumaine des astronautes – pour nous référer à cette aventure comme à une parabole – ira, certes, à un moment donné au-delà de tous les savoirs qui la permirent. Ce seront les vieux versets bibliques récités par Amstrong et Collins. Mais cette récitation *idéologique* n'aura peut-être exprimé que la sottise de petits bourgeois américains inférieure à leur courage. Et les ressources infinies de la rhétorique. De la rhétorique au sens platonicien, qui flatte les auditeurs, d'après le *Gorgias,* et qui « est à l'art judicatoire ce que la cuisine est à la médecine » (465 c) ; mais d'une rhétorique pressentie dans toute l'ampleur de son essence idéologique en tant que « simulacre d'une espèce de l'art politique » (463 d). Et déjà rhétorique comme puissance d'illusion du langage, selon le *Phèdre,* indépendamment de toute flatterie et de tout intéressement : «... pas uniquement par rapport aux débats judiciaires ni par rapport à tous ceux de l'Assemblée du peuple... mais... par rapport à tout usage de la parole ... on sera à même de rendre n'importe quoi semblable à n'importe quoi... » (261 d-e). Rhétorique qui tient non pas au discours qui cherche à gagner un procès ou une place ; mais rhétorique rongeant la substance même de la parole précisément en tant que celle-ci se trouve en état de « fonctionner en l'absence de toute vérité ». N'est-ce pas déjà l'éventualité de significations réductibles au jeu de signes détachés des signifiés ? Mais, dès lors, une idéologie plus désolée que toute idéologie et qu'aucune science ne saurait récupérer sans courir le risque de s'enliser dans le jeu sans issue qu'elle voudrait interrompre. Idéologie blottie au fond du logos lui-même. Platon croit pouvoir y échapper par la bonne rhétorique. Mais déjà il entend dans le discours, l'imitation simiesque du discours.

Mais il y a aussi, dans la parabole de la navigation intersidérale, la sottise attribuée à Gagarine déclarant n'avoir pas trouvé Dieu dans le ciel. A moins de prendre celle-ci au sérieux et d'y entendre un aveu très important : la nouvelle condition d'existence dans l'apesanteur d'un espace « sans lieu », est encore éprouvée par le premier homme qui y est lancé comme un *ici*, comme le *même* sans altérité véritable. Les merveilles de la technique n'ouvrent pas l'*au-delà* où naquit la Science, leur mère ! Point de dehors dans tous ces mouvements ! Quelle immanence ! Quel mauvais infini ! Ce que Hegel exprime avec une remarquable précision : « Quelque chose devient un Autre, mais l'Autre est lui-même un Quelque chose, donc il devient pareillement un Autre et ainsi de suite, à l'infini. Cette infinité est la mauvaise ou négative infinité en tant qu'elle n'est rien d'autre que la négation du fini, qui, cependant, renaît aussi bien, par conséquent, tout aussi bien n'est pas supprimé ». (4)

Le mauvais infini procède d'une pensée incomplètement pensée d'une pensée de l'entendement. Mais la pensée d'au-delà de l'entendement est nécessaire à l'entendement lui-même. Une rupture de l'Essence ne se montre-t-elle pas dans l'esprit moderne objectivement ?

4. *L'autre homme.*

Quels sont donc, « objectivement » manifestés dans les temps modernes, ce mouvement et cette vie – ni idéologie illusoire, ni encore Science – par lesquels dans l'être advient comme un *déboîtement*, en guise de la subjectivité ou de l'humanité du sujet ? La face visible de cette *interruption ontologique* – de cette *époché* – ne coïncide-t-elle pas avec le mouvement « pour une

4. Hegel, *Encyclopédie*, édition de 1827 et 1830, éd. Lasson, trad. B. Bourgeois, paragraphes 93-94, p. 357.

société meilleure » ? Le monde moderne n'en est pas moins remué – et jusque dans ses profondeurs religieuses – que par la dénonciation des idéologies, bien que, à l'image d'Harpagon criant « au voleur », dans ce mouvement il est prompt à se soupçonner d'idéologie. Revendiquer la justice pour l'*autre homme,* n'est-ce pas en revenir à la morale ? A la moralité même de la morale, sans conteste ! Mais le souci invincible pour l'autre homme dans son dénûment et dans sa non-installation – dans sa nudité – dans sa condition ou incondition de prolétaire, échappe à la finalité suspecte des idéologies ; la *recherche* de l'autre homme encore lointain, est déjà la *relation* avec cet autre homme, une relation dans toute sa droiture – trope spécifique de l'approche du prochain, laquelle est déjà proximité. Voici venir quelque chose d'autre que la complaisance dans les idées s'accordant avec le particularisme d'un groupe et de ses intérêts. *Sous les espèces* de la relation avec l'autre homme qui, dans la nudité de son visage, n'appartient, prolétaire, à aucune patrie, arrivent une transcendance, une sortie de l'être et ainsi l'*impartialité* elle-même par laquelle, notamment, sera possible la science dans son objectivité et l'humanité en guise de moi.

Comme l'exigence de rigueur scientifique, comme l'anti-idéologie, la révolte contre une société sans justice, exprime l'esprit de notre époque (5). Révolte contre une société sans justice, fût-elle dans son injustice, équilibrée, régie par des lois, soumise à un pouvoir et constituant un ordre, un Etat, une cité, une nation, une corporation

5. Elle l'exprime ou, peut-être, déjà l'altère dans une caricature. Certes. Et cet étrange destin d'une révélation dans une caricature mérite une réflexion à part. Mais la caricature est une révélation dont il faut dégager un sens ; sens qui demande correction, mais que l'on ne peut impunément ni ignorer, ni négliger.

professionnelle ; révolte pour une société autre, mais révolte qui recommence dès que l'autre société s'installe ; révolte contre l'injustice qui s'instaure dès que l'ordre s'instaure – tonalité nouvelle, tonalité de la jeunesse, dans l'ancien progressisme occidental. Comme s'il s'agissait d'une justice qui s'accuse sénile et caduque dès que les institutions sont là pour la protéger ; comme si malgré tous les recours aux doctrines et aux sciences politiques, sociales, économiques, malgré toutes les références à la raison et aux techniques de la Révolution, l'homme était recherché dans la Révolution en tant qu'elle est désordre ou révolution permanente, rupture des cadres, effacement des qualités, et, telle la mort, le libérant de tout et du tout ; comme si l'autre homme était recherché – ou approché – dans une altérité où aucune administration ne pourrait jamais l'atteindre ; comme si dans l'autre homme, à travers la justice, devait s'ouvrir une dimension que la bureaucratie, et fût-elle d'origine révolutionnaire, bouche de par son universalité même, de par l'entrée de la singularité d'autrui sous concept, que l'universalité comporte, et comme si *sous les espèces* d'une relation avec autrui nu de toute essence – avec un *autre,* ainsi irréductible à l'individu d'un genre, à l'individu du genre humain – s'entr'ouvrait l'*au-delà* de l'essence ou, dans un idéalisme, le *dés-intéressement* au sens fort du terme, au sens d'une suspension de l'essence. Le dénûment économique du prolétaire – et déjà sa condition d'exploité – serait cette dénudation absolue de l'autre comme autre, la dé-formation jusqu'au *sans forme,* par delà le simple changement de forme. Idéalisme suspect d'idéologie ? Mouvement cependant si peu idéologique – si peu semblable au repos dans une situation acquise et au contentement de soi – qu'il est la mise en question du soi, se posant d'emblée comme dé-posé, comme pour l'autre. Mise en question qui signifie non pas une chute dans le néant, mais une responsabilité-pour-l'autre, responsabilité qui n'est pas *assumée* comme un pouvoir, mais responsabilité à laquelle d'emblée je suis exposé, comme un otage ; responsabilité qui signifie, en fin de compte, jusqu'au fond de ma « position » en moi, ma substitution à autrui. Transcender l'être *sous les espèces* du désintéressement ! Transcendance qui arrive *sous les espèces* d'une approche du prochain sans reprise de souffle, jusqu'à lui être substitué.

Relation d'idéalisme derrière l'idéologie. La pensée occidentale ne l'apprend pas seulement des mouvements des jeunes de notre siècle. Platon énonce un *au-delà* de la justice institutionnelle, en dehors du visible et de l'invisible, en dehors de l'apparaître, comme celui des morts jugeant les morts (*Gorgias,* 253 e), comme si la justice des vivants ne pouvait pas traverser les vêtements des hommes, c'est-à-dire ne pouvait pas percer les attributs qui, en autrui, s'offrent au savoir, attributs qui le montrent, mais aussi le recouvrent, comme si la justice des vivants jugeant les vivants ne pouvait pas dépouiller les jugés des qualités de leurs natures qui leur sont toujours communes avec celles qui recouvrent les juges, et comme si elle ne pouvait pas, par conséquent, approcher de gens qui ne soient pas des gens de qualité, et, dans la proximité d'autrui, sortir vers l'absolument autre. Dans le mythe du *Gorgias* (523 c-d) avec une extrême précision, Zeus reproche au « dernier jugement » – qu'il entend réformer dans un esprit digne d'un dieu – de rester un tribunal où des hommes « tout habillés » sont jugés par des hommes, eux également, tout habillés et « ayant placé en avant de l'âme qui est la leur un écran qui est fait d'yeux, d'oreilles et du corps dans son ensemble ». Un écran fait tout d'yeux et d'oreilles ! Point essentiel : thématisé, autrui est sans unicité. Il est rendu à la communauté sociale, à la communauté d'êtres habillés où les priorités de rang empêchent la justice. Les facultés d'intuition auxquelles participe tout le corps, sont précisément ce qui bouche la vue et sépare comme un écran la plasticité du perçu, absorbe l'altérité de l'autre par laquelle précisément il n'est pas un objet à notre portée, mais le prochain.

Que, pour Platon, entre l'un et l'autre, « morts au monde » l'un et l'autre, (6) manquant, par conséquent, d'ordre commun, une relation soit possible ; qu'une relation soit possible sans plan commun, c'est-à-dire une relation dans la différence ; que la différence signifie une non-indifférence ; que cette non-indifférence soit développée par Platon en guise d'ultime justice — et voilà que, avec toutes les approximations du mythe, s'énonce dans l'*essence* de l'être une excentricité, un dés-intéressement. Il arrive sous les espèces de la relation avec autrui, sous les espèces de l'humanité de l'homme. Au-delà de l'essence, dés-inter-essement ; mais en guise du juste jugement et non point d'un néant. L'éthique ne vient pas se superposer à l'essence comme une couche seconde où se réfugierait un regard idéologique incapable de regarder le réel en face. Le commandement de l'absolu, comme s'exprime dans un contexte différent Castelli, n'est pas « dans le système d'une possible idéologie » et, à l'égard de la

6. Dans la littérature talmudique, l'enterrement d'un cadavre humain, dont aucun proche du mort ne veut ou ne peut s'occuper, est appelé « miséricorde de vérité ». Le grand-prêtre, s'il le trouve sur son chemin au moment où il se dirige vers le Temple pour y célébrer le Kippour, ne doit pas hésiter à se « rendre impur » par le contact du mort : la « miséricorde de vérité » l'emporte sur la liturgie du Jour du Pardon. Symbole d'une miséricorde absolument gratuite. Celle que l'on rend à autrui « comme s'il était mort » et non pas une loi pour les morts, pour laquelle l'Evangile eut une formule sevère.

rationalité du savoir, il « constitue un désordre ». La signification – l'un-pour-l'autre – l'éthique, et la rupture de l'essence, est la fin des prestiges de son apparaître. Platon parle d'un jugement portant enfin sur le mérite. Le mérite serait-il, sous les qualités apparentes, quelque attribut réel, quelque arrière-attribut, dont le jugement ne saurait se défaire, induisant, à nouveau, autrui sous concept et manquant la sortie ? ou, allant de moi à autrui, comme si l'un et l'autre nous étions morts, le jugement dernier n'est-il pas la façon dont un être se met à la place d'un autre, contrairement à toute persévérance dans l'être, à tout *conatus essendi,* à toute connaissance n'accueillant d'autrui que des concepts ? Ne signifie-t-il pas la substitution à autrui ? (7) Et que peut signifier la mise en mouvement pour se mettre à la place de l'autre, sinon littéralement l'approche du prochain ?

5. L'autre « sous les espèces » de l'autre homme.

On peut être surpris par le radicalisme d'une affirmation où la rupture de l'essence de l'être, irréductible à l'idéologie, signifie *sous les espèces* de la responsabilité pour l'autre homme approché dans la nudité de son visage, dans sa non-condition de prolétaire, toujours « perdant sa place » ; où l'au-delà de l'être signifie *sous les espèces* de mon désintéressement de mort qui n'attend rien d'un mort. Il n'est pas difficile de voir que le *pour* du « pour-l'autre » de ma responsabilité pour autrui, n'est pas le *pour* de la finalité, que le *pour l'autre* de celui qui est

7. C'est ainsi que nous lisons en l'accentuant vigoureusement, le dire talmudique : « Ne juge pas ton prochain tant que tu n'es pas arrivé à sa place ». *Traité des principes* 7 A.

exposé à autrui sans défense ni couverture, dans une in-quiétude incessante de ne pas être ouvert, dans l'inquiétude de se « noyauter » en soi, est une ouverture de soi, inquiétude allant jusqu'à la dénucléation. Nous n'allons pas reprendre ce thème souvent développé ailleurs. Mais où se produirait l'« autrement » absolu de l'« au-delà de l'être » énoncé par Platon et Plotin, contre l'identité indéchirable du Même – dont l'obstination ontologique s'incarne ou s'entête en un Moi – sinon dans la substitution à autrui ?

Rien, en effet, n'est absolument autre dans l'être servi par le savoir où la variété tourne en monotonie. N'est-ce pas cela la pensée des Proverbes (14, 13) : « Même dans le rire le cœur souffre et dans la tristesse s'achève la joie » ? Le monde contemporain, scientifique, technique et jouisseur, se voit sans issue – c'est-à-dire sans Dieu – non pas parce que tout y est permis et, par la technique, possible, mais parce que tout y est égal. L'inconnu aussitôt se fait familier et le nouveau, coutumier. Rien n'est nouveau sous le soleil. La crise inscrite dans l'Ecclésiaste, n'est pas dans le péché, mais dans l'ennui. Tout s'absorbe, s'enlise et s'emmure dans le Même. Enchantement des sites, hyperbole des concepts métaphysiques, artifice de l'art, exaltation des cérémonies, magie des solennités – partout se soupçonne et se dénonce une machinerie de théâtre, une transcendance de pure rhétorique, le jeu. Vanité des vanités : l'écho de nos propres voix, pris pour réponse au peu de prières qui nous reste encore ; partout retombée sur nos propres pieds, comme après les extases d'une drogue. Sauf autrui que, dans tout cet ennui, on ne peut pas laisser tomber.

L'altérité de l'absolument autre n'est pas une quiddité inédite quelconque. En tant que quiddité, elle a un plan qui lui est déjà commun avec les quiddités sur lesquelles elle tranche. Les notions de l'*ancien* et du *nouveau*, entendues comme qualités, ne suffisent pas à la notion de l'absolument autre. La *différence* absolue ne peut dessiner elle-même le plan commun à ceux qui diffèrent. L'autre, absolument autre, c'est Autrui. Autrui n'est pas un cas particulier, une espèce de l'altérité, mais l'originelle exception à l'ordre. Ce n'est pas parce que Autrui est nouveauté qu'il « donne lieu » à un rapport de transcendance – c'est parce que la responsabilité pour Autrui est transcendance qu'il peut y avoir du nouveau sous le soleil.

Ma responsabilité pour l'autre homme, la paradoxale, la contradictoire responsabilité pour une liberté étrangère – allant selon un mot du traité talmudique *(Sota* 37 B) jusqu'à la responsabilité pour sa responsabilité – ne provient pas d'un respect voué à l'universalité d'un principe, ni d'une évidence morale. Elle est la relation exceptionnelle où le Même peut être concerné par l'Autre sans que l'Autre s'assimile au Même. Relation où l'on peut reconnaître l'inspiration pour prêter, dans ce sens rigoureux, l'esprit à l'homme. Qu'importe ! Tranchant sur la rhétorique de tous nos enthousiasmes, dans la responsabilité pour autrui, arrive un sens dont aucune éloquence ne saurait distraire – ni même aucune poésie ! Rupture du Même sans reprise par le Même dans ses coutumes ; sans vieillissement – nouveauté – transcendance. Tout entière, elle se dit en termes éthiques. A la crise du sens, attestée par la « dissémination » des signes verbaux que le signifié n'arrive plus à dominer, car il n'en serait que l'illusion et la ruse idéologique, s'oppose le sens, préalable aux « dits », repoussant les mots et irrécusable dans la nudité du visage, dans le dénûment prolétaire d'autrui et dans l'offense subie par lui. Ce qu'enseignent probablement les docteurs du Talmud qui connaissent déjà un temps où le langage a rongé les significations qu'il est censé porter, quand ils parlent d'un monde dont les prières ne peuvent percer le ciel, car toutes les portes célestes sont fermées, sauf celle où passent les larmes des offensés. (8)

Que l'autre en tant qu'autre ne soit pas une forme intelligible liée à d'autres formes dans le processus d'un « dévoilement » intentionnel, mais un visage, la nudité prolétaire, le dénûment ; que l'autre soit autrui ; que la sortie de soi soit l'approche du prochain ; que la transcendance soit proximité, que la proximité soit responsabilité pour l'autre, substitution à l'autre, expiation pour l'autre, condition – ou incondition – d'otage ; que la responsabilité comme réponse soit le préalable Dire ; que la transcendance soit la communication, impliquant, par delà un simple échange des signes, le « don », la « maison ouverte » – voilà quelques termes éthiques par lesquels signifie la transcendance en guise d'humanité ou l'extase comme dés-intéressement. Idéalisme d'avant la Science et l'Idéologie.

8. Traité *Berakhoth* 32 B, Traité *Baba Metzia* 59 B. Les deux textes doivent être lus conjointement.

DE LA CONSCIENCE A LA VEILLE*

A PARTIR DE HUSSERL

... Je dors mais mon cœur veille...
Cantique des Cantiques 5, 2

1. L'insécurité de la Raison.

La phénoménologie husserlienne intervient au niveau de l'humain, là où raison signifie la manifestation des êtres à une connaissance vraie, soucieuse de leur *présence* en original, de leur *présence* dans leur identité d'êtres ou leur présence en tant qu'être. Que les êtres puissent apparaître sans rester dans leur être – qu'il puisse y avoir, de par les signes ou de par les mots, des êtres apparaissant sans leur être ; que, dans les images, les êtres n'offrent que leur ressemblance en place de leur identité ; que les images les recouvrent ou s'en détachent comme des pelures ; qu'il puisse y avoir ressemblance et dès lors, semblance ; que de tous les régimes de l'apparoir, l'apparence

* Paru en français dans la Revue hollandaise *Bijdragen* n° 35 en 1974.

soit l'envers toujours possible – tout cela, depuis les premiers pas de la philosophie, signifierait une insécurité du rationnel. La raison, en tant que modalité de la connaissance, aurait à se méfier de certains jeux qui l'ensorcellent. Elle serait tenue à la vigilance pour déjouer des illusions. Il ne faut pas dormir, il faut philosopher. (1)

Que ces jeux ensorceleurs puissent se jouer en la raison elle-même et sans heurter sa marche rationnelle – à son insu, pour ainsi dire ; qu'il y ait, par conséquent, nécessité – contre la lucidité elle-même – d'un exercice de la raison *autre* que son exercice spontané et non-prévenu ; qu'il puisse y avoir nécessité de vigilance contre l'évidence et contre ses rêves de plein jour ; autrement dit, qu'il y ait nécessité d'une philosophie *distincte du « bon sens »* et de la recherche scientifique – c'est cela la nouveauté du criticisme. Le kantisme où l'on s'accorde à voir le « commencement de la fin » de la philosophie, aura été le moment décisif de cet appel à une philosophie différente de la science. Moment caractérisé par la dénonciation de l'*illusion* transcendantale – de la malice radicale dans la bonne foi, ou dans une raison innocente de tout sophisme et que, paradoxalement, Husserl appela naïveté. Comme si la rationalité, c'est-à-dire, selon l'acception occidentale, l'absorption de la connaissance par l'être, était encore une griserie ; comme si, toute dressée dans sa vigilance

1. Parler d'*insécurité de la raison*, n'est-ce pas admettre, implicitement, une raison en guise de lucidité s'exerçant dans la lumière de l'être, mais menacée par l'inconsistance possible de l'être manifesté, menacée par l'illusion ? Et, cependant, dans le présent essai, on conteste précisément cette interprétation ontologique de la raison pour s'acheminer vers une raison entendue comme *veillée* où objectivité et objectivation ne se lèvent qu'à une certaine profondeur, là où le sommeil n'est pas encore dissipé. – Le langage de contestation ici utilisé reste, certes, lui-même ontologique dans sa structure. Mais cela signifie que le niveau de la lucidité qu'atteint le réveil n'est pas quelconque et qu'il est indispensable au réveil. Il faudra le montrer plus loin.

de lucide, la raison identifiant l'être dormait debout ou marchait en somnanbule et encore rêvait ; comme si, dans sa sobriété, elle cuvait encore quelque vin mystérieux.

Et cette vigilance et ce dogmatisme continuent à s'interpréter comme des savoirs, plus étendus, plus clairs, plus adéquats. Le fait que la raison puisse être naïve et encore insuffisamment réveillée, qu'elle ait à se méfier de son assurance, se montre, en effet, chez Kant dans l'aventure théorétique où la raison, comme toujours en Occident, est investie de la mission de vérité et s'évertue à découvrir l'être ; où, par conséquent, en elle ou par elle, l'être s'exhibe en tant qu'être. C'est la présence de l'être en tant qu'être ou la lucidité de la re-présentation, qui donne encore, chez Kant, la mesure de la sobriété, du dégrisement et de la vigilance. Cette vigilance est, à son tour, interprétée comme activité, c'est-à-dire comme un demeurer-le-même ou comme un revenir-à-son-identité sous toute affection (comme une immanence) et, ainsi, comme une invulnérabilité, une non-fissibilité, une individualité sous les coups de l'affection : invulnérabilité dans le subir qui s'appellera unité du 'je pense', solidité qui signifiera 'je veux', mais aussitôt entendue comme un saisir, comme aperception transcendantale – la passivité de la blessure reçue se retournant en assomption, en synthèse et, ainsi, en simultanéité synoptique de la présence. La limite de la rationalité – ou de la vigilance – sera comprise comme une limite de l'activité. Et, chez Kant, la vigilance du rationnel aura dépassé cette limite dans la morale qui sera pleine vigilance, pleine rationalité et pleine – c'est-à-dire libre – activité. Il est cependant remarquable que la notion du rationnel, initialement réservée dans sa signification à l'ordre de la connaissance – liée, par conséquent, au problème de l'être en tant qu'être – aura pris brusquement, chez Kant un sens dans un autre ordre que celui de la connaissance ; même si, de cette aventure, essentielle à l'humain dans la tradition occidentale, la raison garde, (malgré la passivité que, en tant qu'impératif catégorique, elle ne manquera pas d'attester), sa prétention à l'activité, c'est-à-dire, son appartenance, initiale ou ultime, à la catégorie du Même. La raison, c'est l'identité qui se pose comme Moi : identité qui s'identifie – qui retourne à soi – par la force de sa forme. Ce qui se produit précisément en guise de conscience de soi : acte d'identification ou identification en acte. Force qui revient à soi selon un itinéraire qui ne se fraye qu'à travers le monde et l'histoire de l'humanité. La rationalité de la raison ne laisserait ainsi en guise de conscience rien au dehors. L'énergie du retour à soi de l'identification – cette *vis formae* – est l'activité de tout acte et, si dégrisement, dégrisement dans le Même, un revenir-à-soi.

2. Adéquation et vie.

La phénoménologie husserlienne préoccupée de raison en tant que présence de l'être en original et invoquant comme principe des principes – comme rationalité de la raison – l'intuition, a cependant été la critique la plus rigoureuse de l'évidence et cela jusque dans l'évidence des enchaînements logico-mathématiques (que la phénoménologie a cependant préservés contre toute psychologisation au point de passer, notamment depuis les *Prolégomènes*, pour leur suprême garantie). Sans jamais contester à la connaissance le privilège de détenir l'origine du sens, la phénoménologie ne cesse de rechercher, derrière la lucidité du sujet et l'évidence dont elle se satisfait, comme un surcroît de rationalité. Celui-ci ne reviendrait ni à une remontée au principe inconditionnel d'une déduction, ni à une intensification quelconque de la lumière, ni à l'élargissement de l'horizon objectif de l'apparaître, lequel aurait à 'supprimer' le caractère partiel du donné en restituant la partie de l'être, qui se manifeste au regard de la connaissance, à la totalité de l'univers qu'elle annonce.

Parfois, dans l'œuvre husserlienne, le recours au subjectif prend l'apparence d'un tel souci de la totalité tant que, en guise de psychologique, le subjectif appartient à la totalité du monde et de l'être. Ainsi, dans sa *Psychologie phénoménologique,* (2) les modes subjectifs de l'apparaître du monde et de la nature – les *Erscheinungsweisen,* les aspects du réel variant selon les orientations et les mouvements du corps – et, plus profondément encore, la couche hylétique du vécu, dans son rôle de raccourcis ou de 'silhouettes' (Abschattungen) constituant 'les aspects subjectifs' de l'objet (et même la couche hylétique dépouillée de ce rôle et considérée comme vécue pour elle-même) – et, sans doute, en deçà de ces orientations subjectives, les conditions sociales de la recherche et de l'identification du vrai (dont Husserl ne parle pas) – tout cela, c'est encore de l'être et fait encore partie du monde. (3) Ignorer cette partie subjective de l'être, ce n'est pas seulement être rejeté vers des abstractions, c'est fausser un savoir qui se contentait d'un réel tronqué. Et cependant, ce côté psychique ne constitue

2. *Husserliana IX, Phaenomenologische Psychologie,* § 27 et suivants, pp. 147 et ss.

3. Au point de se prolonger dans les institutions de recherches, laboratoires et amphithéâtres des Universités, qui orientent ces 'orientations'. Ces 'conditions' de l'apparition de l'« être dans sa vérité » font évidemment partie de l'être et du monde et justifient la récupération du psychique par l'objectivité et l'extension de la science à la psychologie.

pas une 'région' de l'être s'intégrant au monde ou s'associant à la nature dialectiquement pour 'faire système' avec elle puisque sa description phénoménologique est une voie privilégiée vers la Réduction, c'est-à-dire vers l'« absolu » de la conscience dont le sens n'est plus redevable à rien qui soit existence du monde. Le « globe du monde nage dans du subjectif » selon une formule pittoresque de la Psychologie Phénoménologique : l'élément où nage le monde n'a pas le statut de ce monde, il n'a même pas de statut du tout, puisque c'est par lui seulement que l'équilibre même de tout statut – l'identification du Même – est assuré.

Un surcroît de rationalité par rapport à ce qu'en contient l'évidence, s'obtient, dès lors, en phénoménologie par un changement de niveau, par un approfondissement s'accomplissant de la manière très précise que voici : dans un sujet absorbé, en toute lucidité, par son objet, il s'agit d'éveiller une vie que l'évidence absorba et fit oublier ou rendit anonyme. Plus généralement encore, il s'agit de descendre de l'entité éclairée dans l'évidence, vers le sujet qui s'y éteint plutôt qu'il ne s'y annonce.

La nécessité d'aller vers le sujet et de réfléchir sur la conscience et la vie intentionnelle où le monde et les objets sont 'noématiquement' présents, est certes motivée de diverses manières aux divers moments de la présentation de l'œuvre husserlienne alors que le geste motivé est toujours le même.

Dans les 'Recherches Logiques' (1ère édition), en guise de psychologie descriptive, la phénoménologie doit permettre d'éviter certaines équivoques qui se glissent dans les données en raison de la confusion entre le subjectif et l'objectif. (4) Cela exige une théorie de la connaissance,

4. En vertu d'un penchant « nullement fortuit ». Nous citons les *Recherches Logiques* d'après la traduction Hubert Elie, faite avec la collaboration

laquelle rend possible « les déterminations sûres et dernières, sinon de toutes les distinctions et évidences objectives, du moins de la plupart d'entre elles ». (5) Mais des glissements de sens se produisent aussi à cause du langage et du symbolisme contre lesquels l'évidence objective est sans défense : « Bien que ce soit l'analyse idéale et non l'analyse phénoménologique des vécus concrets qui fasse partie du domaine originairement propre de la logique pure, cette dernière n'en demeure pas moins indispensable pour l'avancement de la première... Le logique nous est tout d'abord donné sous une forme imparfaite : le concept nous apparaît comme une signification verbale plus ou moins fluctuante, la loi comme une assertion non moins fluctuante, parce que se construisant avec des concepts. Il est vrai que nous ne manquons pas pour autant d'évidences logiques. Nous appréhendons avec évidence la loi pure et savons qu'elle se fonde sur les formes pures de la pensée. Mais cette évidence est liée aux significations de mots qui étaient vivants dans l'accomplissement de l'acte de juger énonciateur de la loi. En vertu d'une équivoque qui passe inaperçue, d'autres concepts peuvent se glisser après coup sous ces mots, et, pour les significations professionnelles qui ont été modifiées, on peut faire appel à tort à l'évidence expérimentée antérieurement. Inversement, cette fausse interprétation issue d'une équivoque, peut aussi dénaturer le sens des propositions de logique pure (en celui, par exemple, de propositions empirico-psychologiques), et induire à abandonner l'évidence antérieurement expérimentée et la signification

de Kelkel et Scherer, P.U.F., Collection Epimethée, édition 1961, Tome second, Première partie. Cf. p. 10. Dans les Notes Annexes de ce volume on trouve les variantes qui distinguent la première édition, texte allemand de 1901, de la deuxième.

5. Op. cit. p. 264, Notes Annexes.

unique du logique pur. – Cette façon d'être données pour les idées logiques et pour les lois pures qui se constituent avec elles ne peut donc suffire. De là naît la grande tâche d'*amener à la clarté et à la distinction,* selon les exigences de la *théorie de la connaissance, les idées logiques,* les concepts et les lois. – C'est ici qu'intervient l'analyse phénoménologique etc. ». (6) De même un peu plus loin : « Mais l'évidence la plus complète peut devenir confuse, peut être faussement interprétée, ce qu'elle décèle en toute certitude peut être rejeté ». (7) Sur ces glissements de sens qui ne doivent rien à la maladresse des logiciens, « la logique formelle et la logique transcendantale » ne cesse d'insister trente ans plus tard.

La logique que le mathématicien-logicien peut mener à bien sans s'occuper d'actes psychiques dans lesquels sa théorie est vécue, exige donc « une psychologie descriptive » réfléchissant sur ce vécu. Des obscurités viendraient troubler le regard du mathématicien ou son langage, ou se glisseraient dans les résultats de son calcul pendant qu'ils reposeraient comme acquis dans quelque écriture, mais hors la pensée. Une réflexion aurait à vérifier la pureté intuitive *inaltérée du regard tourné vers l'objectif.* Tout se passe comme si la lucidité de l'*Anschauung* tournée vers l'objet, n'était pas suffisamment lucide et demeurait dans un esprit insuffisamment éveillé. Ce n'est que par la réflexion sur le vécu de la conscience que les termes objectifs se maintiennent dans une évidence qui, par elle-même, sans transparence pour elle-même, ne s'éveille à elle-même que dans la réflexion.

6. Op. cit. p. 7-8. Le début de cette citation est donnée d'après la 1ère édition des *Recherches Logiques.* Cf. Notes Annexes de la traduction française p. 263.

7. Op. cit. p. 10.

La motivation de la phénoménologie par l'instabilité de l'évidence où apparaissent les objets du monde ou les relations logico-mathématiques quand on la laisse à elle-même, est rattachée aux motifs qui invitent à la théorie de la connaissance dont le problème se formule dans les premières pages des *Recherches Logiques* de manières diverses. « Comment faut-il comprendre que l'*en soi* de l'objectivité parvient à la *représentation,* donc puisse redevenir en quelque sorte subjectif ». (8) Cette formulation de la théorie de la connaissance nous renvoie certes à l'étude de la structure générale du connaître et, par conséquent, à l'analyse de la conscience et au sens de l'objectivité des objets (que, dans la perspective des *Recherches Logiques,* il s'agissait de distinguer des *actes* de la conscience et de préserver de toute confusion avec eux). Mais entre les deux motivations : l'instabilité des évidences laissées à elles-mêmes et la référence à la problématique générale de la théorie de la connaissance, le lien s'établit, pratiquement, dans l'exercice de fait de la phénoménologie.

Dans *Ideen I,* le passage à la phénoménologie s'appelle *Réduction transcendantale.* Elle s'y accomplit sur la voie cartésienne : à partir de l'inadéquation de l'évidence relative au monde et aux choses qui s'y tiennent – à travers la suspension de la croyance en l'existence de ce monde et de ces objets qui s'affirment malgré l'incertitude – à la recherche de la certitude ou de l'évidence adéquate de la réflexion sur la *cogitation* à laquelle cette croyance même appartient – pour y mesurer le degré de son incertitude et de sa certitude. Ou *pour éclairer le sens ou la modalité de l'évidence naïve !* Il y a là une alternative

8. Op. cit. p. 11 et Notes Annexes p. 264.

qui, dans les *Ideen*, est une ambiguité. S'agit-il de conserver en guise d'idéal de certitude celui de l'intuition épousant pleinement la prétention de la pensée, pour mesurer à cet étalon toute certitude ? La phénoménologie aurait alors pour but de remonter à la conscience réduite, de mettre et de remettre en cause la prétendue suffisance du monde donné dans l'évidence naïve de l'homme-au-monde ou de l'être donné comme monde, après avoir découvert que, dans l'intuition dirigée sur le monde, ou sur une conscience intégrée au monde en guise de conscience psychologique, la pensée n'est jamais comblée par la présence de ce qu'elle vise, mais s'ouvre sur un processus de remplissement infini. L'apodicticité de l'intuition interne – où se laisse juger et circonscrire l'intuition interne – serait la finalité du retournement transcendantal. Mais on peut aussi dire qu'il s'agit de libérer la pensée sensée des normes de l'adéquation. Ce qui la libérerait de l'obédience à l'être entendu comme événement de l'identification de l'identique ; événement d'identification qui ne se peut que comme rassemblement dans un thème, comme représentation et comme présence. Dans le cas où cette libération serait l'essentiel, la réduction serait non-pas découverte d'incertitudes compromettant la certitude, mais un éveil de l'esprit par delà certitudes ou incertitudes, modalités de la connaissance de l'être, la Réduction serait un éveil où se profile une rationalité de la pensée – signifiance de sens – tranchant sur les normes qui commandent l'identité du Même. Et, peut-être (au-delà des horizons qu'ouvrent implicitement les textes de Husserl et où sa pensée dite se tient fermement) une rationalité de l'esprit qui ne se traduit ni en savoirs, ni en certitudes et que désigne le terme irréductible d'éveil. Dans les *Ideen I* même, prévaut incontestablement le premier terme de l'alternative que l'on vient de formuler.

La réduction rend certes possible, par delà la critique portée contre la *certitude* des évidences, la description d'évidences où les incertitudes entrent en qualité de traits caractérisant de nouvelles modalités de l'évidence (et, par conséquent, de nouveaux modes d'être). Mais de toutes façons, dans *Ideen I,* le passage à une rationalité plus profonde est encore passage d'une connaissance moins parfaite à une autre connaissance plus parfaite ; passage d'un ordre où le recouvrement du visé par le vu est impossible, à l'ordre de l'identification adéquate qui serait celui de l'apodictique.

Mais voici que, dans les *« Méditations Cartésiennes »* cette rationalité apodictique s'interprète autrement. Elle ne tient plus à l' 'adéquation ' de l'intuition et de l'acte 'signitif ' que l'intuition remplit. L'intuition du sens interne est, à son tour, incapable de remplir l' 'intention signitive'. Au-delà d'un noyau de 'présence vivante' du moi à lui-même « ne s'étend qu'un horizon indéterminé d'une généralité vague, horizon de ce qui, en réalité, n'est pas l'objet immédiat d'expérience, mais seulement objet de pensées qui nécessairement l'accompagne. A cet horizon appartient le passé du moi, presque toujours totalement obscur etc... » (9) – Mais la limite de l'apodictique et du non-apodictique ne se ramène pas à celle qui sépare le 'noyau' de ses horizons – limite que rien n'indique ni ne fait valoir dans les textes (§ § 6 à 9), que les *Méditations Cartésiennes* de Husserl consacrent à l'apodicticité. De sorte que, dans la « présence vivante du Moi à lui-même » l'adéquation du 'visé' et du 'vu' n'est pas l'essentiel. « L'apodicticité peut selon les cas, appartenir à des évidences inadéquates. Elle possède une indubitabilité absolue d'un ordre spécial et bien déterminé, celle que le savant attribue à tous les principes... » (9bis) La détermination

9. *Méditations Cartésiennes,* p. 19.
9bis. Op. cit. p. 13.

positive de l'apodicticité, n'allant pas « de pair avec l'adéquation », manque dans ces pages embarrassées où s'avouent, à diverses reprises, les difficultés attachées à la notion d'apodicticité « provisoirement négligée ». (10)

Ne faut-il pas admettre que l'indubitabilité spécifique et exceptionnelle de l'apodictique se réfère – sans se laisser s'en abstraire – à la situation *unique* du *Cogito-Sum ?* Cette situation définirait l'apodicticité, ce n'est pas un critère quelconque, extérieur à cette conjoncture, qui la rendrait apodictique. « Nier l'apodicticité du *je suis*, n'est possible que si l'on se borne à ces arguments (scil. : aux arguments en faveur du doute renaissant dans l'évidence du je suis) d'une manière toute extérieure ». (11) Et cependant la nécessité de soumettre à la critique (apodictique, elle aussi) l'apodicticité de l'expérience transcendantale (12) dans une réflexion sur la réflexion, n'est pas contestée. On nous dit même qu'elle ne mènerait pas à une régression à l'infini. (13) Or, on ne peut s'attendre à quelque intuition adéquate pour arrêter cette régression. Seule l'évidence d'une idée « au sens kantien du terme » pourrait rendre pensable cet infini de la critique. L'apodictique de la Réduction transcendantale sera donc une réflexion sur la réflexion ne rassemblant que dans une « idée au sens kantien du terme » un processus sans achèvement de la critique de la critique. L'apodicticité du *Cogito-Sum* repose sur l'infini de l' 'itération '. (14) L'indubitable apodictique ne vient d'aucun trait nouveau de l'évidence qui lui assurerait une meilleure ouverture sur l'être ou une nouvelle approche. Il ne tient qu'à

10. Op. cit. p. 20.
11. Op. cit. p. 19.
12. Op. cit. pp. 25, 129.
13. Op. cit. p. 130.
14. Cf. dans notre *Totalité et Infini*, pp. 65 et ss.

l'approfondissement de l'évidence, à un changement de niveau où, de l'évidence qui l'éclaire, le sujet se réveille comme d'un 'sommeil dogmatique'. Dans la « présence vivante du Moi à lui-même » (15) l'adjectif 'vivant' ne désigne-t-il pas cette veille qui ne se peut que comme incessant réveil ? Dans 'présence vivante' et 'évidence vivante', l'adjectif vient s'ajouter *emphatiquement* aux titres qui conviennent à l'évidence en tant que essence de la vérité pour y faire entendre le *Cogito-Sum* comme modalité du *vivre* lui-même s'identifiant dans son immanence, mais se réveillant de cette immanence en guise d'un-moi-qui-s'en-tient-à-distance, arraché à l'état d'âme dont il fait partie. L'adjectif : vivant, n'exprime-t-il pas l'apodicticité du subjectif qui n'est pas seulement un degré de certitude, mais le mode de la vie : le *vivre* de la vie ? Cet adjectif ne révèle-t-il pas à quel point, dès le début du discours husserlien, importe le mot *Erlebnis* désignant la subjectivité du subjectif ? Le vécu et la vie seraient décrits ainsi non pas par l'extase de l'intentionalité, non pas par le *hors-de-soi* de l'être au monde ; ni même, comme dans la *« Psychologie Phénoménologique »* où la vie est vécue avant que la *hylé* du sensible ne revête la fonction d'*Abschattung* (16) et semble s'épuiser à s'auto-identifier – par le rassemblement dans la synthèse passive du temps, en « présence à soi », en parfait savoir de la conscience de soi, en parfaite immanence. La présence à soi comme présence vivante à soi, dans son innocence même, rejette au dehors son centre de gravité : toujours la présence de soi à soi se *réveille* de son identité d'état et se présente à un moi « transcendant dans l'immanence ».

15. *Méditations cartésiennes*, p. 19.
16. *Husserliana IX*, p. 166 et ss.

3. La vigilance comme moi.

Au niveau de l'Ego – là où la subjectivité est au plus vivant de sa vie – interviennent, chez Husserl, les termes mêmes de sommeil et de veille. L'Ego se situe en dehors de l'immanence, tout en lui appartenant – comme « transcendance dans l'immanence » – ce qui doit signifier : une *différence* par rapport au « demeurer-le-même » ou par rapport au « se-retrouver-le-même » qu'est la durée (ou la temporalisation, comme on dit maintenant) du temps immanent ou le flux du vécu ; mais une différence autre que celle qui sépare l'objet intentionnel de ce flux. Que peut signifier cette extériorité déchirant le sein de l'intime, cette « âme dans l'âme », cette altérité, là où tout cependant est coïncidence avec soi ou retrouvailles de soi, (17) cette irréalité au cœur du vécu, que peut signifier cette extériorité qui ne serait pas extase intentionnelle ? Une retro-cendance : ce qui s'identifie dans l'immanence et s'y recouvre, se déprend de soi ou se dégrise, comme à l'instant où le sommeil cède, et où dans le réveil, le ci-devant vécu se décolore en rêve qui fut et seulement se souvient. La transcendance dans l'immanence, l'étrange structure (ou la *profondeur)* du psychique comme âme dans l'âme, c'est le réveil toujours recommençant dans la veille elle-même ; le *Même* infiniment référé dans son identité la plus intime à l'*Autre*. Il serait absurde d'isoler cet Autre de cette relation infinie

17. Telle, du moins, que cette immanence se pensait par Husserl encore en 1925 où l'immanent restait apodictique et adéquatement perçu. Cf. *Phänomenologische Psychologie* § 34 in *Husserliana* IX, p. 171 et ss. : le vécu est toujours différent, mais, perçu adéquatement, est réel, sans aucun élément de présence 'irréelle', sans aucune idéalité. Le Même objectif est idéalité, perçu à travers le vécu et toujours inadéquatement. Mais le divers du vécu constitue une cohérence – un tout. Il n'est pas chaotique.

et de le geler comme ultime – c'est-à-dire comme le Même à son tour – dans un attachement impénitent au rationalisme du Même. (18) Dans le réveil, entre le Même et l'Autre se montre une relation irréductible à l'adversité et à la conciliation, à l'aliénation et à l'assimilation. Ici l'Autre, au lieu d'aliéner l'unicité du Même qu'il inquiète et tient, l'appelle seulement du plus profond de lui-même au plus profond que lui-même, là où rien ni personne ne peut le remplacer. Serait-ce déjà à la responsabilité pour autrui ? L'Autre appelant le Même au plus profond de lui-même ! Hétéronomie de la liberté que les Grecs ne nous ont pas enseignée. (19) Transcendance dans l'immanence – c'est précisément la non-appartenance du Moi aux tissus des états de la conscience qui, ainsi, dans leur immanence, ne s'ankylosent pas par eux-mêmes.

Le réveil c'est le moi dormant et ne dormant pas *pour qui* se passe tout ce qui, dans l'immanence même, se passe : (20)

18. Et sans doute l'attachement au Même est-il impénitent. Et on peut justifier cette impénitence par le réveil même qui, responsabilité pour Autrui, a besoin de justice, de comparaison, de lucidité, de connaissance, de présence, d'être, d'ontologie. Cf. notre *Autrement qu'être*, p. 201 et ss. Sans cesse l'Infini se ramènera au Même réveillé par ce *sans cesse*.

19. A moins qu'ils ne nous l'aient suggérée et dans le Démon de Socrate et dans l'entrée *par la porte*, de l'intellect agent chez Aristote.

20. Dans *Expérience et Jugement* Husserl montre dans le *Moi en sommeil*, – indifférent à l'égard de ce qui « se relève » (sich abhebt) dans la conscience, mais ne l' 'affecte' pas encore avec l'intensité nécessaire au réveil, – la distinction de la 'proximité' et de l' 'éloignement' d'objets. De même dans l'Annexe XXIV de la *Psychologie Phénoménologique* de 1925 *(Husserliana* IX, p. 479-480) : « Le se-diriger-sur... est une modification intentionnelle du ne-pas-encore-se-diriger-sur... Le ne pas accomplir l'acte (intentionnel) » a encore des modes différents : affecter le moi (susciter un intérêt, fournir des motifs au Moi pour des prises de positions, exciter et éventuellement fournir un excitant entrant en concurrence avec d'autres excitants – de tout cela résultent des différences modales), ne pas l'affecter et cependant rester conscient dans le présent vivant avec une « absence d'intérêt » laquelle est une modalité dans le moi qui s'y rapporte ; le moi *dort à l'égard* de cela et cela est, en ce sens inconscient... A travers tout le vécu de la conscience et à travers toutes les modifications du vécu, à travers l'inconscient, passe la synthèse de l'identité du moi ». « A proprement

cœur éveillé, non-étant, non-état dans la profondeur des états d'âme sommeillant dans leur identité, insomnie ou battement dans l'ultime recoin de l'atome subjectif.

Cette vigilance du moi venant des profondeurs de la subjectivité qui transcende son immanence, ce *de profundis* de l'esprit, cet éclatement au cœur de la substance, cette insomnie, se décrit, certes, chez Husserl comme intentionalité. Le moi-en-éveil, *veille à l'objet,* il reste activité objectivante même sous sa vie axiologique ou pratique. C'est de l'altérité d'objet, du heurt du réel que dépend ici le dégrisement du réveil. L'affection subie, la stimulation reçue, viendra de l'objet, de ce qui 'se relève' (sich abhebt) dans l'immanence. Le réveil répond encore à une altérité à assimiler par le Moi. C'est bien cette assimilation qu'exprime la métaphore optique du *rayon,* lequel, à partir du moi réveillé, se dirige sur l'objet qui l'avait réveillé, qui se dirige sur lui en guise de savoir, l'esprit assimilant ce qui le frappe. Certes.

Toutefois, alors que selon *Ideen I,* la division de la conscience intentionnelle en 'actualités' et en 'potentialités' supposait déjà le fait de l'intentionalité de sorte que celle-ci n'équivalait pas d'emblée au rayonnement du Moi, alors que le Moi caractérisait seulement l'intentionalité active s'attestant dans l'attention — dans *Expérience et Jugement* et dans *Psychologie Phénoménologique,* (21) c'est l'intentionalité comme telle qui coïncide avec la vigilance du Moi affecté et se réveillant déjà. Il n'est *jamais engourdi jusqu'à l'absence.* Même dans la passivité

parler tout appartient au moi éveillé en tant que continûment thématisant, accomplissant des actes, fonctionnant comme un vivant Moi de présence, mais fonctionnant aussi dans des œuvres passives, dans les associations et les synthèses de la constitution passive ». Op. cit. p. 481. Voir aussi dans le même volume IX des *Husserliana,* p. 313, *Amsterdamer Vorträge.*

21. Cf. note précédente.

de la conscience, là où on ne peut pas encore parler du savoir proprement dit le Moi veille. Même si cette intentionalité virtuelle doit s'épanouir en savoir et en évidences apportant l'oubli à la vie sous-jacente du Moi ou mettant cette vie en sommeil, la *possibilité de l'éveil* fait déjà battre le cœur du Moi, de l'intérieur dérangé et vivant, – « transcendant dans l'immanence ». « Le sommeil à regarder de près n'a de sens que par rapport à la veille et porte, en lui-même, la potentialité du réveil ». (22)

L'analyse ne doit-elle pas, dès lors, être poussée au delà de la lettre husserlienne ? Dans l'identité de l'état de conscience présent à lui-même, dans cette tautologie silencieuse du pré-réflexif, *veille* une différence entre le même et le même jamais en phase, que l'identité n'arrive pas à enserrer : précisément *l'insomnie* que l'on ne peut dire autrement que par ces mots à signification *catégoriale*. Scission de l'identité, *l'insomnie* ou le *veiller* – autrement qu'être – relèvent de catégories 'logiques' non moins augustes que celles qui soutiennent et fondent l'être, comme en relève la négativité dialectique par exemple, à laquelle l'insomnie ne se ramène pas. Catégorie irréductible de la différence *au cœur* du Même, qui perce la structure de l'être, en l'animant ou en l'inspirant. Husserl compare le Moi à l'unité de l'aperception transcendantale de Kant (23) et cela certes aura sa raison, mais l'identité de cet identique se déchire par la différence de l'insomnie faisant un vide qui toujours se recrée non pas par détachement de tout acquis, mais par résistance, si on peut dire, à toute condensation de ce vide même qui me gagne comme somnolence (ou comme être de l'étant). Insomnie comme

22. *Husserliana* IX, p. 209.
23. Op. cit. p. 208.

dénucléation de l'atomicité même de l'un (dont se prévaut encore l'unité de l'aperception transcendantale synthétisant le donné) ou comme dés-appointement de sa ponctualité même.

Insomnie ou déchirement qui est non pas la finitude d'un être incapable de se rejoindre et de « demeurer en repos » en guise d'état d'âme, mais transcendance déchirant ou inspirant l'immanence qui, de prime abord, l'enveloppe comme si de l'Infini il pouvait y avoir idée, c'est-à-dire comme si Dieu pouvait tenir en moi. (24) Veille sans intentionalité mais seulement réveillée sans cesse de son état même de veille, se dégrisant de son identité pour le plus profond que soi. Subjectivité comme susception de l'Infini, soumission à un Dieu et intérieur et transcendant. *En soi,* libération *de* soi. Liberté de l'éveil plus libre que la liberté du commencement qui se fixe en principe. (25) Elle ressemble à celle

24. « Comme si » – non pas incertitude ou simple vraisemblance des philosophies du « als ob ». Celles-ci, malgré leur prudence d'empiristes, demeurent attachées à la vérité-résultat, à l'identité idéale de l'objectif et, plus généralement, à l'univocité de la présence et de l'être. Nous entendons dans le « comme si » l'équivoque ou l'énigme du non-phénomène, du non-représentable : témoignage, d'avant la thématisation attestant *un- « plus » -éveillant-un-'moins' qu'il-dérange-ou-inspire,*, de « l'idée de l'Infini », de « Dieu en moi » ; et *puis,* le non-sens d'une trace indéchiffrable, remue-ménage de l'*il y a.* Diachronie non synchronisable, signifiance énigmatique et, ainsi seulement, signifiant au delà de l'être ou de Dieu. La notion d'insomnie, dans sa distinction d'avec celle de la conscience, nous est apparue dans notre petit livre de 1947 : intitulé « De l'existence à l'existant », précisément dans ses moments de non-sens. Nous écrivions alors : « Nous introduisons, ainsi, dans l'événement impersonnel de l'*il y a* non point la notion de conscience, mais la veille à laquelle la conscience participe tout en s'affirmant comme conscience précisément parce qu'elle ne fait qu'y participer. La conscience est une partie de la veille, c'est-àdire : elle l'a déjà déchirée. Elle comporte précisément un abri contre cet être auquel, en nous dépersonnalisant, nous atteignons dans l'insomnie ; cet être qui ne se perd, ni ne se dupe ni ne s'oublie, qui est, si on doit tenter l'expression, complètement dessoulé ». *(De l'existence à l'existant,* p. 111).

25. La bible hébraïque pour nommer l'éveil religieux de Samson dit (Juges 13,25) : « l'esprit de l'Eternel commença à l'agiter à Mahané-Dan... » Elle emploie pour 'agiter' le terme 'vatipaëm', mot de la même racine que le mot 'paamon' – cloche. L'esprit s'agitant comme le battement ou la percussion dont résonnent ou vibrent les sons de cloche.

qui éclate dans la proximité du prochain, dans la responsabilité pour l'autre homme où, cependant, unicité du non-interchangeable, condition ou incondition d'otage, je suis unique et élu. Est-ce là analogie avec la proximité d'autrui ou le préalable nécessaire à l'éveil ? Sans intentionalité, autrement qu'être – *veiller* n'est-ce pas déjà se substituer à Autrui ? C'est en tous cas à partir d'Autrui que Husserl décrira la subjectivité transcendantale arrachant le Moi à son isolement en soi. Mais l'unité de l'aperception transcendantale et la lucidité du savoir reconnus comme sujet, ne sont pas sans justification phénoménologique. Elles sont nécessaires à l'éveil. Le Moi est en soi et en soi il est *ici* et ici il est au monde. Il faut l'arracher à cet enracinement. La Réduction transcendantale de Husserl a vocation de le réveiller de l'engourdissement, de re-animer sa vie et ses horizons perdus dans l'anonymat. La Réduction intersubjective à partir de l'autre arrachera le moi à sa coïncidence avec soi et avec le centre du monde, même si Husserl ne cesse pas pour autant de penser la relation entre moi et l'autre en termes de connaissance.

4. La Réduction comme éveil.

L'exposé de l'apodicticité, indubitabilité sui generis, se termine au § 9 des *Méditations Cartésiennes* sur l'aveu des difficultés attachées aux problèmes qu'elle soulève. La présence à soi, appelle un sens qui ne se décrit plus par l'adéquation, comme il ne se détruit pas par l'inadéquation entre le visé et le vu. (26) La voie menant à la Réduction

26. La présence à soi dans le *Cogito* a-t-elle jamais été convaincante à cause du *type* d'évidence alléguée ? Descartes nous a-t-il jamais convaincus, dans le *Discours de la Méthode*, que la certitude du *Cogito* nous enseignait « que les choses que nous concevons fort clairement et fort distinctement sont toutes vraies » ?

à partir d'une psychologie phénoménologique de la perception est, à en croire la *Krisis,* meilleure que la voie suivie, dans *Ideen I* et dans les *Méditations Cartésiennes,* à partir de Descartes. La vie subjective révélera sa dignité transcendantale dans son antériorité par rapport au réel qui, en elle, s'identifie, mais qui absorbe et réduit à l'anonymat cette vie. Comme si, dans la connaissance elle-même, en tant que portant sur un objet identique et identifiable, l'ouverture était aussi une fermeture ! Comme si la pensée qui identifie un monde ou qui l'habite, était aussitôt bouchée ou 'embourgeoisée' par ce monde même ! Comme si, par conséquent, l'aventure de la connaissance n'était pas toute la spiritualité de la pensée, mais l'assoupissement d'une veille ! Ouverture bouchée par ce qui s'y montre, non pas pour entraîner une dialectique de la partie et du tout : comme si la partie nécessaire au savoir du tout absorbait, certes, le regard – raison déchue au rang d'entendement – faisait oublier l'indigence de la partie, prise pour un tout et, ainsi, dissimulait le tout au lieu de le révéler ; mais comme si l'élargissement – sous une lumière plus grande – de l'horizon objectif où se montre l'objet et où il côtoie d'autres objets qu'il dissimule, n'était pas encore la levée de la naïveté du regard tourné vers son thème. C'est la vie sous-jacente au regard que la phénoménologie husserlienne réveille. Il ne s'agit pas d'ajouter un thème intérieur au thème extérieur, mais de re-animer – ou de re-activer – la vie pour atteindre, sous le nom d'être indubitable, la présence vivante. *Il s'agit, dans la présence, de retrouver la vie.* Comme si la conscience dans son identification du Même, s'endormait en 's'éveillant' aux choses, comme si l'objet contemplé était celui qui méduse et pétrifie la vie en connaissance.

La Réduction, ce sera, avant tout, la démarche qui – sous le repos *en soi* où s'accomplirait le Réel référé à lui-même – montrera ou réveillera la vie contre laquelle l'être thématisé aura déjà, dans sa suffisance, regimbé. Vie appelée, certes, commodément existence absolue, mais dont l'absoluité sera ab-solution ou dégrisement, ou réveil ou tenue-en-éveil dans l'exposition du 'réduit' à de nouvelles réductions, défaisant le dogmatisme rémanent ou revenant sous les identités idéales, réactivant des intentions assoupies, rouvrant des horizons oubliés, dérangeant le Même au sein de son identité, là où le *veiller* se fait *état* d'âme ; dérangeant l'état de veille qui, de son repos se trouve déjà redevable au Même où il se prélasse, encore ou déjà.

Au Moi qui est l'éveil même, mais au Moi qui se retrouve le même – la réduction intersubjective ! Celle-ci ne se dirige pas seulement contre le solipsisme de la « sphère primordiale » et le relativisme de la vérité qui en résulte, en vue d'assurer l'objectivité du savoir en guise d'accord entre subjectivités multiples. La constitution ou l'explication du sens d'un Moi autre que moi, en partant de l'*analogie entre corps animés* – synthèse passive s'accomplissant dans le moi primordial – arrache le moi à son hypostase, à l'*ici*, que sa marche de somnanbule ne suffit pas à séparer du centre du monde. L'interchangeabilité spatiale de l'*ici* et du *là-bas* ne constitue pas seulement l'homogénéité de l'espace. Par l'ici et le là-bas interchangeables, le Moi, pourtant si évidemment *primordial* et hégémonique dans son *hic et nunc* et dans son identification, passe au *second* plan, se voit autre, s'expose à autrui, a déjà des comptes à rendre. Le contre-nature ou la 'merveille' de la réflexion sur soi, pratiquée dans la Réduction égologique, ne tient-elle pas sa chance de cet arrachement intersubjectif au primordial, à la réduction du Moi à sa secondarité préalable et oubliée ? La secondarité où sous le regard d'autrui, la sphère primordiale perd sa priorité, ses privilèges et sa suffisance, est un réveil où l'égologique – et l'égotisme et l'égoïsme – fuient comme des rêves. Elle est chez Husserl tempérée ou même équilibrée par la réciprocité des relations intersubjectives, et cela procède d'une tradition tenace pour qui esprit équivaut à savoir, liberté – à commencement et où le sujet pourtant dénucléé, persiste comme l'unité de l'aperception transcendantale.

Mais l'exposition préalable de la sphère primordiale, dans son identité et « fierté naturelle », à l'Autre, signifie-t-elle asservissement ? Le regard de l'Autre est-il d'emblée objectivation et réification ? Dans l'exposition du primordial à l'autre, le Même, d'emblée voué à Autrui, n'est-il pas élu et, dans sa responsabilité, irremplaçable et unique ? La vigilance – éveil se levant dans l'éveil – l'éveil réveillant l'état où tombe et sc fige la veille elle-même – est vocation – et concrètement la responsabilité pour Autrui.

Contre la simple abstraction qui en partant de la conscience individuelle s'élève à la « Conscience en général » par l'omission extatique ou angélique de son poids terrestre, par l'ivresse ou par l'idéalisme d'une sublimation magique, la théorie husserlienne de la réduction intersubjective décrit l'étonnante possibilité du dégrisement où le moi se libère de soi, se réveille du sommeil dogmatique (27). La Réduction comme explosion de l'Autre dans le Même, vers l'insomnie absolue, est une catégorie sous laquelle le sujet perd la consistance atomique de l'aperception transcendantale.

Jusqu'au bout elle se dit chez Husserl comme passage d'une connaissance à une connaissance meilleure. L'apodicticité de la Réduction reste caractérisée comme

27. Paradoxalement, la corporéité humaine offre ici non pas un obstacle mais une voie.

connaissance indubitable, comme présence vivante de l'Ego Cogito. La *vie* ne peut certes entrer dans le discours philosophique autrement que comme *présence* à une réflexion. Mais Husserl ne séparera pas le *vivre* de la vie et la présence, condition du discours philosophique. Toujours, chez lui, la spiritualité même de l'esprit reste savoir. Et cette nécessité pour la philosophie de demeurer, en tant que savoir, savoir de la *présence* et de l'être, ne pourra chez Husserl, pas plus que dans l'ensemble de la philosophie occidentale, ne pas signifier l'ultime figure du sensé ou, ce qui revient au même, cette nécessité ne pourra ne pas signifier que le sensé a son sens dans l'ultime, dans le fondamental, dans le Même. L'esprit reste fondé sur la présence de l'être, il est l'événement de cette présence. Le sens qui ne peut, quand il se montre, ne pas se montrer dans la conscience, ne se séparera pas de l'aventure de la conscience qui est ontologique. Jamais la philosophie partant de la présence de l'être, ne s'en réveillera ou ne dira le réveil en d'autres termes qu'en ceux du savoir, jamais elle ne réduira le savoir de l'ontologie à l'une des modalités de l'éveil où déjà des modalités plus *profondes* se lèvent ; jamais elle ne pensera la veille – et le réveil dont vit la veille – comme Raison sans l'entendre dans la connaissance, sans réduire à la *manifestation* du sens sa signifiance même. Se réveiller de la présence et de l'être, ne signifiera pour elle une aventure de l'esprit que comme profusion d'images en liberté, poésie ou rêves, ivresse ou sommeil.

5. *La veille.*

Le *vivre* de la vie, n'est-il pas excession : rupture du contenant par le non-contenable qui précisément, ainsi, anime ou inspire ? L'éveil ne serait-il pas inspiration ? Termes irréductibles. Le *vivre* de la vie – incessant éclatement de l'identification. Comme si, éblouissement ou brûlure, la vie était, par delà le *voir,* déjà la douleur de l'œil excédé de lumière ; par delà le contact, déjà l'ignition de la peau touchant – mais ne touchant pas – l'insaisissable. Le Même dérangé par l'Autre qui l'exalte. Vivre n'est pas une extase, c'est un enthousiasme. L'enthousiasme n'est pas ivresse, il est dégrisement. Dégrisement toujours encore à dégriser, une veille à la veille d'un réveil nouveau, le Même toujours se réveillant de soi – Raison. Non-repos ou non perdurance dans le Même, non-état – faut-il appeler créature l'*autrement* qui ainsi se dédit d'être ? Peut-être. Mais à condition de ne pas l'entendre comme un moindre-être, ni comme une quelconque modification ou dérivée de l'être. Car la priorité ou l'ultimité du Même – ainsi que la conscience et le savoir et la thématisation et l'être – se mettent en question. Le cadre de l'ontologie se brise ici, le sujet passant du Même – excluant ou assimilant l'autre – à l'éveil du Même par l'autre, se dégrisant de son identité et de son être.

Nous avons décrit ailleurs la dénucléation du *sujet – substance,* où en partant de la responsabilité pour Autrui, comme substitution à lui, sur l'ordre de l'Infini et où l'Infini – ni thème ni interlocuteur – m'éveille à la vigilance, à veiller au prochain (28).

Eveil irréductible au savoir et Raison qui ne s'en tient pas à la lucidité. Mais le savoir en constitue une modalité privilégiée se justifiant dans la mesure où la *responsabilité pour autrui,* et la condition – ou l'incondition –

28. *Cf. Autrement qu'être* passim et notamment ch. IV p. 125.

d'otage que cette responsabilité signifie, ne peut, devant le tiers, se passer de comparaison, s'astreint donc à la comparaison des incomparables, à l'objectivation, à la conscience et au savoir philosophique lui-même. (29)

La question que ces pages ont posée a consisté à se demander si invariablement intelligence et signifiance sont figures du Même, de la connaissance et de l'être ou si, au contraire, la signification n'épouse ces figures qu'à un certain niveau de la vigilance alors que, dans le repos de l'identité, déjà l'intelligibilité s'assoupit, qu'elle 's'embourgeoise' dans la présence satisfaite de son lieu.

Embourgeoisement ou suffisance, étrange 'altération' du Même par lui-même alors qu'il devrait en être préservé de par son identité et son pouvoir d'assimiler l'autre; aliénation, 'engraissement' qui renie l'altérité en regimbant, dans son intégrité, contre ce qui la transcende et l'affecte encore. (30)

Nous demandons si la raison, toujours ramenée à la recherche du repos, de l'apaisement, de la conciliation – toujours impliquant l'ultimité ou la priorité du Même – ne s'absente pas, déjà par là, de la raison vivante. Non

29. Si le réveil prend sa figure concrète dans la responsabilité pour-autrui, la représentation, l'identité et l'égalité se justifient à partir de la justice. L'égalité tient à l'équité à laquelle la connaissance est nécessaire, comme est nécessaire à la spiritualité de l'éveil une civilisation de la connaissance, – une *présence* à la conscience et l'énoncé philosophique. Mais lucidité extrême, la philosophie, encore corrélative de l'être et s'exprimant dans un langage que Derrida appelle logocentrique – déjà se dédit. Dans son dit se distinguent les voies qui amènent à la connaissance et à la présentation d'une part, et la vie qui – autrement qu'être ou avant l'*essence de l'être* – signifie l'Infini de l'Autre. Distinction qui demeure énigme et dia-chronie. Cf. notre *Autrement qu'être ou au-delà de l'essence*, pp. 195-218 et ss.

30. « Engraissé, il regimbe » (Deutéronome 32, 15). Insensibilisation qui n'équivaut pas à l'idéologie : car en plein repos du Même, que la raison légitimement 'se paye', sommeil sans l'influence d'aucune pulsion, d'aucun désir. Mais engourdissement qui certainement ouvre la raison aux idéologies.

pas que raison équivaille à la *recherche* d'une égalité avec soi – d'une adéquation à soi – qui serait *meilleure* que l'adéquation déjà atteinte. Contre ce romantisme désuet et injustifiable, comme celui qui préfère la guerre à la paix, le classicisme de la plénitude est beau dans sa lucidité. Mais nous demandons si la lucidité – perfection du connaître – est la veille la plus éveillée ; même s'il fallait avouer que la vigilance elle-même, demande à être reconnue avec lucidité ; nous demandons si la *veillée* est une nostalgie de l'égal et non pas une patience de l'Infini ; nous demandons si dès lors, comme vigilance et veillée, la raison n'est pas le dérangement irrésorbable du Même par l'Autre – réveil secouant l'état de veille – dérangement du Même par l'Autre dans la différence, qui précisément non-indifférence ne se prête pas aux adversités et aux réconciliations dans lesquelles la communauté – si formelle qu'elle soit – déclenche le mouvement dialectique. Ici la différence demeure sans communauté aucune et la non-indifférence – relation unique du réveil – ne se réduit à rien. Inquiétude, approfondissement ou ébranlement de toute assise et, ainsi, de la présence ou de la simultanéité (par laquelle dans le temps se fixent origine et ultimité) en dia-chronie, exposition à l'autre en guise de blessure ou vulnérabilité. Non pas passivité d'inertie ou de l'effet, mais sensibilité : douleur de l'éblouissement et de la brûlure. Plus de lumière dans l'œil que son état ne peut accueillir, plus de contact que la peau ne peut toucher : le Même tenu en éveil par un autre. Une relation entre le Même et l'Autre qui, pour la philosophie du Même, ne peut être que provisoire.

Mais n'est-ce pas la description de la transcendance ? Relation entre le Même et l'Autre qui ne saurait s'interpréter comme état fût-il lucidité, relation qui se doit à la vigilance – qui, in-quiétude, ne se repose pas dans son thème, dans la représentation, dans la présence, dans l'Etre. La vigilance – réveil dans l'éveil – signifie la dé-fection de l'identité, ce qui n'est pas son extinction mais sa substitution au prochain – ordre ou désordre où la raison n'est plus ni connaissance ni action mais où désarçonnée par Autrui de son état – désarçonnée du Même et de l'être – elle est en relation éthique avec autrui, proximité du prochain.

Ces questions concernent l'ultime et même la possibilité ou l'impossibilité de l'ultime. Faut-il penser que l'identification du Même où l'être répond de sa présence, est la raison dans sa vigilance d'esprit, mais que, en échec à chacune de ses époques, elle exige toute l'histoire humaine pour retrouver son assurance et, dès lors, s'accomplir dialectiquement à travers ruptures et retrouvailles de l'identité jusqu'au triomphe final de l'*identification* dans l'Idée Absolue, identité de ce mouvement rationnel et de l'être ? Ne faut-il pas, au contraire, dans l'identité du Même et dans son retour à soi où la raison comme identification prétend à son triomphe – dans l'identité du Même auquel la pensée par elle-même aspire comme à un repos – ne faut-il pas y redouter une hébétude, une pétrification ou un engraissement ou une paresse ? Le dilemme peut se dire encore ainsi : l'autre qui se dérobe à l'identification, se fait-il passer abusivement – ou pour un temps seulement – pour adversaire du Même, dans un jeu diabolique fait pour ne dérouter qu'une connaissance impatiente d'aboutir et refusant la méthodologie de l'histoire, jeu que déjouera l'esprit dans sa patience du concept, assuré d'en venir en son temps à bout de l'autre ? Ou l'autre ne doit-il pas s'entendre tout aussi autrement – selon une altérité dont quelques traits furent tracés jusqu'alors – comme une mise en question incessante, sans ultimité, de la priorité et de la quiétude du Même, telle la brûlure sans consumation d'une flamme inextinguible ? Susception, plus passive que toute passivité, ne laissant même pas de cendre ; mais susception où affleure le sens : le plus dans le moins ou l'un pour l'autre – susception de la tendance, réveil au sein de l'éveil même, dégrisement toujours plus profond, une insomnie plus vigilante que la lucidité de l'évidence où le Même repose – et encore et déjà – rêve dans son présent ; au-delà de la dialectique laquelle, malgré son inquiétude, demeure conscience du Même dans son achèvement ou, plus simplement encore, demeure l'idée même de l'achèvement et de l'ultime.

SUR LA MORT DANS LA PENSÉE DE ERNST BLOCH*

1. L'importance de ce thème pour la vérité de cette pensée.

Le marxisme d'Ernst Bloch est délibérément humaniste ; vue qui se justifierait autant par les textes de la maturité que par ceux de la jeunesse de Marx. Jamais la doctrine qui se veut science soucieuse de l'objectivité ne refoulerait l'« humanisme réel ». « En tant que réel précisément et non-formel, il est remis sur pieds (1). »

Nouvelle philosophie et non pas simple « sécularisation » – application technique ou « abaissement » réaliste – des vérités déjà acquises par la tradition du spiritualisme et de la « spiritualité », le marxisme tirerait sa force autant de la réaction morale que suscite, même chez les privilégiés

* Paru dans *Utopie – Marxisme selon Ernst Bloch*, Payot, 1976.

1. *Prinzip Hoffnung*, p. 1608.

du régime injuste, la misère du prochain que de l'analyse objective de la réalité (2). Deux sources de la conscience révolutionnaire – laquelle serait la véritable conscience de soi – confluentes ou jaillisant de la même origine souterraine. « La misère en tant qu'elle comprend ses causes devient le levier de la révolution », « l'humanité qui se conçoit par l'action », s'identifie au « cheminement rouge de l'intelligentzia » ; mais ces propositions ne seraient pas plus marxistes que l'idée, de style husserlien, d'un accès authentique à la misère de l'homme « asservi, humilié et méprisé » à partir de la révolte ou, inversement, d'un accès, à partir de la misère, à la « force de la révolte dirigée contre la cause de la misère » (3).

Mais dans la philosophie d'Ernst Bloch, qui n'est, de prime abord, qu'une interprétation du marxisme, celle-ci est puissamment amplifiée par une attention tournée vers toutes les œuvres de l'esprit humain. En elles, s'éveillent des harmoniques innombrables : la culture universelle se met à vibrer par sympathie. Singulière résonance ! Prenant à son compte la formule : « bouleverser toutes les relations où l'homme reste humilié, asservi, déclassé et méprisé », Ernst Bloch récupère cependant les modes valables de la civilisation humaine – philosophie, art et religion. Ils représentent pour lui l'expression de l'espérance humaine, anticipation de l'avenir où il existera une humanité aujourd'hui absente. Anticipation dont le marxisme serait la formulation adéquate et rigoureuse rendant seulement possible l'interprétation en esprit et en vérité des œuvres du passé, encore abstraites et plus pauvres. Le marxisme délaisse le ciel pour parler le langage de la terre. Certes. Mais « un bon contenu intellectuel (ein guter Gehalt) n'est pas affaibli quand on le redresse et

2. *Prinzip Hoffnung*, p. 1605.

3. *Ibid*, p. 1606.

il est encore plus évident qu'il n'est pas sécularisé quand, remis sur pieds, il est réalisé » (4). – A moins d'entendre, ajoute Bloch, la sécularisation, au sens marxiste, comme suppression de toute la hauteur où l'homme n'apparaît pas. Il en est, en effet, de la culture mondiale, telle que Bloch la voit, comme de l'Ancien Testament vu par les chrétiens : il ne ferait que préfigurer le sens authentique de la révélation, bien que l'Eglise le conserve parmi les Saintes Ecritures.

La philosophie de Bloch veut donc délibérément ignorer la « révolution culturelle » : elle se place déjà, sur ce point, dans une ère post-révolutionnaire. Dans la culture – entendue comme espérance – l'humanité est déjà retrouvée, du moins parce qu'elle se cherche malgré la lutte des classes. Non pas dans une espèce de compromis, non pas pour atténuer cette lutte, mais pour l'intensifier, car précisément elle serait la seule voie vers l'universalité réelle, espérée par la culture humaine. La remise en valeur de ces espoirs, et leur affirmation, constitue l'œuvre magistrale de Bloch consacrée à l'interprétation de la civilisation mondiale. Herméneutique raffinée qui ne ressemble en rien aux grossièretés de la réduction vulgaire « des superstructures » à l'infrastructure économique. La haute culture personnelle de Bloch – scientifique, historique, littéraire, musicale – est au niveau de la « documentation » qu'il interprète et qu'il se complait, très visiblement, à interpréter comme s'il orchestrait pour un orchestre réunissant tous les génies de la terre, le contrepoint des concepts marxistes. Dans sa philosophie – en cela conforme à la sagesse grecque – l'*humain* est donc traité à partir de l'*être* et, à la fois, dans son

4. *Ibid.*, 1615.

irréductibilité aux choses du monde. Le spectacle de la misère et de la frustration du prochain, de son avilissement sous un régime d'exploitation économique et le discours rigoureusement éthique qu'il engendre, rejoint, d'après Bloch et chez Bloch, le discours logique sur l'être, le discours ontologique. Il en détermine l'éveil (5). L'accomplissement de l'homme, c'est l'accomplissement de l'être en sa vérité. Mais jamais peut-être un corps d'idées ne présentait une surface où l'éthique et l'ontologie dans l'opposition où elles sont entendues dans un monde inachevé, sont en sur-impression sans que l'on puisse dire quelle est l'écriture qui porte l'autre. Est-ce encore entièrement conforme à la raison d'Athènes (6) ?

5. *Prinzip Hoffnung*, 1604.

6. Il ne s'agit pas de contester les sources grecques de la pensée d'Ernest Bloch, ni la prédominance écrasante, dans son esprit, de la culture occidentale sur sa culture proprement juive. Celle-ci se réduit probablement à la lecture de l'Ancien Testament (en traduction) et aux éléments folkloriques importés des juiveries de l'Est européen avec les histoires hassidiques, fort appréciées en Occident. Le contexte rabbinique, c'est-à-dire talmudique de ces textes – sans lequel il n'existe pas de judaïsme post-biblique – semble être peu connu par l'éminent philosophe. Et cependant de nombreux motifs nettement juifs – ou judaïquement accentués – sont présents dans son œuvre. En voici un inventaire (certes incomplet) un peu sec : 1) l'utopie à rapprocher de ce que les textes talmudiques appellent – au-delà du messianisme – le *monde à venir* qu'« aucun œil n'a vu ». 2) Monde à venir auquel chacun apporte sa part : *avoir sa part au monde à venir* se dit dans le Talmud : *apporter sa part au monde à venir.* 3) Le monde comme inachevé : cf. le mot à mot de la fin du verset 3 du chapitre 2 de la Genèse : «... l'œuvre que Dieu créa à faire ». 4) Rapprochement radical de l'ontologie et de l'éthique, celle-ci n'étant pas seulement *le signe* de la perfection de l'être, mais l'*achèvement* même ; à rapprocher des textes talmudiques très nombreux où la Tora – doctrine de la justice – est l'instrument, le modèle ainsi que fondement ou fondation du monde ; son ébranlement menace le cosmos du retour au néant. 5) La liberté de l'homme en-vue-de-l'Oeuvre à rapprocher de « Je vous ai fait sortir de l'esclavage d'Egypte pour que vous soyez mes serviteurs. » 6) Le monde pensé comme Heimat – à rapprocher de la notion de la *terre promise* – vomissant les sociétés injustes – mais qui n'est ni espace vital ni terre natale avant tout. 7) L'anticipation du monde utopique dans l'étonnement devant les réalités les plus simples qui deviennent « mon affaire » : *tua res agitur,* à rapprocher de l'émerveillement qu'expriment les bénédictions qui émaillent la journée du juif religieux. Possibilité de comprendre les pages de Buber où le

Mais pour que cette confluence du discours philosophique et du discours éthique soit convaincante, pour que l'ordre de ce qu'il est convenu d'appeler nature dans sa splendeur froide ou dans sa légalité scientifique et astronomique puisse prendre une signification pour l'homme reconnu dans son dés-astre (7), il faut que réponse soit donnée au problème de la mort. Sans quoi la position de Bloch resterait à l'état de quelque homélie marxiste. Il faut que l'homme, prenant place enfin dans un monde devenu son ordre, sa patrie, son chez soi (c'est le terme *Heimat* que Bloch utilise pour désigner la réalisation de l'utopique), il faut qu'il n'y trouve pas seulement la justice sociale toujours promise à partir du logos universel de la nature par les idéalismes. Il faut qu'ils ne consolent pas seulement l'homme des violences qu'il subit dans la réalité en l'assurant de la liberté de sa conscience transcendantale où l'être du réel se constitue et où, du moins dans ses nécessités, l'être se comprend (8). L'accord entre l'être et l'homme exige, par-delà ces consolations,

rapport avec les choses est présenté sur le modèle de Je-Tu. 8) La mort qui ne croque que l'écorce de l'humain, à rapprocher de la notion biblique de la vie « rassasiée de jours » (sans que satiété ait un quelconque arrière-goût de dégoût).

7. Cf. sur la notion du désastre les notes de Maurice Blanchot dans le « Nouveau commerce », 30-31, p. 21 et suivantes, reprises dans l'*Ecriture du Désastre*, Gallimard, 1981.

8. Ce n'est pas sur la voie spinoziste (où cependant le philosophe ne pense « à rien moins qu'à la mort » parce qu'il pense à la vie immortelle en la totalité divine, quand il pense vraiment) que Ernst Bloch s'engagera. Tout en admirant l'immanentisme de Spinoza en tant qu'il exclut du réel des visées finalistes et la violence d'un Dieu extérieur à l'être – il refusera ce monde, *tout fait*, d'entrée de jeu, « comme un cristal avec le soleil au zénith de façon à empêcher qu'aucune chose ne jette une ombre » (PH, 999), monde sans histoire ni développement, ce « complexe du devenu », ce substitut « astralo-mythique puis panthéiste, puis mécaniste » de la totalité qui « se situe à sa place comme unité du monde *donné* ». « Il sera contre le contentement éprouvé à sa suffisance » (PH, 362). Pour Ernst Bloch, le monde est encore à faire et à transformer, et c'est dans le *praxis* qu'il est vrai.

l'apaisement de l'angoisse de la mort inévitable du Moi. A moins que la justice et l'accomplissement de l'Etre ne reçoivent un sens nouveau et ne montrent une parenté très intime, et que la subjectivité du sujet, dans son rapport à l'Etre, n'avoue une modalité insoupçonnée où la mort perd son dard.

2. L'avenir pur.

Ernst Bloch entend le marxisme comme moment philosophique. Il le voit, notamment, dans le prolongement de la « Phénoménologie de l'Esprit » où le travail reçoit pour la première fois une dignité catégoriale. L'ambition marxiste de transformer le monde ne signifierait pas une je ne sais quelle priorité de l'action qui viendrait se substituer à la recherche de la vérité et plier le monde à une valeur qui ne proviendrait pas d'une telle recherche. La vérité de l'être, en tant que vérité précisément – et sans l'intervention d'un quelconque volontarisme interrompant la Raison – est conditionnée par le *travail,* relation fondamentale entre sujet et objet. *L'acte ferait partie de la manifestation de l'être.* Ce qui n'est certes possible que de par une nouvelle notion de l'intelligibilité de l'être, apport marxien à l'histoire de la philosophie avant toute contribution à la politique et à l'économie entendues comme couvrant des régions particulières du Réel. L'intelligibilité de l'être qui est aussi sa « geste d'être », coïnciderait avec son *achèvement d'inachevé :* d'une part avec sa matérialité – *puissance* ayant à passer à *l'acte,* comme l'enseignait Aristote – d'autre part avec son humanité, avec ce par quoi précisément la puissance passe à l'acte et se détermine. Ce par quoi elle se détermine n'est pas initialement une « opération » d'esprit – pur jugement, pure synthèse de l'entendement de l'idéalisme issu de Kant. L'acte c'est le travail. Rien n'est accessible, ne se *montre* sans se déterminer par l'intervention du labeur corporel de l'homme. Travail qui n'est pas une quelconque poussée aveugle – c'est-à-dire causalité mécanique accompagnée à la rigueur de vues en guise d'épiphénomènes ; ni causalité s'accordant – ou ne s'accordant pas – après coup – avec quelque finalité propre de l'homme et se faisant vérité ou erreur selon la réussite ou l'échec de cet accord pragmatique. Travail qui n'est pas un souci de *soi-même* dans la manipulation des « choses-ustensiles » *(Zuhandenes),* côtoyant l'aliénation de soi dans les techniques. Travail comme condition transcendantale de la vérité, travail produisant de l'être avec de la matière, dans le double sens du terme produire : *faire* et *présenter* l'être en sa vérité. La praxis, c'est cela : le travail comme condition transcendantale de la donnée sensible, apparoir spécifique de la matière. Mais déjà l'apparaître de la sensation suppose du travail qu'aucune image ne précède. Notion nullement hybride, elle est forgée dans une perspective qui reste philosophique. On aurait tort d'y voir une simplification ou une incompréhension du problème de la connaissance. C'est en tant que travailleur que l'homme est subjectivité.

La vérité de l'être est ainsi actualisation de la puissance – ou Histoire. Détermination de l'indéterminé, elle va vers ce qui n'est encore nulle part. Elle ne se sépare pas de l'espérance. L'espérance est ici à sa place natale. Mais concevoir ainsi la vérité, c'est dénoncer comme purement idéologique – ressortissant d'un savoir inachevé, de la science de l'être inachevé – la notion d'un être qui serait, de toute éternité, réel ou qui se déroulerait dans un temps imitant dans sa mobilité une éternité immobile de l'achèvement. Poser la praxis comme conditionnant la vérité, c'est prendre au sérieux le temps ; c'est entendre par avenir ce qui vraiment n'est pas advenu et ne se préexiste en aucune façon : ni comme impliqué dans les plis de l'explicite, ni comme profond dans le mystère de l'intimité, ni comme Dieu ramassant le temps dans sa transcendance, ni comme *Deus sive Natura.* Dieu sans transcendance certes, mais contenant l'avenir dans l'éternité de la Nature. L'avenir de la praxis n'a encore lieu à aucun titre. Il est avenir d'utopie dans l'ouverture de la pure expérience. Sans elle l'activité qui parachève l'être – c'est-à-dire l'humanité – ne pourrait ni commencer ni continuer dans sa longue patience de science et d'effort.

Il faut certes noter ici l'analogie entre l'utopisme d'Ernst Bloch et les grandes intuitions de la philosophic contemporaine, sensible à l'avenir comme à l'essentiel de la temporalité. La nouveauté irréductible de chaque instant de la durée bergsonienne, remettant en question le définitif du passé auquel librement elle confère un sens nouveau, atteste déjà une rupture avec le temps du Timée. Depuis les « Deux Sources de la Morale et de la Religion » la durée s'apparente à la relation avec le prochain dans une générosité créatrice et selon une socialité autre que celle des sociologues et des historiens. Mais précisément ainsi sur la voie de l'intériorisation, de la pure spiritualité où, par la sainteté, l'avenir se fait présence et a lieu, sans se montrer dans le temps du Monde et sans être conscience de son utopisme. L'histoire s'escamote, la misère du monde est soit survolée, soit évitée dans les passages souterrains de l'âme creusée sous les fondations des quartiers réservés des pauvres, assez profondément pour ne pas s'y heurter et pour ne provoquer aucun effondrement. Ce qui n'est pas une insuffisance de cœur, mais une déficience conceptuelle d'une philosophie.

Pour Ernst Bloch l'humanisation du Réel ne saurait contourner le monde.

On sait, d'autre part, que dans les célèbres analyses heideggeriennes du temps, l'« extase » de l'avenir a un privilège sur celles du présent et du passé. Mais c'est à la finitude de l'existence humaine, « vouée à l'être » et qui, dans son existence est «pour-la-mort », que le temps humain doit l'originalité d'une « temporalisation à partir de l'avenir ». L'« être-pour-la-mort », pouvoir-être le plus propre à l'homme car absolument incessible (chacun meurt pour soi sans remplacement possible), l'angoisse où advient l'imminence du néant, est l'avenir originel, modalité la plus authentique de l'humanité de l'homme. Ce schéma de l'avenir pur est à l'opposé de celui qui se dégage de la pensée de Bloch. Le néant de l'utopie n'est pas le néant de la mort et l'espoir n'est pas angoisse. Cela saute aux yeux. Mais ce n'est pas la mort qui, chez Bloch, ouvre l'avenir authentique et c'est par rapport à l'avenir de l'utopie que la mort elle-même doit être comprise. L'avenir de l'utopie, c'est l'espoir de réaliser ce qui n'est pas encore. Espoir d'un sujet humain encore étranger à lui-même, pure facticité – pur *Dass-sein* ; d'un sujet séparé, invisible à lui-même, encore éloigné du lieu où dans l'être inachevé il pourrait vraiment *être là* (Dasein), mais espoir d'un sujet agissant pour l'avenir, dont la subjectivité ne revient donc pas, en dernier ressort, à la tension sur soi – au souci de soi de l'ipséité – mais à la dédicace à un monde à venir, monde à achever, à l'utopie.

3. Mort, où est ta victoire ?

Que l'on ne voie pas dans ces idées les facilités d'un optimisme de commande, opposant l'espoir prolétarien au pessimisme attesté par la philosophie désespérée de la décomposition capitaliste. Dans le mouvement messianique de l'histoire qu'il dessine, Bloch ne veut pas ignorer le noyau de la singularité humaine. Il reproche, au contraire, aux philosophes du « flux de la conscience » – à James et à Bergson – d'ignorer dans leurs descriptions les substances, les noyaux qui interrompent la continuité du temps et où l'histoire se renoue. Il invoque contre les modernes, le Platon du Parménide qui aperçut ces points en guise d'instants qui ne sont ni en mouvement, ni au repos. La facticité du sujet humain – le *Dass-sein* – est une zone d'obscurité dans l'être, au point que l'*ici* ne commence, pour chacun, qu'à une certaine distance de l'espace qu'il occupe. Ernst Bloch ne prend certainement pas à la légère le « conatus essendi » – la persévérance dans l'être –, ni la lutte pour la vie, ni l'angoisse de la fin – toute cette nuit où l'homme se débat. Le sérieux qu'il y attache permet seulement de mesurer l'écart entre l'inachevé et l'achèvement et la plénitude de la signification anthropologique qui est ainsi prêtée à un processus pensé cependant en termes d'ontologie.

Dans l'obscurité de pure facticité, dans le désert de l'être et son indétermination où est jeté le sujet, s'insère l'espérance. Espérance d'un chez soi, d'un Da-sein. L'homme dans sa déreliction n'est pas encore au monde ! Du fond de son obscurité le sujet œuvre pour cet avenir espéré. Bloch se refuse à prendre pour essence de l'homme, sa situation de fait. Sous les traits de l'homme « sans domicile », il devine celui qui « plus proche de son humanité » peut ressentir comme vêtement ce qui, de prime abord, semble coller à lui comme sa peau (9).

9. C'est dans le sens d'un très remarquable fragment de *Spuren (Traces)*, publié en 1930, intitulé « Der Schwarze » (le Noir). Cf. dans la traduction française parue chez Gallimard, p. 30.

Le sens ultime de la subjectivité serait donc entièrement extatique. Non pas par l'intentionalité prenant conscience de l'être, mais par la praxis qui le *produit* et par laquelle le sujet est tout entier *œuvre*. L'égoïsme du Moi est, si l'on peut s'exprimer ainsi, mis à l'envers, retourné comme un vêtement. Mais l'être *pour* lequel *est* le Moi rejoint, à son achèvement utopique, le Bien qui n'est plus au-delà de l'être : dans le bien s'abolit l'opposition de l'homme au monde ; là l'homme « proche de son humanité » est *satisfait,* sans s'enfermer par le bonheur dans un destin séparé, sans rentrer sous la coquille d'une peau. Il ne laisse à la mort que cette coquille à croquer !

Victoire sur la mort certes inimaginable, elle est utopiquement espérée. Elle se distingue chez Ernst Bloch des constructions analogiques – mais purement rhétoriques, logiques et dialectiques – de la tradition philosophique, par l'évocation des « prémonitions » ou des « pressentiments » vécus « avant terme » et où la connaturalité de l'homme et de l'être luit comme une extrême possibilité. Tels les instants privilégiés de la contemplation de l'Un dont parle Plotin. Evocation souvent reprise et qui constitue le trait le plus remarquable de ce qu'on pourrait appeler la « mystique de l'immanence », osée dans le « Principe Espérance ».

Le sujet, dans l'obscurité du fait brut, œuvre pour un monde à venir, pour un monde meilleur. Son œuvre est historique. Elle n'est pas à la mesure de l'utopie. Dans l'avenir immédiat, elle ne réussit que partiellement. Elle est donc aussi échec. La mélancolie de cet échec, c'est la façon dont l'homme s'accorde à son devenir historique, c'est sa façon de se tenir dans l'être inachevé. Mélancolie qui ne dérive donc pas de l'angoisse, comme en dériverait toute affectivité à en croire Heidegger. Tout au contraire :

c'est l'angoisse de la mort qui serait une modalité, de la mélancolie. La peur de mourir – peur de laisser une œuvre manquée ! Que l'œuvre utopique de l'achèvement puisse coïncider avec l'essence de l'homme, que le « souci d'œuvrer » ne soit pas, comme Heidegger le pense souvent, agitation et distraction, et une façon de déserter – illusoirement – un destin fini, Ernst Bloch le montre en évoquant les moments privilégiés où l'obscurité du sujet est traversée d'un rayon venant, comme de l'avenir utopique. Là une place est laissée à « la conscience de la gloire de l'utopie en l'homme » (10). Ces instants où la lumière de l'utopie pénètre, pour un instant, dans l'obscurité du sujet, Bloch l'appelle *étonnement.* Etonnement qui est question.

Question informulable – car l'être dans son achèvement est sans références, le mot *être* serait déjà de trop (11) ; mais question informulable dont se nourrit toute question humaine ultérieure, même si toute question ultérieure – et même la philosophie et surtout la scientifique – affaiblit et étouffe par la formulation des questions et des réponses, l'étonnement qui les porte. Etonnement qui ne dépend pas de la « quiddité » de ce qui étonne, mais du *comment* de la relation aux choses. Il peut être provoqué par « la façon dont une feuille est remuée par le vent ; mais ce qui est entendu ainsi peut aussi s'emplir de contenu plus familier et plus signifiant (mit bekannteren, höheren Inhalt). Ce peut être un sourire d'enfant, un regard de jeune fille, la beauté d'une mélodie s'élevant d'un rien, l'éclat méprisant d'un mot rare qui ne se rapporte à rien de façon bien ferme. Mais ce *contenu* plus signifiant n'est pas nécessaire pour susciter et accomplir

10. *Prinzip Hoffnung*, p. 1388.

11. *Spuren*, trad. française, p. 235, sous le titre « l'étonnement ».

l'intention-symbole allant vers le *Tua res agitur* qui ainsi apparaît. Elle est l'étonnement le plus profond, sans aucune dérivation, élément de l'authentique sous la figure d'une question se faisant écho en elle-même » (12). Mais il faut renvoyer à l'ensemble du texte que nous utilisons ici où la description de « l'étonnement » est faite à propos d'un simple « il pleut » tiré du *Pan* de Knut Hamsun (13). Parmi les situations « plus signifiantes » où cet étonnement se produit et où la mort ne peut toucher l'homme car l'humanité y a déjà quitté l'individu, Bloch évoque le champ de bataille d'Austerlitz dans *Guerre et Paix* de Tolstoï où le prince Bolkonski contemple la pure hauteur du ciel et dans *Anna Karénine*, Karénine et Vronski, au chevet d'Anna gravement malade.

Victoire sur la mort pressentie dans l'étonnement, c'est-à-dire là où commence la philosophie ! Bloch se conforme à la tradition occidentale : l'accord de l'homme et de l'être s'annonce avec la philosophie. Malgré toute l'exaltation qui soulève l'accomplissement utopique, rien ne viendrait – ni d'en haut, ni du dehors – déranger ou inquiéter l'immanence de l'histoire pourtant messianique et eschatologique qui se dit dans cette pensée. L'étonnement est à la fois question et réponse. Question – de par sa disproportion avec l'obscurité du sujet, réponse – par sa plénitude. « Tout peut être *tellement notre propre « être »* qu'on n'ait plus besoin de question, mais que celle-ci se pose pleinement dans l'étonnement et soit devenue enfin bonheur : un être qui soit un bonheur » (14).

Abolition dans l'« être arrivé à terme » – ou transformé par la praxis – de l'opposition homme-être !

12. *Prinzip Hoffnung*, p. 1388.
13. *Spuren, loc. cit.*
14. *Spuren*, trad. française, p. 237. Souligné par nous.

Il faut la penser avec vigueur. N'y a-t-il pas là dans la démarche de Ernst Bloch, un geste intellectuel très remarquable, par-delà tout artifice dialectique et indépendamment du *credo* personnel d'Ernst Bloch ? Nous sommes portés à lui accorder une importance propre et considérable. La transformation du monde qui en est, à proprement parler, la formation ou l'in-formation : l'introduction de formes dans la matière par la praxis, au sens aristotélicien d'actualisation – ce processus « objectif » est *si intimement ou si authentiquement, si proprement* (eigentlich) *lié à cette praxis* que cette objectivité s'exalte en *possessif* – en le possessif de *tua res agitur.* Ne faut-il pas penser que le lieu originel du possessif est ici au lieu de le situer dans l'appropriation de choses, dans la propriété ? Dès lors mouvement remarquable à partir de ce *tua res agitur :* plus originellement – plus proprement – qu'à partir de la mort incessible, s'identifie l'identité du Moi, et prend de la consistance la conscience sinon du « non omnis moriar » de Horace, du moins celle du « non omnis confundar ».

Jusqu'au bout l'achèvement humain coïncide avec l'être allant à sa détermination complète. L'arrivée de l'être à lui-même est certes impossible sans la fin de la misère de l'homme : de ma misère et surtout de la misère d'autrui. Misère – aliénation qui n'est pas seulement signe ou métaphore de l'inachèvement mais son mode originel. « L'humanité obtient une place dans une démocratie rendue réellement possible, tout comme celle-ci représente le premier lieu d'habitation humain... Le marxisme bien pratiqué, soigneusement libéré et débarrassé de ses mauvais voisins est, d'entrée de jeu, *humanity in act,* visage humain dans son accomplissement. Il cherche le chemin, le seul qui objectivement convienne à cela, il s'y engage et le suit, de sorte que son avenir est à la fois inévitable et offre un chez soi » (15). Ce chemin est aussi celui de l'intelligibilité de l'être, de sa venue à lui-même, devenue suprême objectivité. Décidément, Marx est pour l'humanité qui se cherche « la vérité, le chemin et la vie ». La constitution d'un lieu d'habitation humain » et la « geste » d'être en tant qu'être serait le même événement – le même Er-eignis (au sens heideggerien) : le même événement d'auto-appropriation ou de dés-aliénation – de l'apparition du possessif du « Tua res agitur ».

Mais ce salut de l'homme et de l'être est pensé en termes d'une ontologie à deux dimensions, car excluant toute référence à la hauteur, comme s'il y avait crainte qu'on ne confonde hauteur et ciel. Dans le présent essai, qui n'a pas d'intentions critiques et où on a surtout à faire valoir la force de certains concepts de Bloch, on ne peut cependant ne pas s'étonner que la hauteur reste jusqu'au bout conçue sur le modèle du surnaturel, et que pour cette légitime raison la hauteur reste suspecte, alors que dans la présentation que fait Bloch de certaines expériences exceptionnelles de l'aboutissement utopique, l'être se met en quelque façon au *superlatif,* pour éclairer l'obscurité du subjectif. Est-ce qu'un passage de la notion d'être à la notion certes avouable de créature, n'est pas ainsi suggéré ? Et l'élévation évidente de la notion superlative d'être, n'aurait-elle pas dû mener à l'élaboration d'une dimension de hauteur moins contestable que celle de l'univers pré-copernicien ?

15. *Prinzip Hoffnung,* p. 1608.

DE LA DÉFICIENCE SANS SOUCI AU SENS NOUVEAU*

Pour Mikel Dufrenne

... A cette strate où s'opère originairement la symbiose de l'homme et du monde, on décèlerait toujours, balbutiantes et ambiguës, les expressions de cette exigence selon laquelle l'homme est une tâche pour l'homme.

MIKEL DUFRENNE, Pour l'homme, p. 166.

I

Les cas de déficience humaine – de l'infériorité à sa tâche d'homme, où l'homme se trouve impuissant à répondre à ce qu'on attend de lui – sont d'expérience quotidienne. Les causes physiques, économiques et politiques ont prise sur l'homme comme s'il n'était qu'une réalité naturelle parmi d'autres. L'élévation de l'identité humaine au rang de subjectivité transcendantale n'annule pas l'effet que peut avoir la pénétration du métal – pointe de poignard ou balle de revolver – au cœur du Moi, qui

* Paru dans *Concilium* 113, 1976.

n'est qu'un viscère. « Toute la vigueur de l'esprit humain est contrainte de succomber au plus petit atome de la matière » écrit la *Logique de Port-Royal.* La déficience de l'homme ne remonte-t-elle pas à cette mort entendue comme porte du néant irrécusable et venant frapper un être dont le sens se réduit à l'ess*a*nce (1), à la tâche ou à la mission d'être, c'est-à-dire à l'exercice de l'activité exprimée par le verbe des verbes, par le verbe *être* que, à la légère, on appelle auxiliaire. Verbe des verbes, en effet, il énonce une activité qui n'opère aucun changement – ni de qualité ni de lieu – mais précisément l'identification même de l'identique, et, ainsi, comme la non-inquiétude de l'identité, comme l'acte de son repos, apparente contradiction dans les termes, que les Grecs n'ont pas hésité à penser comme *acte pur* et qui n'est probablement pensable que là où l'on sait s'étonner de la terre ferme sous ses pieds et de la voûte céleste aux étoiles fixes, au-dessus de sa tête. La déficience de l'homme commence, dès lors, dans le traumatisme de la fin, brisant l'énergie de l'*esse,* dans la « finitude de l'ess*a*nce humaine ». L'imminence du néant, la menace des violences qui peuvent en avancer l'échéance, le divertissement qui en détourne l'attention, mais aussi la foi qui la nie – permettent de modeler à volonté la « matière » humaine.

Cette énergie essentielle de l'humain ou ce courage d'être – source du courage tout court – se montre concrètement dans le maintien de son identité contre tout ce qui viendrait en altérer la suffisance ou le *pour soi,* dans son refus de subir toute cause s'exerçant sur lui sans son consentement. En toutes choses on attend de l'homme une libre et rationnelle décision.

1. Nous écrivons essance avec *a* pour désigner par ce mot le sens verbal du mot *être :* l'effectuation de l'être, le *Sein* distinct du *Seiendes.*

Le consentement se donnerait, la décision serait déjà prise, dès la prise de conscience. Rien n'arrive à l'homme qui ne soit, à un degré quelconque, assumé, rien ne saurait le toucher sans la médiation de la réflexion.

Activité qui ne peut cependant ignorer ce qui risque de l'aliéner. Elle n'est dans ce sens active qu'en guise de libre vouloir et non pas de *toute-puissance.* La finitude de l'homme, c'est aussi la distinction en lui de la volonté et de l'entendement. Mais le rêve de puissance infinie n'en demeure pas moins son idée fixe. La non-ignorance ou la connaissance de l'*autre* comme donnée, permet de surmonter la finitude : le savoir de l'entendement s'élevant à la Raison, étend la puissance à l'infini et, avec la philosophie de Hegel, prétend ne plus rien laisser d'autre dehors. La pensée absolue serait la coïncidence de la volonté et de l'entendement dans la Raison. Le fait même que cette excellence demande du temps – « comme nous avons tous été enfants avant que d'être hommes » (ce qui, pour Descartes, sans compromettre la liberté humaine de l'âge mûr, expliquerait l'encombrement, parfois pittoresque, de notre monde) – instaure, chez Hegel, la volonté dans la puissance. Le processus de l'histoire signifie un processus d'intégration de la totalité du donné à l'infini de l'Idée. L'homme dès lors rejoint la divinité qui, depuis les Grecs, se décrit par cette coïncidence de la volonté et du savoir, unis dans la pensée de la pensée, par cette nécessité intelligible. Il s'affirme identique et inaltérable, installé sur le terrain inébranlable qu'est la terre dans le système astronomique – fait empirique, mais sous-jacent à tout, fait fondateur dans l'acte de son repos et fondateur du concept même de fondation. Présence « sous le soleil » et présence en plein midi de la connaissance. Dans les deux sens de l'expression *sous le soleil,* que réunit le mot onto-logie.

La déception que suscite la déficience humaine trouve ainsi une atténuation dans l'évocation de l'inachèvement du processus historique prometteur de l'intégration universelle de l'Etre dans l'Idée, inachèvement où l'acte pur ne serait encore que libre volonté. Mais cette déficience peut s'expliquer aussi par l'abdication de la liberté qui, en tant que liberté, s'expose, sans se démentir, à un choix malheureux. Le péché expliquerait la mortalité elle-même et serait ainsi l'ultime raison de la non-liberté, mais confirmant la liberté essentielle de l'homme. Dès lors, l'humanité déficiente – criminelle, immorale, malade, arrêtée ou retardée dans son développement – devrait, incarcérée, internée, colonisée, éduquée, être séparée de la vraie humanité bonne, saine et mûre. La déficience ne compromettrait pas l'homme, pensé toujours comme ess*a*nce active et libre. Mais est-il sûr que, dans la pure activité, la conscience de soi que l'homme atteint dans l'Humanité – Etat mondial et homogène –, la mort, comme néant, perd son dard et cesse d'être le point où commence la déficience ?

II

Que la possibilité du fiasco humain soit attachée à « l'acte d'être » et à la finitude de cet acte voué à la mort-néant – finitude sans laquelle l'acte n'aurait aucun sens comme acte, bien que l'époque de la métaphysique, oublieuse de l'ess*a*nce en sa vérité, l'ait érigée en acte éternel dans son onto-théologie – c'est sans doute l'un des rigoureux enseignements de la pensée heideggérienne. Cette pensée – malgré les perspectives que, génialement, elle ouvre sur des pensées nouvelles, par ses audaces phénoménologiques – se place, par cet attachement à l'acte jusque dans la mort, non moins que la dialectique hégélienne, parmi les aboutissements de la tradition philosophique de notre continent.

L'ipséité humaine épuise son sens *à être là*, à être-le-là, se déroulant comme être-au-monde. Mais être-là est une *façon* qui revient à avoir-à-être, essance qui, avant toute formulation théorétique de la question, est déjà questionnement sur l'essance de l'être. Questionnement qui n'est pas un quelconque attribut, adjectif de la substance humaine, mais la façon, la modalité, le *comment*, l'adverbialité de l'être qui *a à être*. L'homme, selon bien des passages de *Sein und Zeit*, passe pour n'avoir qu'un privilège méthodologique : parce que son être se déploie en guise d'interrogation de l'essance de l'être, il serait la voie qui mènerait à la réponse. Mais l'interrogation de l'essance dans l'homme inverse son génitif-objectif en génitif-subjectif (la fameuse *Kehre* heideggérienne, c'est cette version et non pas simple moment dans l'évolution du philosophe) : l'essance de l'être c'est être-en-question et c'est en tant que l'être équivaut à être-en-question, en tant que l'*esse* mène son train dans cet *en-train-de-se-mettre-en-question*, que l'homme s'interroge sur l'essance de l'être. Il ne s'agit donc pas d'un événement anthropologique, engageant la région humaine du Réel. C'est en tant qu'aventure de l'*esse* pris absolument (en tant que *Sein überhaupt)* que l'être en question se joue dans l'*être-là* de l'homme *ayant-à-être* et, en tant que tel, questionnant.

Mais cette réduction de l'humanité à la tâche d'être va, chez Heidegger, jusqu'à une très remarquable déduction de l'ipséité elle-même à partir de l'essance de l'être. L'essance de l'être ou *être-en-question*, est en question dans l'*être-là* en tant qu'*avoir-à-être* qui est l'être de l'homme. L'*homme est*, cela équivaut à l'homme *a* à être. La « propriété » indiquée dans l'*avoir* de l'avoir-à-être, mesure tout l'irrécusable – irrécusable *à en mourir* – de l'astriction à être, incluse dans le *à* de l'à être... C'est dans ce sens que Heidegger peut dire au début du paragraphe 9 de *Sein und Zeit* que l'*être-là* est caractérisé par la *Jemeinigkeit*, la « mienneté », parce que l'être là est essentiellement *Jemeinigkeit*, que l'homme qui *a-à-être* est Moi. Et non inversement ! L'ipséité est comme l'emphase du *à*... L'essance – la « geste » ou le train d'être – se mène ainsi – dès *Sein und Zeit* – dans son être-en-question comme l'appropriation par l'*être-là* qui *a* à être – comme *Er-eignis*. Et l'homme épuise le sens de son humanité et de son ipséité à articuler l'*Er-eignis* de l'être.

Mais cette façon d'être en question comme *Er-eignis* à partir de l'*être-là*, est développée par Heidegger comme aventure à la mort : temporalité et finitude. Finitude qui, en tant que telle, comporte déjà la possibilité d'une déficience : d'une retombée dans la vie quotidienne obnubilant la « certitude a priori » de la fin, allégeant l'existence, la rassurant au sujet de la mort, la distrayant, lui permettant de se plaire dans l'être même qui cependant est voué à la fin. Nous retrouvons, ici encore, la déficience humaine comme l'envers de sa tâche d'être, qui est la tâche ou le destin de l'homme.

Ce qui est cependant frappant dans cette analyse – déjà si portée à entrevoir le sens de l'humain à partir d'une passivité et d'un passif plus passif que tout pâtir et toute patience simplement corrélatifs d'actes – c'est sa fidélité à l'idée d'assomption, de com*pré*hension, de saisie, c'est cette résurgence du courage derrièrela passivité. L'*être-pour-la-mort* ou être à mort est encore un pouvoir-être, et la mort, selon une terminologie significative, est *possibilité* de l'impossibilité et non point instant extrême, arraché à toute assomption, non point une impossibilité de pouvoir, par-delà tout saisissement ou tout dé-saisissement, et par-delà tout accueil, pur rapt. Les dispositions affectives *(Stimmungen)* qui, pour Heidegger, signifient autant de façons pour l'être-là, pour l'humanité, de s'accorder à l'ess*a*nce qui est à être – c'est-à-dire à saisir le pouvoir être –, se réfèrent toutes, pour lui, à l'angoisse où l'être à la mort affronte courageusement et désespérément – librement ! – le néant où l'humanité *est* ainsi fidèlement son destin ontologique, entre être et ne pas être. L'angoisse et l'homme en elle, sont toutes ontologies. Mais la fin de l'ess*a*nce n'est plus en question. Elle est prise. Etre à mort comme être à bout, comme être à la fin – est certitude, *Gewissheit,* à son comble de *Gewissen* et comme origine de la conscience morale. L'imminence de la mort – avenir même de la temporalité – menace de néant. Seul le néant menace dans la mort.

III

Nous nous demandons si l'humain, pensé à partir de l'ontologie comme liberté, comme volonté de puissance ou comme assumant dans sa totalité et sa finitude l'ess*a*nce de l'être – si pensé à partir de l'angoisse (regard plongé dans l'abîme du néant) qui s'éprouverait dans toute émotion et toute in-quiétude – si pensé à partir de l'ontologie à laquelle se subordonne et sur laquelle se fonde et dont dériverait et où s'insèrerait, pour la philosophie européenne, sa loi et son obéissance morale et politique et tout ce que la Bible semblait lui apporter – si cet humain est encore à la mesure de ce qui, dans la déficience humaine, frappe l'intelligence moderne. Intelligence moderne, celle qui, à Auschwitz, vit l'aboutissement de la loi et de l'obéissance – découlant de l'acte héroïque – dans les totalitarismes, fasciste et non fasciste, du XXe siècle. L'intelligence moderne a ses raisons, même si la Raison éternelle devait un jour les renier. Elle les puise dans les souvenirs tout récents – et dans l'actualité encore actuelle – où la déficience humaine a perdu son allure d'exception dans la soumission à la propagande, à la terreur, à toutes les techniques du conditionnement où la toute-puissance des hommes se montra corrélative de la certitude que l'on peut tout faire de l'homme. Hommes déshumanisés par la délégation des pouvoirs où ils recherchaient l'exaltation du pouvoir – les victimes, mais aussi déshumanisés ceux qui commandaient et qui, à l'analyse, se trouvaient eux-mêmes instruments d'un mécanisme, d'une dialectique, d'un système, de l'argent. Peut-on dire qu'ils ne remettent pas en cause les axiomes de l'analyse marxiste elle-même, qui, à la fois, reconnaissait les faits de l'aliénation et de la mise en condition en fonction des structures économiques et qui, malgré les convulsions sociales devant lesquelles la simple volonté libre avouait son impuissance, rejoignait l'optimisme humaniste en annonçant une humanité triomphante sur le point de naître grâce à une lucidité intégrant et utilisant ces convulsions comme nécessaires à l'efficacité humaine. Et le phénomène du stalinisme et les résurgences des conflits nationalistes entre Etats entrés dans la voie du socialisme, donnèrent aux possibilités de la dégradation humaine une signification différente de celle qu'elle pouvait recevoir à partir d'une innocente barbarie, des fautes originelles ou non originelles et du divertissement. Le succès des thèses psychanalytiques dans cette période d'après la débâcle – du moins provisoire – du fascisme (succès, lui aussi, redevable au souvenir du totalitarisme) nous a habitués à l'idée des traumatismes non médiatisés, d'une emprise sur la liberté à notre insu, à une pénétration par contrebande dans une humanité désarmée, à des procédés où la raison se lavait avec les cerveaux et ne ressemblait plus à l'unité de l'aperception transcendantale ni à une Raison pratique.

Mais la déficience humaine prend de notre temps une signification nouvelle *de par la conscience que nous avons de cette déficience.* Elle est vécue dans une ambiguïté : désespoir et frivolité. L'exaltation de l'humain dans son courage et dans son héroïsme – dans son identité d'activité pure – s'invertit en conscience de faillite, mais aussi de jeu. Jeu d'influences et de pulsions. Jeu joué sans joueurs, ni enjeu, jeu sans sujet et non pas rigueur rationnelle : stoïcienne, spinoziste, ou hegélienne. C'est ce retournement de la crise du sens en irresponsabilité du jeu qui est, peut-être, malgré son ambiguïté, la modalité la plus perversement subtile du fiasco humain. Désordre gracieux de simples reflets d'être, ressenti comme moins contraignant dans son arbitraire, cédant à la drogue, que la loi sociale et même logique, toujours répressive. L'être s'agrée agréable. La loi rigoureuse se dénonce comme hypocrite car s'obstinant dans sa rigueur tout en montrant ses usures et non-sens. La mort, sans perdre sa signification de fin, ajoute à la légèreté de l'être la gratuité du vain. « Vanité des vanités », l'expression de l'Ecclésiaste est merveilleusement précise. Vanité avec exposant : la mort ne frapperait que ses semblants d'actes, car il n'y aurait plus d'actes, car il n'y aurait plus de sujet ni d'activités. Il n'y aurait plus que des caprices d'épiphénomènes et déjà autres qu'eux-mêmes. Dans le gouffre de la mort s'évanouissent de vains simulacres de signifiés. Crise du langage où se dissolvent toutes les synthèses, toute l'œuvre de la subjectivité constituante. C'est la fin du monde dont les arsenaux nucléaires révèlent l'aspect populaire et angoissant. C'est peut-être jusque-là que mène le fiasco de l'humain.

IV

Ni la prédication ni la consolation ne sont des dires philosophiques. Mais le fiasco de l'humain qui nous paraît surgir dans le prolongement d'une certaine exaltation du Même, de l'Identique, de l'Activité et de l'Etre – et ne fût-ce que comme leur remise en question –, ne suggère-t-il pas, par cette remise en question même, une autre signifiance : un autre sens et une autre façon de signifier ? On peut se demander si le désaccord entre le Sens et l'Etre – le risque permanent pour le Sens de s'expulser de l'être et d'y errer comme dépaysé, exilé et persécuté – ne rappelle pas à une rationalité qui se passe de la confirmation par l'Etre et à *qui le fiasco de la rationalité du Même est une épreuve nécessaire et supportable ?* Rationalité nouvelle ou plus ancienne que la rationalité de la terre ferme « sous le soleil », c'est-à-dire que la positivité et qui, par conséquent, ne se réduit pas à l'aventure ontologique avec laquelle, d'Aristote à Heidegger, elle coïncide et où furent entraînés, avec la théologie traditionnelle – restée pensée de l'identité et de l'être – le Dieu et l'homme de la Bible ou leurs homonymes –, aventure qui fut mortelle à l'un selon Nietzsche, et à l'autre selon l'anti-humanisme contemporain ; mortelle en tout cas aux homonymes : à l'homme-au-monde et au Dieu se posant, dans les arrière-mondes, sous le même soleil du monde. Depuis longtemps, on fait passer le sens qui ne triomphe pas, qui ne s'installe pas dans le repos absolu de la terre sous la voûte du ciel, pour purement objectif, pour romantique, pour le malheur de la conscience malheureuse. On ne se demande pas si le non-repos, l'inquiétude, la question et, dès lors, la Recherche et le Désir, mal cotés parmi les valeurs positives, sont un simple décroît du repos, de la réponse et de la possession, c'est-à-dire d'insuffisantes pensées de l'identique, d'indigentes connaissances ou si, dans ces relations inégales à elles-mêmes, ne se pense pas la différence, l'irréductible altérité, le « non-contenable », l'Infini ou Dieu ; si, par hasard, connaissance, réponse, résultats ne seraient pas précisément un psychisme insuffisant pour les pensées ici nécessaires, plus pauvres que la question qui est toujours aussi demande adressée à autrui, fût-elle prière sans réponse ; si demande, recherche et désir, loin de ne porter en eux que le creux du besoin, ne sont pas l'éclatement du « plus » dans le « moins », que Descartes appelait idée de l'infini. N'est-ce pas de ces pensées – autres que celles qui, dans la conscience intentionnelle, « veulent », à leur mesure, le corrélatif, le repos et l'identité du positif *astronomique* – que parle Blanchot quand il dit : « Nous pressentons que le *dés-astre* est la pensée (2). »

A l'égalité à soi et à l'être, à l'activité dans la conscience de soi – à l'identique, au positif que rend possible la terre ferme – on limite l'humain, sans considérer la « synthèse passive » du temps, c'est-à-dire le vieillissement qui se fait, alors que personne ne le fait et qui signifie, sans que personne le dise, adieu au monde, à la terre ferme, à la présence, à l'ess*a*nce : le dés-inter-essement par le passer. Mais ce dés-inter-essement, ce congé, cet adieu ne signifient-ils pas un *à-Dieu ?* La synthèse passive du temps, la patience, est attente sans terme attendu, et que trompent les attentes déterminées, comblées par ce qui vient à la mesure d'une prise et d'une *compréhension.* Le temps comme attente – patience, plus passive que toute passivité corrélative d'actes – attend l'insaisissable.

2. Maurice Blanchot, « Discours sur la patience », in *le Nouveau Commerce,* 30-31, 21, repris dans « Ecriture du Désastre », Gallimard, 1981. C'est nous qui décomposons en dés-astre et soulignons, dans le texte cité, le mot désastre.

L'insaisissable de cette attente, se tient-il encore dans l'hypostase de l'*étant* où l'enferme la langue qui le nomme ? Ou *l'entre-les-deux* de ce mode, n'est-il pas la façon dont l'humain s'affecte ou s'inspire, où il se *met en question,* d'où il questionne ? Patience de l'attente, le temps est question, recherche, demande et prière. Pensées plus pensantes que les positives et qu'on voudrait cependant leur substituer, comme si la patience et le temps étaient quelque théologie négative, séparée de son dieu par l'indifférence. Il y a là, au contraire, un degré de passivité où la recherche et la question semblent encore enfouies, c'est-à-dire maintenues au secret de leur aléa de patiente attente. Le mot du prophète *(Is 65,* 1) que nous citons en guise d'illustration, le dit admirablement : « J'ai été recherché par ceux qui n'ont pas posé de questions, j'ai été trouvé par ceux qui ne m'ont pas demandé. » Pensées plus pensantes ! Patience et longueur du temps qui ne doivent même pas être entendues comme le pis-aller d'une révélation parcimonieuse de l'Infini, au fini humain : elles subissent ou elles souffrent le refus ou la mise en question qui frappe – ou étonne – le fini et par lequel l'Infini précisément transcende au-delà de l'être ; mais aussi par lequel il inspire – traumatiquement – le fini et est pensé. Le *in* de l'Infini n'est pas une simple négation, mais temps et humanité. L'homme n'est pas un « ange déchu qui se souvient des cieux », il appartient à la signification même de l'Infini. Signification inséparable de la patience et de l'attente ; inséparable du temps, contre lesquels, comme s'il s'agissait de contingences « subjectives » revient la question insidieuse – la seule prétendûment sérieuse – sur l'existence de Dieu. Elle n'est que le retour de l'ontologie et de sa prétention à détenir la mesure ultime du sens. C'est peut-être contre elle que témoigne aussi le mot du prophète que nous venons de citer : le terme parallèle à *être trouvé* reste encore le verbe exprimant la forme passive de *rechercher* – la transcendance *trouve* en demeurant encore recherche (c'est sa vie) et même patience, passive jusqu'à oublier sa propre demande – ou prière – dans la pure longueur et la pure langueur et le silence du temps. Inspiration traumatique – traumatisme sans tangence, traumatisme pressenti : crainte ! Il faut contester la phénoménologie heiddeggérienne de l'affectivité qui serait enracinée dans l'angoisse de la finitude. L'affectivité non eudémonique, non hédonique de la crainte, n'attend pas, pour s'émouvoir, une menace mettant en cause mon être, comme si la crainte de Dieu ne pouvait m'inquiéter que par la sanction qui me menace (3).

Mais sans doute le sens ultime de cette patience et de cette crainte – de la question et de la recherche qui en elles s'enfouissent – se montre-t-il dans l'analyse que nous avons tentée ailleurs (4) : retournement de cette attente de Dieu en proximité d'autrui, en ma responsabilité d'otage, retournement de cette crainte, aussi étrangère à l'effroi devant le Sacré qu'à l'angoisse du Néant, en crainte pour le prochain.

3. Cf. plus loin pp. 262-263.
4. Cf. plus loin *Dieu et la Philosophie* surtout pp. 108-115.

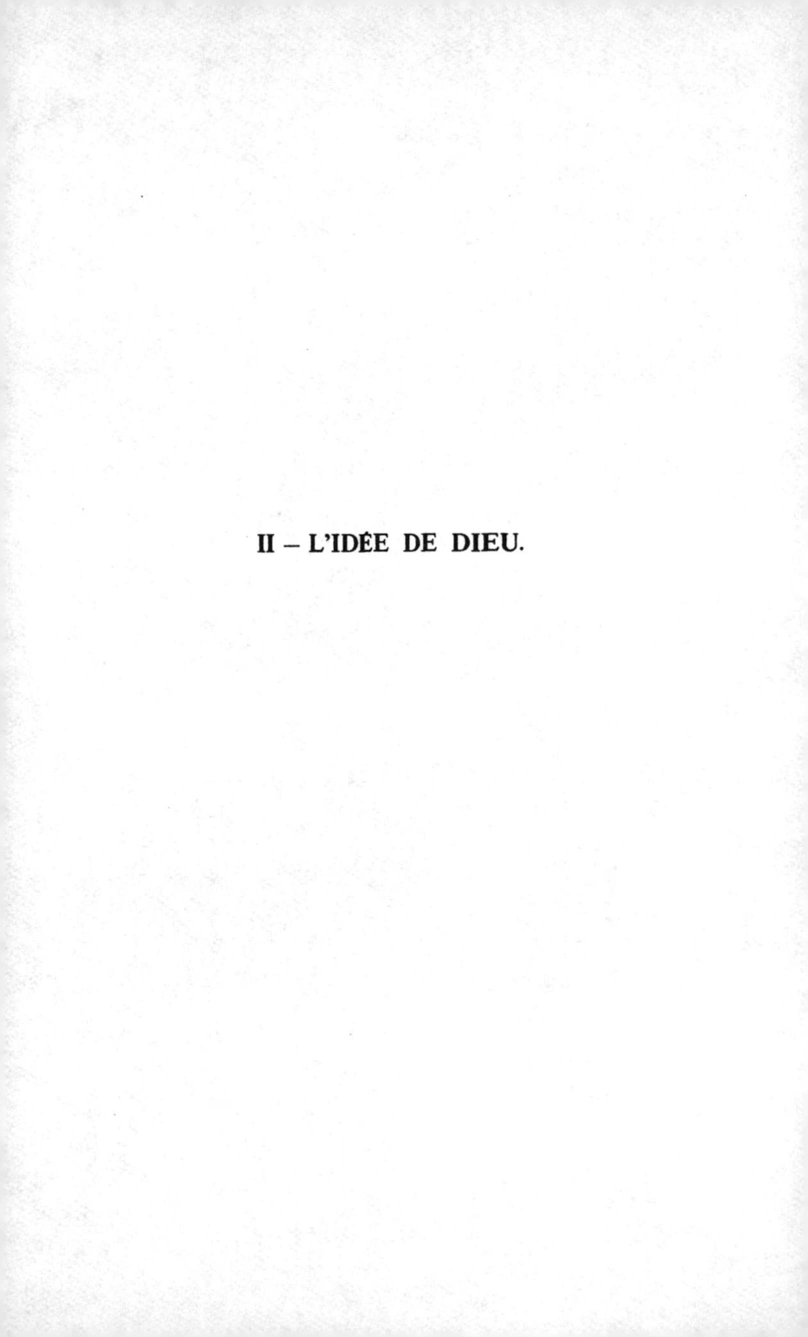

II – L'IDÉE DE DIEU.

DIEU ET LA PHILOSOPHIE*

NOTE PRÉLIMINAIRE

Les idées exposées ici ont déjà été présentées sous des formes diverses dans des conférences : à l'Université de Lille le 13 mars 1973, au congrès annuel de l'Association des professeurs de philosophie des Facultés Catholiques de France le 1er mai 1973, au Symposium organisé par l'Académie des Sciences et des Humanités d'Israël et le Département de Philosophie de l'Université de Jérusalem en l'honneur du 90e anniversaire du Professeur Hugo Bergman le 23 décembre 1973 (en hébreu), aux Facultés Universitaires Saint-Louis à Bruxelles les 20 et 21 février 1974, aux réunions organisées par le Centre Protestant d'études le 3 mars 1974 et par la Faculté de Théologie Protestante le 4 mars 1974 à Genève.

Le texte que nous publions s'est basé sur le contenu essentiel de chacune de ces communications. Son itinéraire de conférences a pris un caractère œcuménique. Ce qui est rappelé ici surtout pour rendre hommage à la vie et à l'œuvre du Professeur Hugo Bergman qui, venu très tôt s'installer à Jérusalem, a toujours été fidèle à la vocation universelle d'Iraël que l'Etat à Sion ne devait que servir, rendant possible un discours, adressé à tous les hommes dans la dignité humaine, pour pouvoir, dès lors, répondre de tous les hommes, nos prochains.

* **Paru dans le *Nouveau Commerce*, 31 en 1975.**

1. La priorité du discours philosophique et l'ontologie.

1° « Ne pas philosopher, c'est encore philosopher ». Le discours philosophique de l'Occident revendique l'amplitude d'un englobement ou d'une compréhension ultime. Il astreint tout autre discours à se justifier devant la philosophie.

La théologie rationnelle accepte cette vassalité. Si elle arrache, au bénéfice de la religion, quelque domaine sur lequel le contrôle de la philosophie ne s'exerce plus, ce domaine aura été, en toute connaissance de cause, reconnu comme philosophiquement incontrôlable.

2° Cette dignité d'ultime et royal discours, revient à la philosophie occidentale en vertu de la coïncidence rigoureuse entre la pensée où la philosophie se tient et l'idée de la réalité où cette pensée pense. Pour la pensée, cette coïncidence signifie : ne pas avoir à penser au-delà de ce qui appartient à la « geste d'être » ; ou, du moins, ne pas avoir à penser au-delà de ce qui modifie une préalable appartenance à la « geste d'être », telles les notions idéales ou formelles. Pour l'être du réel, cette coïncidence signifie : éclairer la pensée et le pensé en se montrant. Se montrer, s'éclairer, c'est cela précisément avoir un sens, c'est cela avoir l'intelligibilité par excellence, sous-jacente à toute modification de sens. Dès lors, il faudrait entendre la rationalité de la « geste d'être », non pas comme une éventuelle caractéristique qui lui serait attribuée quand une raison viendrait à en connaître. Qu'une pensée vienne à en connaître, c'est précisément cela l'intelligibilité. Il faut entendre la rationalité comme l'incessant surgissement de la pensée par l'énergie de la « geste de l'être » ou de sa manifestation et il faut entendre la raison, à partir de cette rationalité. Pensée sensée, pensée de l'être – ce serait là des pléonasmes et des pléonasmes équivalents, justifiés, toutefois, par les péripéties et les privations auxquelles cette identification de la pensée du sensé et de l'être, de droit, s'expose.

3o Le discours philosophique doit donc pouvoir embrasser Dieu – dont parle la Bible – si toutefois ce Dieu a un sens. Mais, pensé, ce Dieu se situe aussitôt à l'intérieur de la « geste d'être ». Il s'y situe comme *étant* par excellence. Si l'intellection du Dieu biblique – la théologie – n'atteint pas le niveau de la pensée philosophique, ce n'est pas parce qu'elle pense Dieu comme *étant* sans expliciter au préalable l'« être de cet étant », mais parce que, en thématisant Dieu, elle l'amène dans la course de l'être, alors que le Dieu de la Bible signifie de façon invraisemblable – c'est-à-dire sans analogie avec une idée soumise aux *critères,* sans analogie avec une idée exposée à la sommation de se montrer vraie ou fausse – l'au-delà de l'être, la transcendance. Et ce n'est pas par hasard que l'histoire de la philosophie occidentale a été une destruction de la transcendance. La théologie rationnelle, foncièrement ontologique, s'efforce à faire droit dans le domaine de l'être à la transcendance en l'exprimant par des adverbes de hauteur appliqués au verbe être : Dieu existerait éminemment ou par excellence. Mais la hauteur – ou la hauteur d'au-dessus de toute hauteur – qui s'exprime ainsi, relève-t-elle de l'ontologie ? Et la modalité que l'adverbe emprunté à la dimension du ciel étendu au-dessus de nos têtes fait valoir, ne régit-elle pas le sens verbal du verbe être, au point de l'exclure – insaisissable – du pensable, au point de l'exclure de l'*esse* se montrant, c'est-à-dire se montrant sensé dans un thème ?

4o On peut, certes, aussi prétendre que le Dieu de la Bible n'a pas de sens, c'est-à-dire n'est pas à proprement parler pensable. Ce serait l'autre terme de l'alternative.

« Le concept de Dieu n'est pas un concept problématique, il n'est pas du tout concept », écrit dans un livre récent Mme Delhomme prolongeant une haute lignée du rationalisme philosophique qui se refuse à accueillir la transcendance du Dieu d'Abraham, d'Isaac et de Jacob parmi les concepts sans lesquels il n'y aurait pas de pensée. Ce que la Bible élève au-dessus de toute compréhension n'aurait pas encore atteint le seuil de l'intelligibilité !

Le problème qui, dès lors, se pose et qui sera le nôtre consiste à se demander si le sens équivaut à l'*esse* de l'être, c'est-à-dire si le sens qui en philosophie est sens, n'est pas déjà une restriction du sens, s'il n'est pas déjà une dérivée ou une dérive du sens, si le sens équivalent à l'essence – à la geste de l'être, à l'être en tant qu'être – n'est pas déjà abordé dans la présence qui est le temps du Même ; supposition qui ne peut se justifier que par la possibilité de remonter à partir de ce sens, prétendument conditionné, à un sens qui ne se dirait plus en termes d'être, ni en termes d'étant. Il faut se demander si, par-delà l'intelligibilité et le rationalisme de l'identité, de la conscience, du présent et de l'être – par-delà l'intelligibilité de l'immanence – ne s'entendent pas la signifiance, la rationalité et le rationalisme de la transcendance, si par-delà l'être ne se montrerait pas un sens dont la priorité traduite en langage ontologique se dira *préalable* à l'être. Il n'est pas sûr que, par-delà les termes d'être et d'étant, on re-tombe nécessairement dans le discours de l'opinion ou de la foi. En fait, tout en restant ou en se voulant hors de la raison, foi et opinion parlent le langage de l'être. Rien ne s'oppose moins à l'ontologie que l'opinion de la foi. Se demander, comme nous essayons de le faire ici, si Dieu ne peut être énoncé dans un discours raisonnable qui ne serait ni ontologie, ni foi, c'est, implicitement, douter de l'opposition formelle établie par Yehouda Halévi et reprise par Pascal, entre le Dieu d'Abraham, d'Isaac et de Jacob, invoqué sans philosophie dans la foi, d'une part, et le dieu des philosophes d'autre part ; c'est douter que cette opposition constitue une alternative.

2. La priorité de l'ontologie et l'immanence.

5º Nous avons dit que, pour la philosophie occidentale, le sens ou l'intelligibilité coïncide avec la manifestation de l'être, comme si l'affaire même de l'être se menait, en guise d'intelligibilité, vers la clarté, et se faisait, dès lors, thématisation intentionnelle dans une expérience. Thématisation dont dérivent ou dont sont susceptibles, en se pressant vers elle ou en l'attendant, toutes les potentialités de l'expérience. En l'exposition thématique, s'épuise l'affaire de l'être ou de la vérité. Mais si l'être *est* manifestation – si l'exercice de l'être revient à cette exhibition – la manifestation de l'être n'est que la manifestation de « cet exercice », c'est-à-dire manifestation de la manifestation, vérité de la vérité. La philosophie trouve ainsi dans la manifestation sa matière et sa forme. Elle resterait ainsi dans son attachement à l'être – à l'étant ou à l'être de l'étant – une intrigue de la connaissance et de la vérité, une aventure de l'expérience entre le clair et l'obscur. Il est certain que c'est dans ce sens qu'elle porte la spiritualité de l'Occident où l'esprit demeurait cœxtensif au savoir. Mais savoir – ou pensée ou expérience – ne doit pas être entendu comme un quelconque reflet de l'extériorité dans un for intérieur. La notion du reflet, métaphore optique empruntée à des étants et à des événements thématisés, n'est pas le propre du savoir. Le savoir ne se comprend dans son essence propre qu'à partir de la conscience dont la spécificité s'escamote quand on la définit à l'aide du concept du savoir qui la suppose.

C'est comme modalité ou modification de l'*insomnie* que la conscience est conscience de..., rassemblement en être ou en présence qui – à une certaine profondeur de la vigilance où la vigilance doit se vêtir de justice – importe à l'insomnie (1). L'insomnie – veille ou vigilance – loin de se définir comme simple négation du phénomène naturel du sommeil, ressort au catégorial, préalable de toute attention et de toute hébétude anthropologique. Toujours au bord du réveil, le sommeil communique avec la veille : tout en tentant de s'en évader, il reste à l'écoute dans l'*obédience de la veille* qui le menace et l'appelle, de la veille qui *exige*. Le catégorial de l'insomnie ne se réduit ni à l'affirmation tautologique du Même, ni à la négation dialectique, ni à l'extase de l'intentionalité thématisante. Veiller n'équivaut pas à *veiller à...* où déjà se recherche l'identique, le repos et le sommeil. C'est dans la conscience seulement que le *veiller*, déjà médusé, s'infléchit vers un contenu qui s'identifie et se rassemble en une présence, en la « geste d'être » et qui s'y absorbe. L'insomnie comme catégorie – ou comme méta-catégorie (mais c'est alors par elle que le *méta* prend un sens) – ne vient pas s'inscrire dans une table des catégories à partir d'une activité déterminatrice, exercée sur l'autre comme *donné*, par l'unité du Même (et toute activité n'est qu'identification et cristallisation du Même contre l'Autre mais sous son affection) afin d'assurer à l'Autre, consolidé en étant, la gravité d'être. L'insomnie – la veillée de l'éveil – est inquiétée du cœur de son *égalité* formelle ou catégoriale par l'*Autre* qui dénoyaute tout ce qui,

1. Cf. *Autrement qu'être* ou au-delà de l'essence, pp. 195-207.

en elle, se noyaute en substance du Même, en identité, en repos, en présence, en sommeil ; par l'Autre qui déchire ce repos, qui le déchire de l'en deçà de l'*état* où l'égalité tend à s'installer. C'est précisément là le caractère catégorial irréductible de l'insomnie : l'Autre dans le Même qui n'aliène pas le Même, mais précisément l'éveille ; éveil comme exigence qu'aucune obédience n'égale, n'endort : un « plus » dans le « moins ». Ou, pour utiliser un langage désuet, c'est là la spiritualité de l'âme sans cesse réveillée de son état d'âme où le *veiller* lui-même déjà se ferme sur lui-même ou s'endort pour se reposer dans ses frontières d'état. Passivité de l'Inspiration ou subjectivité du sujet dégrisé de son être. Formalisme de l'insomnie, plus formel que celui de toute forme définissante, délimitante, enfermante, formellement plus formel que celui de la forme enfermant en présence et en *esse,* s'emplissant de contenu. Insomnie ou veille, mais veille sans intentionalité – dés-intéressée. Indétermination – mais qui n'est pas appel à la forme – qui n'est pas matérialité. Forme n'*arrêtant* pas son propre dessin de forme, ne condensant pas en contenu son propre vide. Non-contenu – Infini.

6° La conscience a déjà rompu avec ce dés-intéressement. Elle est identité du Même, présence de l'être, présence de la présence. Il faut penser la conscience à partir de cette emphase de la présence (2). La présence ne se peut que comme un retour de la conscience à elle-même, hors sommeil et, en cela, la conscience remonte à l'insomnie ; même si ce retour à elle-même, en guise de conscience de soi, n'est qu'oubli de l'Autre qui éveille le Même de l'intérieur, même si la liberté du Même n'est encore qu'un

2. Nécessité exigée par la justice, laquelle, cependant est exigée par la vigilance et, ainsi, par l'Infini en moi, par l'idée de l'infini.

rêve éveillé. La présence ne se peut que comme une incessante reprise de la présence, comme une incessante re-présentation. Le sans-cesse de la présence est une répétition, sa reprise, son aperception de représentation. La re-prise ne décrit pas la re-présentation. C'est la re-présentation qui est la possibilité même du retour, la possibilité du *toujours* ou la présence du présent. L'unité de l'aperception, le « je pense » – à découvrir dans la re-présentation – à laquelle, ainsi, est dévolu un rôle, n'est pas une façon de rendre la présence purement subjective. La synthèse accomplie par l'unité du *je pense*, derrière l'expérience, constitue l'acte de la présence ou la présence comme acte ou la présence en acte. Mouvement englobant, accompli par l'unité noyautée en « je pense », lequel, synopsie, est la structure nécessaire à l'actualité du présent. Le concept opératoire de l'idéalisme transcendantal qu'est l'« activité de l'esprit » ne repose pas sur une empirie quelconque du déploiement d'énergie intellectuelle. Il est plutôt l'extrême pureté – extrême jusqu'à la tension – de la présence de la présence, ce qui est l'être en acte aristotélicien, présence de la présence, tension extrême jusqu'à l'éclatement de la *présence* en « expérience faite par un sujet » où précisément la présence revient sur elle-même et se comble et s'accomplit. Le psychisme de la conscience est cette emphase de l'être, cette présence de la présence, surenchère de la présence sans échappatoire, sans faux-fuyants, sans oubli possible dans les plis d'une implication quelconque et qui serait indépliable ; le « sans-cesse » est l'explicitation, sans possibilité d'estompement, référence à un éveil en guise de lucidité, mais ainsi veille à l'être, attention à... et non pas exposition à l'autre, déjà modification du formalisme sans intentionalité de l'Insomnie. Toujours est-il que par la conscience rien ne saurait se dissimuler dans l'être ;

c'est une lumière qui éclaire d'un bout du monde à l'autre : tout ce qui s'en va dans le passé se sou-vient ou se retrouve par l'histoire. La réminiscence est la conscience extrême qui est aussi la présence et l'ontologie universelles : tout ce qui est à même d'emplir le champ de la conscience, fut, en son temps, accueilli, perçu, eut une origine. Par la conscience, le passé n'est qu'une modification du présent. Rien ne peut et n'a pu advenir sans se présenter, passer en contrebande sans se déclarer, sans se manifester, sans se laisser inspecter quant à sa vérité. La subjectivité transcendantale est la figure de cette présence : aucune signification ne précède celle que je donne.

Dès lors le processus du présent se déroule par la conscience, comme une « note tenue » dans son *toujours,* dans son identité du même, dans la simultanéité de ses moments. Le processus du subjectif ne vient pas du dehors. C'est la présence du présent qui comporte conscience, de sorte que la philosophie, à la recherche des opérations transcendantales de l'aperception du *je pense,* n'est pas une quelconque curiosité malsaine et accidentelle ; elle est la représentation – la réactualisation de la représentation, c'est-à-dire l'emphase de la présence, le rester-le-même de l'être dans sa simultanéité de présence, dans son toujours, dans son immanence. La philosophie n'est pas seulement connaissance de l'immanence, elle est l'immanence même (3).

3. La notion de l'expérience est inséparable de l'unité de la présence, de la simultanéité et, par conséquent, renvoie à l'unité de l'aperception qui ne vient pas du dehors « prendre conscience » de la simultanéité. Elle appartient à la « façon » même de la présence : présence – être – ne se peut que comme thématisation ou rassemblement du transitoire et, dès lors, comme phénomène qui est l'exhibitibon thématique même. Toute signification ne remonte pas à l'expérience, ne se résout pas en manifestation. La structure formelle de la signifiance : l'un-pour-l'autre, ne revient pas d'emblée au « se montrer ». Souffrir-pour-un-autre, par exemple a un sens où le savoir est adventice. L'aventure de la connaissance caractéristique de l'être, d'emblée ontologique, n'est pas le

7º L'immanence et la conscience comme recueillant la manifestation de la manifestation, ne sont pas ébranlées par l'interprétation phénoménologique des états affectifs ou du psychisme volontaire, plaçant au cœur de la conscience l'émotion ou l'angoisse qui en bouleverserait l'impassibilité ou qui, partant de la crainte ou du tremblement devant le sacré, les comprendrait comme vécus originels. Ce n'est pas par hasard que l'axiologique et le pratique recouvrent chez Husserl un fond représentatif.

Ils demeurent expérience – expérience des valeurs, ou expérience du voulu en tant que voulu. Le fond représentatif – que Husserl y fait apparaître – consiste, d'ailleurs, moins en une quelconque sérénité de l'intention théorétique que dans l'identification de l'identique en guise d'idéalité, dans le rassemblement, dans la représentation en guise de présence, en guise d'une lucidité qui ne laisse rien s'échapper, bref dans l'immanence.

8º Mais notons-le bien : l'interprétation de l'affectivité comme modification de la représentation ou comme fondée sur une représentation, réussit dans la mesure où l'affectivité est prise au niveau d'une tendance – ou de la concupiscence comme dirait Pascal –, au niveau d'une aspiration qui peut se satisfaire dans le plaisir ou qui, insatisfaite, reste un pur manque qui fait souffrir ; sous

seul mode ni le mode préalable de l'intelligibilité ou du sens. Il faut mettre en question l'expérience comme source de sens. On ne peut montrer que le sens en tant que savoir, a sa motivation dans un sens qui, au départ, n'a rien du savoir. Que la philosophie elle-même soit connaissance n'est pas contesté par là. Mais la possibilité pour le savoir d'englober tout sens, n'est pas la réduction de tout sens aux structures qu'impose son exhibition. D'où l'idée d'une dia-chronie de la vérité où le dit doit être dédit et le dédit encore dédit. En ce sens, l'essence sceptique de la philosophie peut être considérée sérieusement : le scepticisme n'est pas une contestation arbitraire, c'est une doctrine de l'épreuve et de l'examen, bien qu'irréductible à l'examen du type scientifique.

une telle affectivité, se retrouve l'activité ontologique de la conscience – toute investissement et compréhension, c'est-à-dire présence et représentation (dont la thématisation spécifiquement théorique n'est qu'une modalité). Cela n'exclut pas que, sur une autre voie que celle de la tendance allant à son terme, éclate une affectivité qui tranche sur le dessin et dessein de la conscience et qui sort de l'immanence, qui est transcendance et dont nous allons précisément essayer de dire l'« ailleurs ».

9º Une pensée religieuse qui se réclame d'expériences religieuses prétendument indépendantes de la philosophie, est déjà, en tant que fondée sur l'expérience, référée au « je pense » et entièrement branchée sur la philosophie. Le « récit » de l'expérience religieuse n'ébranle pas la philosophie et, par conséquent, ne saurait rompre la présence et l'immanence dont la philosophie est l'accomplissement emphatique. Il est possible que le mot Dieu soit venu à la philosophie à partir d'un discours religieux. Mais la philosophie – même si elle le refuse – entend ce discours comme celui des propositions portant sur un thème, c'est-à-dire comme ayant un sens se référant à un dévoilement, à une manifestation de présence. Les messagers de l'expérience religieuse ne conçoivent pas d'autre signification de sens. La « révélation » religieuse est d'ores et déjà assimilée au dévoilement philosophique – assimilation que même la théologie dialectique maintient. Qu'un discours puisse parler autrement que pour dire ce qui a été vu ou entendu au-dehors, ou éprouvé intérieurement – demeure insoupçonné. D'emblée donc l'être religieux interprète son vécu comme expérience. A son corps défendant, il interprète déjà Dieu dont il prétend faire expérience, en termes d'être, de présence et d'immanence.

D'où la question préalable : le discours peut-il signifier autrement qu'en signifiant un thème ? Dieu signifie-t-il comme thème du discours religieux qui nomme Dieu – ou comme discours qui précisément, du moins de prime abord, ne le nomme pas, mais le dit à un autre titre que la dénomination ou l'évocation.

3. L'idée de l'Infini.

10° La thématisation de Dieu dans l'expérience religieuse a déjà escamoté ou manqué la démesure de l'intrigue rompant l'unité du « je pense » (4).

Dans sa méditation sur l'idée de Dieu, Descartes a dessiné le parcours extraordinaire d'une pensée allant jusqu'à la rupture du *je pense,* avec une rigueur inégalable. Tout en pensant Dieu comme un être, il le pense comme être éminent ou il le pense comme étant qui *est* éminemment. Devant ce rapprochement entre l'idée de Dieu et l'idée de l'être, il faut certes se demander si l'adjectif *éminent* et l'adverbe *éminemment* ne se réfèrent pas à la hauteur du ciel au-dessus de nos têtes et ne débordent pas l'ontologie. Quoi qu'il en soit, Descartes maintient ici un langage substantialiste, en interprétant la démesure de Dieu comme un superlatif de l'exister. Mais ce n'est pas là que réside pour nous son apport indépassable. Ce ne sont pas les preuves de l'existence de Dieu qui nous importent ici, mais la rupture de la

4. Cette possibilité d'escamoter ou de manquer la division de la vérité en deux temps – celui de l'*immédiat* et celui du *réfléchi* – mérite considération et prudence. Elle ne mène pas nécessairement à la subordination de celui-ci à celui-là ou de celui-là à celui-ci. La vérité comme *dia-chronie,* comme refusant la synchronisation de la synthèse est peut-être le propre de la transcendance.

conscience, qui n'est pas un refoulement dans l'inconscient mais un dégrisement ou un réveil secouant le « sommeil dogmatique » qui se dort au fond de toute conscience reposant sur l'objet. *Cogitatum* d'une *cogitation* qui, de *prime abord* la contient, l'idée de Dieu, comme signifiant le non-contenu par excellence – n'est-ce pas là l'absolution même de l'absolu ? – dépasse toute capacité ; sa « réalité objective » de cogitatum, fait éclater la « réalité formelle » de la cogitation. Ce qui renverse peut-être – avant la lettre – la validité universelle et le caractère originel de l'intentionalité. Nous dirons : l'idée de Dieu fait éclater la pensée laquelle – investissement, synopsie et synthèse – ne fait qu'enfermer en une présence, re-présente, ramène à la présence ou laisse être.

Malebranche sut mesurer la portée de l'événement : il n'y a pas d'idée de Dieu ou Dieu est sa propre idée. Nous sommes hors de l'ordre où l'on passe de l'idée à l'être. L'idée de Dieu, c'est Dieu en moi, mais déjà Dieu rompant la conscience qui vise des idées, différant de tout contenu. Différence qui n'est, certes, pas une émergence, comme si un englobement avait jamais été possible, ni un échappement quelconque à l'empire de la conscience, comme si une *compréhension* avait jamais pu ici, se faire. Et cependant idée de Dieu – ou Dieu en nous – comme si le ne-pas-se-laisser-englober était aussi une relation exceptionnelle avec moi, comme si la différence entre l'Infini et ce qui devait l'englober et le comprendre, était une non-indifférence de l'Infini à cet englobement impossible, non indifférence de l'Infini pour la pensée : mise de l'Infini dans la pensée, mais tout autre que celle qui se structure comme compréhension du cogitatum par une cogitation. Mise comme passivité non pareille, car inassumable (c'est peut-être en cette passivité – d'au-delà toute passivité – qu'il faut reconnaître le réveil). Ou, inversement, comme si la négation incluse dans l'In-fini à l'égard du fini, signifiait non pas une négation quelconque ressortissant du formalisme du jugement négatif, mais, précisément, l'*idée de l'Infini,* c'est-à-dire l'Infini en moi. Ou, plus exactement, comme si le psychisme de la subjectivité équivalait à la négation du fini par l'Infini, comme si – sans vouloir jouer sur les mots – le *in* de l'Infini signifiait à la fois le *non* et le *dans* (5).

11° L'actualité du cogito s'interrompt ainsi en guise d'idée de l'Infini, par l'inenglobable, non pensé mais subi, portant en un deuxième temps de la conscience ce qui en un premier temps prétendait le porter : après la certitude du cogito, présent à lui-même dans la deuxième Méditation, après l'« arrêt » que signalent les dernières lignes de cette Méditation, la troisième méditation annonce que « j'ai en quelque façon premièrement en moi la notion de l'infini que du fini, c'est-à-dire de Dieu que de moi-même ». Idée de l'Infini, *Infini en moi,* cela ne peut être que passivité de la conscience – est-ce encore conscience ? – il y va d'une passivité qu'on ne saurait assimiler à la réceptivité. Celle-ci est ressaisissement dans l'accueil, assomption sous le coup reçu. La rupture de l'actualité de la pensée dans l'« idée de Dieu », est une passivité plus passive que toute passivité ; comme la passivité d'un traumatisme sous lequel l'idée de Dieu aurait été mise en nous. « Idée mise en nous » – cette figure de style convient-elle à la subjectivité du cogito ? Convient-elle à la conscience et à sa façon de tenir un contenu laquelle consiste à y laisser toujours des marques de sa saisie ?

5. La naissance latente de la négation réside non pas dans la subjectivité, mais dans l'idée de l'Infini. Ou, si l'on veut, dans la subjectivité en tant qu'idée de l'Infini. C'est en ce sens que l'idée de l'infini, comme le veut Descartes, est une « *véritable idée* » et non pas seulement ce que je conçois « par la négation de ce qui est fini ».

Dans son présent de conscience, ne tient-elle pas son origine, et ses contenus d'elle-même ? Une idée peut-elle être mise dans une pensée et abjurer ses lettres de noblesse socratique, sa naissance immanente dans la réminiscence, c'est-à-dire son origine dans la présence même de la pensée qui la pense ou dans la récupération de cette pensée par le souvenir ? Or, dans l'idée de l'Infini se décrit une passivité, plus passive que toute passivité séante à une conscience : surprise ou susception de l'inassumable, plus ouverte que toute ouverture – éveil – mais suggérant la passivité du créé (6). La mise en nous d'une idée inenglobable, renverse cette présence à soi qu'est la conscience, forçant ainsi le barrage et le contrôle, déjouant l'obligation d'agréer ou d'adopter tout ce qui entre du dehors. C'est dès lors, une idée signifiant d'une signifiance antérieure à la présence, à toute présence, antérieure à toute origine dans la conscience et ainsi an-archique accessible dans sa trace ; signifiant d'une signifiance d'emblée plus ancienne que son exhibition, ne s'épuisant pas à exhiber, ne tirant pas son sens de sa manifestation, rompant ainsi avec la coïncidence de l'être et de l'apparaître où, pour la philosophie occidentale, réside le sens ou la rationalité, rompant la synopsis ; plus antique que la pensée remémorable

6. Descartes en s'interrogeant sur « la façon dont j'ai acquis cette idée », sur le sens de cette réceptivité, dit dans la 3e Méditation : « Car je ne l'ai pas reçue par les sens et jamais elle ne s'est offerte à moi contre mon attente ainsi que font les idées des choses sensibles, lorsque ces choses se présentent ou semblent se présenter aux organes extérieurs de mes sens ». Dans les idées des choses sensibles la surprise de l'expérience s'assume par l'entendement qui extrait des sens l'intelligible clair et distinct, ce qui permet de dire que les choses sensibles « semblent se présenter aux organes extérieurs de mes sens ». Processus de la réceptivité ! « Elle – l'idée de l'infini, continue Descartes – n'est pas aussi une pure production ou fiction de mon esprit ; car il n'est pas en mon pouvoir d'y diminuer ou d'y ajouter aucune chose. Et par conséquent, il ne reste plus autre chose à dire sinon que, comme l'idée de moi-même, elle est née et produite avec moi dès lors que j'ai été créé ».

que la représentation retient dans sa présence. Que peut vouloir dire cette signifiance plus antique que l'exhibition ? Ou, plus exactement, que peut vouloir dire l'antiquité d'une signification ? Dans l'exhibition, peut-elle entrer dans un autre temps que le présent historique, lequel déjà annule le passé et sa dia-chronie en le re-présentant ? Que peut vouloir dire cette antiquité sinon le traumatisme de l'éveil ? – Comme si l'idée de l'Infini – l'Infini en nous – réveillait une conscience qui n'est pas assez réveillée ? Comme si l'idée de l'Infini en nous était exigence et signification au sens où, dans l'exigence, un ordre est signifié.

4. Divine comédie.

12º Nous l'avons déjà dit, ce n'est pas dans la négation du fini par l'Infini, entendue dans son abstraction et dans son formalisme logique qu'il faut interpréter l'idée de l'Infini ou l'Infini dans la pensée ; c'est, au contraire, l'idée de l'Infini ou l'Infini dans la pensée, qui est la figure propre et irréductible de la négation du fini. Le *in* de l'infini, n'est pas un *non* quelconque : sa négation, c'est la subjectivité du sujet de derrière l'intentionalité. La différence de l'Infini et du fini, est une non-indifférence de l'Infini à l'endroit du fini et le secret de la subjectivité. La figure de l'Infini-mis-en-moi, contemporaine, à en croire Descartes, de ma création (7), signifierait que le ne-pas-pouvoir-comprendre-l'Infini-par-la-pensée est une relation positive, en quelque façon, avec cette pensée ; mais avec cette pensée comme passive, comme cogitation quasi désarçonnée et ne commandant plus –

7. Cf. note précédente.

ou ne commandant pas encore – le cogitatum, ne se hâtant pas encore vers l'adéquation entre le terme de la téléologie spontanée de la conscience et ce terme donné dans l'être – ce qui est le destin de la téléologie essentielle de la conscience, allant à son terme intentionnel et conjurant la présence de la re-présentation. Mieux encore : le ne-pas-pouvoir-comprendre-l'Infini-par-la-pensée signifierait précisément la condition – ou l'incondition – de la pensée, comme si dire l'incompréhension de l'Infini par le fini ne revenait pas seulement à dire que l'Infini n'est pas fini et comme si l'affirmation de la différence entre l'Infini et le fini devait rester abstraction verbale sans la considération du fait de l'incompréhension de l'Infini par la pensée précisément, laquelle, de par cette incompréhension, est posée comme pensée (8), comme subjectivité posée c'est-à-dire comme posée en tant que se posant elle-même. L'Infini n'a rien à s'adjoindre de nouveau pour affecter la subjectivité : c'est son in-fini même, sa différence à l'égard du fini, qui est déjà sa non-indifférence à l'égard du fini. Ce qui en revient à la cogitation ne *comprenant pas* le cogitatum qui l'affecte absolument. L'Infini à la fois affecte la pensée en la dévastant et l'appelle : à travers une « remise à sa place », il la met en place. Il la réveille. Réveil de la pensée qui n'est pas un accueil de l'Infini – qui n'est pas recueillement, qui n'est pas assomption lesquels sont nécessaires et suffisent à *l'expérience*. L'idée de l'Infini en est la mise en cause. L'idée de l'Infini ne s'assume même pas comme l'amour qui s'éveille sur la pointe de la flèche qui frappe, mais où le sujet abasourdi par le traumatisme se retrouve aussitôt dans son immanence d'état d'âme. L'Infini signifie précisément l'en-deçà de sa manifestation – le sens ne

8. Ou comme dit Descartes : qui est *créée*.

se réduisant pas à la manifestation, à la représentation de la présence – ou à la téléologie – le sens ne se mesurant pas par la possibilité ou l'impossibilité de la vérité de l'être, même si la signification d'en deçà devait, d'une manière ou d'une autre – et ne serait-ce que par sa trace – se montrer dans les énigmes du dire.

13º Quelle est donc l'intrigue du sens, autre que celle de la re-présentation et de l'empirie, qui se noue dans l'idée de l'Infini – dans la monstruosité de l'Infini *mis* en moi – idée qui dans sa passivité au-delà de toute réceptivité n'est plus idée ? Quel est le sens du traumatisme de l'éveil où l'Infini ne saurait se poser en corrélatif du sujet, ni entrer en structure avec lui, ni se faire son contemporain dans une co-présence – mais où il le transcende ? Comment est pensable la transcendance comme relation, si elle doit exclure l'ultime – et la plus formelle – co-présence que la relation garantit à ses termes ?

Le *in* de l'infini désigne la profondeur de l'affection dont est affectée la subjectivité par cette « mise » de l'Infini en elle, sans préhension ni compréhension. Profondeur d'un subir que ne comprend aucune capacité, que ne soutient plus aucun fondement, où échoue tout processus d'investissement et où sautent les verrous qui ferment les arrières de l'intériorité. Mise sans recueillement, dévastant son lieu comme un feu dévorant, catastrophant le lieu, au sens étymologique du terme (9). Eblouissement

9. « Voici l'Eternel qui sort de son lieu, qui descend et foule les hauteurs de la terre. Sous ses pas fondent les montagnes, les vallées se crevassent : ainsi la cire fond sous l'action du feu et les eaux se précipitent sur une pente » (Michée, I, 3-4). « Ce qui soutient cède à ce qui est soutenu », se bouleverse ou s'effondre, c'est cette « structure » (qui est si on peut dire la dé-structure même) qu'énonce et qu'exprime ce texte indépendamment de son autorité – et de sa « rhétorique – des Saintes Ecritures.

où l'œil tient plus qu'il ne tient ; ignition de la peau qui touche et ne touche pas ce qui, par-delà le saisissable, brûle. Passivité ou passion où se reconnaît le Désir, où le « *plus* dans le *moins* » éveille de sa flamme la plus ardente et la plus noble et la plus antique une pensée vouée à penser plus qu'elle ne pense (10). Mais Désir d'un autre ordre que ceux de l'affectivité et de l'activité hédonique ou eudémonique où le Désirable s'investit, s'atteint et s'identifie comme objet du besoin et où l'immanence de la représentation et du monde extérieur se retrouve. La négativité de l'*In* de l'Infini – autrement qu'être, divine comédie – creuse un désir qui ne saurait se combler, qui se nourrit de son accroissement même et qui s'exalte comme Désir – qui s'éloigne de sa satisfaction – dans la mesure où il s'approche du Désirable. Désir d'au-delà de la satisfaction et qui n'identifie pas, comme le besoin, un terme ou une fin. Désir sans fin, d'au-delà de l'Etre : dés-intér*essement*, transcendance – désir du Bien.

Mais si l'Infini en moi signifie Désir de l'Infini, est-on sûr de la transcendance qui s'y *passe ?* Le désir ne restitue-t-il pas la contemporanéité du désirant et du Désirable ? Ce qui peut se dire encore autrement : le désirant ne tire-t-il pas du Désirable, comme s'il l'avait déjà saisi de par son intention, une complaisance à désirer ? Le dés-intér*essement* du Désir de l'Infini n'est-il pas intér*essement ?* Désir du bien au-delà de l'être, transcendance – nous l'avons dit sans nous préoccuper de la façon dont l'intéressement s'exclut du Désir de l'Infini et sans montrer en quoi l'Infini transcendant mérite le nom de Bien, alors que sa transcendance même ne peut, semble-t-il, signifier que l'indifférence.

10 Cf. *Totalité et Infini*, Section I, pp. 1-78 et passim.

14° L'amour n'est possible que par l'idée de l'Infini – par l'Infini mis en moi, par le « plus » qui dévaste et réveille le « moins » détournant de la téléologie, détruisant l'heure et le bonheur de la fin. Platon astreint Aristophane à un aveu, qui dans la bouche du maître de la Comédie, résonne de façon singulière : « Ce sont ceux-là qui passent, d'un bout à l'autre, leur vie ensemble, qui seraient... incapables d'exprimer ce qu'ils souhaitent de se voir arriver l'un par l'autre » (11). Hephaïstos dira qu'ils veulent « de deux êtres qu'ils étaient en devenir un seul » (12), restituant, ainsi, une fin à l'amour et le ramenant à la nostalgie de ce qui fut autrefois. Mais pourquoi les amoureux eux-mêmes ne savent-ils pas dire ce qu'ils demandent l'un à l'autre par-delà le plaisir ? Et Diotime placera au-delà de cette unité l'intention de l'Amour, mais le découvrira indigent, besogneux et susceptible de vulgarité. Vénus céleste et Vénus vulgaire sont sœurs. L'amour se complaît dans l'attente même de l'Aimable, c'est-à-dire il en jouit à travers la représentation qui emplit l'attente. La pornographie, c'est peut-être cela qui pointe dans tout érotisme comme l'érotisme dans tout amour. Perdant dans cette jouissance la démesure du Désir, l'amour est concupiscence au sens pascalien du terme, assomption et investissement par le *je*. Le *je pense* reconstitue dans l'amour la présence et l'être, l'inté*ressement* et l'immanence.

La transcendance du Désirable au-delà de l'inté*ressement* et de l'érotisme où se tient l'Aimé, est-elle possible ? Affecté par l'Infini, le Désir ne peut aller à une fin qu'il égalerait : dans le Désir, l'approche éloigne et la jouissance n'est que l'accroissement de la faim. Dans

11. *Banquet,* 192 C.
12. Ibid., 192 e.

ce retournement des termes se « passe » la transcendance ou le désintér*essement* du Désir. Comment ? Et dans la transcendance de l'Infini, qu'est-ce qui nous dicte le mot Bien ? Pour que le désintér*essement* soit possible dans le Désir de l'Infini, pour que le Désir au-delà de l'être, ou la transcendance, ne soit pas une absorption dans l'immanence qui ainsi ferait son retour, il faut que le Désirable ou Dieu reste séparé dans le Désir ; comme désirable – proche mais différent – Saint. Cela ne se peut que si le Désirable m'ordonne à ce qui est le non-désirable, à l'indésirable par excellence, à autrui. Le renvoi à autrui est éveil, éveil à la proximité, laquelle est responsabilité pour le prochain, jusqu'à la substitution à lui. Nous avons montré ailleurs (13) la substitution à autrui au sein de cette responsabilité et, ainsi, une dénucléation du sujet transcendantal, la transcendance de la bonté, noblesse du *supporter* pur, ipséité de pure élection. Amour sans Eros. La transcendance est éthique et la subjectivité qui n'est pas en fin de compte le « je pense » (qu'elle est de prime abord), qui n'est pas l'unité de « l'aperception transcendantale » – est, en guise de responsabilité pour Autrui, sujétion à autrui. Le moi est passivité plus passive que toute passivité parce que d'emblée à l'accusatif, soi – qui n'a jamais été au nominatif – sous l'accusation d'autrui, bien que sans faute. Otage d'autrui, il obéit à un commandement avant de l'avoir entendu, fidèle à un engagement qu'il n'a jamais pris, à un passé qui n'a jamais été présent. Veille – ou ouverture du soi – absolument exposée et dégrisée de l'extase de l'intentionalité. Et cette façon pour l'Infini, ou pour Dieu, de renvoyer, du sein de sa désirabilité même, à la proximité non désirable des autres – nous l'avons désignée par le

13. *Cf. Autrement qu'être,* chap. IV.

terme d'« illéité », retournement extra-ordinaire de la désirabilité du Désirable – de la suprême désirabilité appelant à elle la rectitude rectiligne du Désir. Retournement par lequel le Désirable échappe au Désir. La bonté du Bien – du Bien qui ne dort, ni ne somnole – incline le mouvement qu'elle appelle pour l'écarter du Bien et l'orienter vers autrui et ainsi seulement vers le Bien. Irrectitude allant plus haut que la rectitude. Intangible, le Désirable se sépare de la relation du Désir qu'il appelle et, de par cette séparation ou sainteté, reste troisième personne : Il au fond du Tu. Il est Bien en un sens éminent très précis que voici : Il ne me comble pas de biens, mais m'astreint à la bonté, meilleure que les biens à recevoir (14).

Etre bon c'est déficit et dépérissement et bêtise dans l'être ; être bon est excellence et hauteur au-delà de l'être – l'éthique n'est pas un moment de l'être – il est autrement et mieux qu'être, la possibilité même de l'au-delà (15). Dans ce retournement éthique, dans ce renvoi du Désirable au Non-désirable – dans cette

14. Franz Rosenzweig interprète la *réponse* donnée par l'Homme à l'Amour dont Dieu l'aime, comme le mouvement vers le prochain. Cf. *Stern der Erlösung Tell II, Buch II.* C'est la reprise de la structure qui commande un thème homélitique de la pensée juive : « les franges aux coins des vêtements » dont la vue doit rappeler au fidèle « tous les commandements de l'Eternel » (Nombres XV, 38 à 40), se disent en hébreu « tsitsith ». Ce mot est rapproché dans l'antique commentaire rabbinique, dit *Siphri,* du verbe « tsouts » dont une forme, dans Cantique des Cantiques II, 9 signifie « observer » ou « regarder » : « Mon bien-aimé... observe par le treillis ». Le fidèle regardant les « franges » qui lui rappellent ses obligations, rend ainsi son regard au Bien-Aimé qui l'observe. Ce serait cela, le vis-à-vis ou le face à face avec Dieu !

15. C'est la signification de l'au-delà, de la transcendance et non pas l'éthique que notre étude recherche. Elle la trouve dans l'étique. *Signification,* car l'éthique se structure comme l'un-pour-l'autre ; signification de l'au-delà de l'être, car en dehors de toute finalité dans une responsabilité qui toujours s'accroît – dés-intéressement où l'être se défait de son être.

mission étrange ordonnant l'approche d'autrui – Dieu est arraché à l'objectivité, à la présence et à l'être. Ni objet, ni interlocuteur. Son éloignement absolu, sa transcendance vire en ma responsabilité – le non-érotique par excellence – pour autrui. Et c'est à partir de l'analyse qui vient d'être menée que Dieu n'est pas simplement le « premier autrui », ou « autrui par excellence » ou l'« absolument autrui », mais autre qu'autrui, autre autrement, autre d'altérité préalable à l'altérité d'autrui, à l'astreinte éthique au prochain, et différent de tout prochain, transcendant jusqu'à l'absence, jusqu'à sa confusion possible avec le remue-ménage de l'*il y a* (16). Confusion où la substitution au prochain gagne en désintéres-*sement* c'est-à-dire en noblesse où, par là même, la transcendance de l'Infini s'élève en gloire. Transcendance vraie d'une vérité dia-chrone et, sans synthèse, plus haute que les vérités sans énigme (17). Pour que cette formule : transcendance jusqu'à l'absence, ne signifie pas la simple explicitation d'un mot ex-ceptionnel, il fallait restituer ce mot à la signification de toute l'intrigue éthique – à la comédie divine sans laquelle ce mot n'aurait pu surgir. Comédie dans l'ambiguïté du temple et du théâtre, mais où le rire vous reste dans la gorge à l'approche du prochain, c'est-à-dire de son visage ou de son délaissement.

5. Phénoménologie et transcendance.

15° L'exposition de la signification éthique de la transcendance et de l'Infini au-delà de l'être, peut être

16. Trace d'un passé qui ne fut jamais présent – mais absence qui encore dérange.

17. Vérité dia-chrone – dia-chronie de la vérité sans synthèse possible. Il y aurait, contrairement à ce que nous enseigne Bergson, du « désordre » qui n'est pas un ordre autre, là où les éléments ne peuvent se faire contemporains, dans la façon, par exemple (mais est-ce un exemple ou l'ex-ception ?) dont Dieu tranche sur la présence de la re-présentation.

menée à partir de la proximité du prochain et de ma responsabilité pour autrui.

On semblait jusqu'alors construire l'abstraction d'une subjectivité passive. La réceptivité de la connaissance finie, est rassemblement d'une dispersion du donné en simultanéité de la présence, en immanence. La passivité « plus passive que toute passivité » consistait à subir – ou plus exactement à avoir déjà subi dans un passé irreprésentable – qui ne fut jamais présent – un traumatisme inassumable, frappé par le *« in »* de l'infini dévastant la présence et éveillant la subjectivité à la proximité d'autrui. Le non-contenu, brisant le contenant ou les formes de la conscience, *transcende* ainsi l'essence ou « la geste » de l'être connaissable qui mène son train d'être dans la présence ; transcende l'intér*essement* et la simultanéité d'une temporalité représentable ou historiquement reconstituable, transcende l'immanence.

Ce traumatisme – inassumable – infligé par l'Infini à la présence ou cette affection de la présence par l'Infini – cette affectivité – se dessine comme assujettissement au prochain : pensée pensant plus qu'elle ne pense – Désir – renvoi au prochain – responsabilité pour autrui.

Cette abstraction nous est pourtant familière sous l'événement empirique d'obligation à l'égard d'autrui, comme l'impossible indifférence – impossible sans carence – à l'endroit des malheurs et des fautes du prochain, comme responsabilité irrécusable à son égard. Responsabilité dont il est impossible de fixer les limites, ni de mesurer l'urgence extrême. A la réflexion, elle est en tous points étonnante, allant jusqu'à l'obligation de répondre de la liberté de l'autre, d'être responsabilité pour sa responsabilité ; alors que la liberté qu'exigerait un éventuel engagement ou qu'exigerait même l'assomption d'une nécessité imposée, ne peut se trouver un présent englobant les possibles d'autrui. La liberté d'autrui ne saurait faire structure avec la mienne, ni entrer en synthèse avec la mienne. La responsabilité pour le prochain est précisément ce qui va au-delà du légal et oblige au-delà du contrat, elle me vient d'en-deçà de ma liberté, d'un non-présent, d'un immémorial. Entre moi et l'autre bée une différence qu'aucune unité de l'aperception transcendantale ne saurait récupérer. Ma responsabilité pour autrui est précisément la non-indifférence de cette différence : la proximité de l'autre. Relation, au sens absolu du terme, extra-ordinaire, elle ne rétablit pas l'ordre de la représentation où tout passé revient. La proximité du prochain demeure rupture dia-chronique, résistance du temps à la synthèse de la simultanéité.

La fraternité biologique humaine – pensée avec la sobre froideur caïnesque – n'est pas une raison suffisante pour que je sois responsable d'un être séparé ; la sobre froideur caïnesque consiste à penser la responsabilité à partir de la liberté ou selon un contrat. La responsabilité pour l'autre, vient d'en-deçà de ma liberté. Elle ne vient pas du temps fait de présences – ni de présences, sombrées dans le passé et représentables – du temps de commencements ou d'assomptions. Elle ne me laisse pas me constituer en *je pense*, substantiel comme une pierre, ou comme un cœur de pierre, en soi et pour soi. Elle va jusqu'à la substitution à l'autre, jusqu'à la condition – ou jusqu'à l'incondition – d'otage. Responsabilité qui ne laisse pas de temps : sans présent de recueillement ou de rentrée en soi ; et qui me met en retard : devant le prochain je comparais plutôt que je n'apparais. Je réponds d'emblée à une assignation. Déjà le caillouteux noyau de ma substance est dénoyauté. Mais la responsabilité à laquelle je suis exposé dans une telle passivité ne me saisit pas comme une chose interchangeable, car personne ici ne peut se substituer à moi ; en en appelant à moi comme à un accusé qui ne saura récuser l'accusation, elle m'oblige comme irremplaçable et unique. Comme élu. Dans la mesure même où elle en appelle à ma responsabilité, elle m'interdit tout remplaçant. Irremplaçable pour la responsabilité, je ne peux sans carence ou sans faute ou sans complexe, me dérober au visage du prochain : me voici voué à l'autre sans démission possible (18). Je ne peux me dérober au visage d'autrui dans sa nudité sans recours : dans sa nudité d'abandonné qui luit entre les fentes qui lézardent le masque du personnage ou sa peau à rides, dans son « sans recours » qu'il faut entendre comme cris déjà criés vers Dieu, sans voix ni thématisation. La résonance du silence – « Geläut des Stille » – résonne certainement là. Imbroglio à prendre au sérieux : relation à... sans représentation, sans intentionalité, non-refoulée – naissance latente en autrui de la religion ; antérieure aux émotions et aux voix, avant l'« expérience religieuse » qui parle de la révélation en termes du dévoilement de l'être, alors qu'il s'agit d'un accès insolite, au sein de ma responsabilité, à l'insolite dérangement de l'être. Même si l'on se dit aussitôt « ce n'était rien ». « Ce n'était rien » – ce n'était pas être, mais autrement qu'être. Ma responsabilité – malgré moi – qui est la façon dont autrui m'incombe – ou m'incommode – c'est-à-dire m'est proche est entente ou entendement de ce cri. C'est le réveil. La proximité du prochain, c'est ma responsabilité pour lui : approcher, c'est être gardien de son frère, être gardien de son frère, c'est être son otage. L'immédiateté, c'est cela. La responsabilité ne vient pas de la fraternité, c'est

18. Dévouement fort comme la mort et, en un sens, plus fort que la mort. Dans la *finitude,* la mort dessine un destin qu'elle interrompt ; alors que rien ne saurait me dispenser de la réponse à laquelle *passivement* je suis tenu. Le tombeau n'est pas un refuge – il n'est pas un pardon. La dette demeure.

la fraternité qui dénomme la responsabilité pour autrui, d'en-deçà de ma liberté.

16º Poser la subjectivité dans cette responsabilité, c'est entrevoir en elle une passivité jamais assez passive de consumation pour autrui dont la lumière même luit et éclaire à partir de l'ardeur sans que la cendre de cette consumation puisse se faire le noyau d'un en soi et pour soi ; sans que le moi oppose à autrui aucune forme qui le protège ou lui apporte une mesure. Consumation de holocauste. « Je suis cendre et poussière », dit Abraham intercédant pour Sodom (19). « Que sommes-nous ? », dit plus humblement encore Moïse (20).

– Que signifie cette assignation où le sujet se dénoyaute comme dénucléé et ne reçoit aucune forme capable de l'assumer ? Que signifient ces métaphores atomiques : sinon un moi arraché au concept du Moi et au contenu d'obligations dont rigoureusement le concept fournit la mesure et la règle, et laissé, ainsi précisément à une responsabilité démesurée, car elle s'accroît dans la mesure – ou dans la démesure – où réponse est tenue ; elle s'accroît glorieusement. Moi que l'on ne désigne pas, mais qui dit « me voici ». « Chacun de nous est coupable devant tous pour tous et pour tout, et moi plus que les autres », dit Dostoïevski dans *Les Frères Karamazov.* Moi qui dit moi, et non pas celui qui singularise ou individue le concept ou le genre : Moi, mais moi unique dans son genre qui vous parle à la première personne. A moins qu'on puisse soutenir que c'est dans l'individuation du genre ou du concept du Moi, que moi je m'éveille et m'expose aux autres c'est-à-dire me mets à parler. Exposition qui ne ressemble pas à la conscience de soi,

19. *Genèse* 18, 27.
20. *Exode,* 16, 7.

à la récurrence du sujet à lui-même, confirmant le moi par soi. Récurrence du réveil que l'on peut décrire comme le frisson de l'incarnation par laquelle le *donner* prend un sens – datif originel du *pour l'autre* où le sujet se fait cœur et sensibilité et mains qui donnent. Mais ainsi position déjà dé-posée de son royaume d'identité et de substance, déjà en dette, « pour l'autre », jusqu'à la substitution à l'autre, altérant l'immanence du sujet dans les tréfonds de son identité ; sujet irremplaçable pour la responsabilité qui l'y assigne et retrouvant là une identité nouvelle. Mais en tant que m'arrachant moi au concept du Moi, la fission du sujet est une croissance de l'obligation au fur et à mesure de mon obéissance, l'augmentation de la culpabilité avec l'augmentation de la sainteté, accroissement de la distance au fur et à mesure de mon approche. Pas de repos pour soi à l'abri de sa forme, à l'abri de son concept du moi ! Pas de « condition » fût-elle celle de la servitude. Sollicitude incessante de la sollicitude, outrance de la passivité dans la responsabilité pour la responsabilité de l'autre. Ainsi la proximité n'est jamais assez proche ; moi responsable je ne finis pas de me vider de moi-même. Accroissement infini dans son épuisement où le sujet n'est pas simplement une prise de conscience de cette dépense, mais où il en est le lieu et l'événement et, si on peut dire, la bonté. *Gloire d'un long désir !* Le sujet comme otage n'a été, ni l'expérience, ni la preuve de l'Infini, mais le témoignage de l'Infini, modalité de cette gloire, témoignage qu'aucun dévoilement n'a précédé.

17° Ce surplus croissant de l'Infini que nous avons osé appeler *gloire,* n'est pas une quintessence abstraite. Il a une signification dans la réponse, sans dérobade possible, à l'assignation qui me vient du visage du prochain : c'est l'exigence hyperbolique qui aussitôt la déborde.

Surprise pour le répondant lui-même par laquelle, débusqué de son intériorité de moi et de « l'être à deux envers », il est réveillé, c'est-à-dire exposé à l'autre sans retenue et sans réserve. La passivité d'une telle exposition à autrui ne s'épuise pas en ouvertures quelconques pour subir le regard ou le jugement objectivant d'autrui. L'ouverture du moi exposé à l'autre, c'est l'éclatement ou la mise à l'envers de l'intériorité. La sincérité est le nom de cette extra-version (21). Mais que peut signifier cette inversion ou extra-version, sinon une responsabilité pour les autres telle que je ne garde rien pour moi ? Responsabilité telle que tout en moi est dette et donation et que mon être-là, est l'ultime *être-là*, où les créanciers atteignent le débiteur ? Une responsabilité telle que ma position de sujet dans son *quant à soi* est déjà ma substitution aux autres ou expiation pour les autres. Responsabilité pour autrui – pour sa misère et sa liberté – qui ne remonte à aucun engagement, à aucun projet, à aucun dévoilement préalable et où le sujet serait posé pour soi avant d'être-en-dette. Outrance de passivité dans la mesure (ou dans la dé-mesure) où la dévotion pour l'autre ne s'enferme pas en soi en guise d'état d'âme, mais d'ores et déjà, elle aussi, est vouée à l'autre.

Cette outrance est *dire*. La sincérité n'est pas un attribut que, éventuellement, reçoit le dire ; c'est par le dire que la sincérité – exposition sans réserve – est seulement possible. Le dire fait signe à autrui, mais signifie dans ce signe la donation même du signe. Dire qui m'ouvre à autrui, avant de dire un dit, avant que le dit de cette sincérité ne fasse écran entre moi et l'autre. Dire sans

21. L'un-pour-l'autre, structure formelle de la signification, signifiance ou rationalité de la signification qui, ici, ne commence pas par s'exposer dans un thème ; mais est mon ouverture à l'autre – ma sincérité ou ma *véracité*.

paroles, mais non pas les mains vides. Si le silence parle, ce n'est pas par un je ne sais quel mystère intérieur ou par une je ne sais quelle extase de l'intentionalité, mais par la passivité hyperbolique du donner, antérieure à tout vouloir et à toute thématisation. Dire témoignant à autrui l'Infini qui me déchire me réveillant dans le Dire.

Le langage ainsi entendu perd sa fonction de luxe, l'étrange fonction de doubler la pensée et l'être. Le Dire comme témoignage précède tout Dit. Le Dire avant d'énoncer un Dit (et même le Dire d'un Dit, en tant que l'approche de l'autre est responsabilité pour lui), est déjà témoignage de cette responsabilité. Le Dire est donc une façon de signifier avant toute expérience. Témoignage pur : vérité du martyre sans dépendance à l'égard d'aucun dévoilement, fût-il expérience « religieuse », obéissance précédant l'entente de l'ordre. Témoignage pur qui ne témoigne pas d'une expérience préalable, mais de l'Infini non-accessible à l'unité de l'aperception, non-apparaissant, disproportionné au présent. Il ne saurait l'englober, il ne saurait le comprendre. Il me concerne et me cerne en me parlant par ma bouche. Et il n'y a de pur témoignage que de l'Infini. Ce n'est pas une merveille psychologique, mais la modalité selon laquelle l'Infini *se passe,* signifiant par celui à qui il signifie, entendu en tant que, avant tout engagement, je réponds d'autrui.

Comme placé sous un soleil de plomb, supprimant en moi tout coin d'ombre, tout résidu de mystère, toute arrière-pensée, tout « quant à moi », tout durcissement ou relâchement de la trame par où la dérobade serait possible – je suis témoignage – ou trace, ou gloire – de l'Infini, en rompant le mauvais silence qui abrite le secret de Gygès. Extra-version de l'intériorité du sujet : il se rendrait visible avant de se faire voyant ! L'infini n'est pas « devant » moi ; c'est moi qui l'exprime, mais précisément en donnant signe de la donation du signe, du « pour-l'autre » – où je me dés-intéresse : me voici. Accusatif merveilleux : me voici sous votre regard, à vous obligé, votre serviteur. Au nom de Dieu. Sans thématisation ! La phrase où Dieu vient se mêler aux mots n'est pas « je crois en Dieu ». Le discours religieux préalable à tout discours religieux n'est pas le dialogue. Il est le « me voici » dit au prochain auquel je suis livré et où j'annonce la paix, c'est-à-dire ma responsabilité pour autrui. « En faisant éclore le langage sur leurs lèvres... Paix, paix à qui est loin et à qui est proche, dit l'Eternel » (22).

6. La signification prophétique.

18° Il n'a pas été question dans la description qui vient d'être menée de la condition transcendantale d'une je ne sais quelle expérience éthique. L'éthique comme substitution à autrui – donation sans réserve – rompt l'unité de l'aperception transcendantale, condition de tout être et de toute expérience. Dés-intér*essement* au sens radical du terme, l'éthique signifie le champ invraisemblable où l'Infini est en relation avec le fini sans se démentir par cette relation où, au contraire, il *se passe* seulement comme Infini et comme éveil. L'Infini se transcende dans le fini, il *passe* le fini, en ce qu'il m'ordonne le prochain sans s'exposer à moi. Ordre qui se glisse en moi comme un voleur, malgré les fils tendus de la conscience ; traumatisme qui me surprend absolument, toujours déjà *passé* dans un passé qui ne fut jamais présent et reste ir-représentable.

22. *Isaïe*, 57, 27.

On peut appeler *inspiration* cette intrigue de l'infini où je me fais l'auteur de ce que j'entends. Elle constitue, en-deçà de l'unité de l'aperception, le psychisme même de l'âme. Inspiration ou prophétisme où je suis truchement de ce que j'énonce. « Dieu a parlé qui ne prophétisera pas », dit Amos (23), comparant la réaction prophétique à la passivité de la peur qui saisit celui qui entend le rugissement des fauves. Prophétisme comme témoignage pur ; pur, car antérieur à tout dévoilement : un assujettissement à l'ordre, antérieur à l'entente de l'ordre. Anachronisme qui, selon le temps retrouvable de la réminiscence, n'est pas moins paradoxal qu'une prédiction de l'avenir. C'est dans le prophétisme que se passe – et éveille – l'Infini et qui, transcendance, refusant l'objectivation et le dialogue, signifie de façon éthique. Il *signifie* au sens où l'on dit *signifier un ordre ;* il *ordonne.*

19º En dessinant derrière la philosophie où la transcendance est toujours à réduire, les contours du témoignage prophétique, on n'est pas entré dans les sables mouvants de l'expérience religieuse. Que la subjectivité soit le temple ou le théâtre de la transcendance et que l'intelligibilité de la transcendance prenne un sens éthique, ne contredit certes pas l'idée du Bien d'au-delà de l'être. Idée qui garantit la dignité philosophique d'une entreprise où la signifiance du sens se sépare de la manifestation ou de la présence de l'être. Mais on peut seulement se demander si la philosophie occidentale a été fidèle à ce platonisme. Elle découvrit l'intelligibilité dans des termes en conjonction se posant les uns par rapport aux autres, l'un signifiant l'autre et c'est ainsi que, pour elle, l'être, thématisé dans sa présence, s'éclairait. La clarté du visible –

23. *Amos*, 2, 8.

signifiait. Le trope propre de la signifiance de la signification s'écrit : l'un-pour-l'autre. Mais la signifiance se fait visibilité, immanence et ontologie dans la mesure où les termes s'unissent en un tout et où leur histoire même se systématise pour s'éclairer.

Dans les pages ici proposées, la transcendance comme l'un-pour-l'autre éthique, a été formulée en guise de signifiance et d'intelligibilité (24). Le trope de l'intelligibilité se dessine dans l'un-pour-l'autre éthique, signifiance préalable à celle que revêtent les termes en jonction dans un système. Se *dessine*-t-elle d'ailleurs, cette signifiance plus antique que tout dessin ? Nous avons montré ailleurs la naissance latente du système et de la philosophie à partir de cette intelligibilité auguste et n'allons pas y revenir (25).

L'intelligibilité de la transcendance n'est pas ontologique. La transcendance de Dieu ne peut ni se dire ni se penser, en termes de l'être, élément de la philosophie, derrière lequel la philosophie ne voit que nuit. Mais la rupture entre l'intelligibilité philosophique et l'au-delà de l'être ou la contradiction qu'il y aurait à com-prendre l'infini n'exclut pas Dieu de la signifiance, laquelle, pour ne pas être ontologique, ne se ramène pas à de simples pensées portant sur l'être en décroît, à des vues sans nécessité et à des mots qui jouent.

De notre temps – est-ce là sa modernité même ? – une présomption d'idéologie pèse sur la philosophie. Présomption qui ne peut se réclamer de la philosophie où l'esprit critique ne saurait se contenter de soupçons, mais se doit d'apporter des preuves. Mais la présomption –

24. Que le mot signifiance ait empiriquement le sens d'une marque d'attention donnée à quelqu'un – est très remarquable.

25. Cf. *Autrement qu'être*, pp. 59 et 195.

irrécusable – tire sa force d'ailleurs. Elle commence dans un cri de révolte éthique, témoignage de la responsabilité. Elle commence dans la prophétie. Le moment où, dans l'histoire spirituelle de l'Occident la philosophie devient suspecte, n'est pas quelconque. Reconnaître avec la philosophie – ou reconnaître avec philosophie – que le Réel est raisonnable et que seul le Raisonnable est réel et ne pas pouvoir étouffer ni couvrir le cri de ceux qui, au lendemain de cette reconnaissance, entendent transformer le monde, c'est déjà marcher dans un domaine du sens que l'englobement ne peut comprendre et parmi des raisons que la « raison » ne connaît pas, et qui n'ont pas commencé dans la Philosophie. Un sens témoignerait donc d'un au-delà qui ne serait pas le *no man's land* du non-sens où s'entassent des opinions. *Ne pas philosopher ne serait pas « philosopher encore »*, ni succomber aux opinions. Sens témoigné dans les interjections et dans les cris, avant de se dévoiler dans les propositions, sens signifiant comme commandement, comme ordre que l'on signifie. Sa manifestation dans un thème découle déjà de son signifier ordonnant : la signification éthique signifie non pas *pour* une conscience qui thématise, mais *à* une subjectivité, toute obéissance, obéissant d'une obéissance précédant l'entendement. Passivité plus passive que celle de la réceptivité du connaître, de la réceptivité assumant ce qui l'affecte ; dès lors signification où le moment éthique ne vient se fonder sur aucune structure préliminaire de pensée théorique ou de langage ou de langue. Le langage n'exerce plus sur la signification que l'emprise d'une forme revêtant une matière – ce qui rappelle la distinction entre la forme et la signification qui, en elle, et par ses références au système linguistique, se montre ; même si ce *dit* doit être *dédit,* et il le doit pour perdre son altération linguistique ; même si la signification doit être réduite et perdre les « taches » que lui valut son exposition à la lumière ou son séjour à l'ombre ; même si à l'unité du discours se substitue un rythme d'alternance de dit en dédit et de dédit en dédit. Eclatement de la toute-puissance du logos, du logos du système et de la simultanéité. Eclatement du logos en un signifiant et un signifié qui n'est pas *que* signifiant ; contre la tentative d'amalgamer signifiant et signifié et de chasser la transcendance de son premier ou ultime refuge en livrant au langage, comme système de signes, toute la pensée, à l'ombre d'une philosophie pour qui le sens équivaut à la manifestation de l'être et à la manifestation de l'*esse* de l'être.

La transcendance comme signification et la signification comme signification d'un ordre donné à la subjectivité avant tout énoncé : pur l'un-pour-l'autre. Pauvre subjectivité éthique privée de liberté ! A moins que ce ne soit là que le traumatisme d'une fission du soi dans une aventure courue avec Dieu ou par Dieu. Mais au fait, déjà cette ambiguïté est nécessaire à la transcendance. La transcendance se doit d'interrompre ses propres démonstration et monstration : sa phénoménalité. Il lui faut le clignotement et la dia-chronie de l'énigme qui n'est pas certitude simplement précaire, mais qui rompt l'unité de l'aperception transcendantale où toujours l'immanence triomphe de la transcendance.

QUESTIONS ET RÉPONSES*

L'entretien reproduit dans les pages qui suivent – avec quelques modifications qui laissent intacte son essence d'improvisé – eut lieu dans l'une des salles de l'Université de Leyde, à l'occasion de manifestations qui, en mars 1975, célébraient le 400e anniversaire de la fondation de cette Université. Invité à y participer, Emmanuel Levinas eut aussi à répondre, pendant deux heures, aux questions que des philosophes hollandais ont posées au sujet de ses essais, au cours d'une réunion qui s'est tenue le 20 mai 1975. Certaines de ces questions, numérotées et écrites, lui furent remises à l'ouverture de la séance.

Le Professeur Andriaanse de Leyde a bien voulu organiser et surveiller un enregistrement de ce dialogue. La dactylographie a pu être mise au point grâce à sa collaboration.

L'improvisation constitue peut-être par son urgence qui est astreignante et ses inévitables « à côté de la question » qui sont liberté, un mode propre de l'expression. Sans se délier d'aucune responsabilité, Emmanuel Levinas soumet aux lecteurs ces traces d'une épreuve orale.

DR. T.C. FREDERIKSE Je voudrais savoir si dans votre philosophie vous ne jugez pas trop négativement l'histoire, apparemment par réaction contre la philosophie hégélienne de l'histoire, où l'autre n'a un rôle effectif que par sa place dans la totalité. Est-ce qu'il n'est pas possible de juger plus positivement l'histoire : comme un événement

* Publié pour la première fois dans le *Nouveau Commerce* 36-37 au printemps 1977.

ouvert où le prochain vient à moi à partir de notre passé commun et me propose ou m'invite à entrer avec lui dans un futur nouveau ? Grammaticalement parlant, n'est-il pas vrai que le vocatif n'a sa raison d'être que lorsqu'on donne droit au verbe à l'imparfait et au futur ? En lisant *Totalité et Infini* j'ai l'impression que le visage de l'autre émerge pour ainsi dire du néant ce qui donne à votre philosophie un caractère fantomatique.

E. LÉVINAS Dans *Totalité et Infini* l'autre apparaît d'une manière fantomatique, dites-vous. Il faut que l'autre soit accueilli indépendamment de ses qualités, s'il doit être accueilli comme autre. S'il n'y avait pas cela, une certaine immédiateté – c'est même là l'immédiateté par excellence, la relation à autrui est la seule à ne valoir que comme immédiate – le reste de mes analyses perdrait toute sa force. La relation serait l'une de ces relations thématisables qui s'établissent entre objets. Il m'a semblé que l'oubli de toutes ces « incitations » à la thématisation est la seule manière pour l'autre de compter comme autre.

Vous dites : il n'y a pas d'événements dans un pur vocatif. Je ne pense pas que le visage d'autrui ne suscite en guise de relations impersonnelles que le vocatif. Cela, c'est du Buber. J'ai toujours essayé de chercher l'événement – formel, certes, si tout ce que je viens de dire de l'exclusion des qualités de caractère et de condition sociale et des prédicats en général reste valable – qui se produit dans la relation à autrui. Trois notions à retenir. D'abord la proximité. J'ai essayé de la définir autrement que par un espace réduit qui séparerait les termes que l'on dit proches. J'ai essayé de passer de la proximité spatiale à l'idée de la responsabilité pour autrui qui est une « intrigue » beaucoup plus complexe que le simple fait de dire « tu » ou de prononcer un nom. Et j'ai essayé, en regardant derrière ou dans la responsabilité, de formuler la notion – en philosophie très étrange – celle de la *substitution*, comme sens ultime de la responsabilité. Ce n'est pas l'*apparaître* qui serait ici l'ultime événement bien que, en philosophie phénoménologique, l'ultime événement doive apparaître. Ici, sous la modalité éthique est pensée une « catégorie » différente du savoir. La tâche principale qui est derrière tous ces efforts, consiste à penser l'Autre-dans-le-Même sans penser l'Autre comme un autre Même. Le *dans* ne signifie pas une assimilation : l'Autre dérange ou éveille le Même, l'Autre inquiète le Même, ou inspire le Même ou le Même désire l'Autre ou l'attend (le temps ne dure-t-il pas de cette patiente attente ?). Il existe une transition de sens de chacun de ces verbes à tous les autres. Le Même n'est pas par conséquent, en repos, *l'identité du Même n'est pas ce à quoi se réduit toute sa signification.* Le Même contient plus qu'il ne peut contenir. C'est cela le Désir et la recherche et la patience et la longueur du temps. Il s'agit d'une temporalité très singulière, étrangère à la philosophie grecque. Dans le *Timée* de Platon le cercle du Même arrive à entourer le cercle de l'Autre. En fin de compte tout s'apaise dans le Même, comme chez Hegel, il y a identité de l'identique et du non-identique. Et on pense que l'inquiétude du Même par l'Autre est une insuffisance. Dans mes essais l'in-quiétude du Même par l'Autre c'est le Désir qui sera recherche, qui sera question, qui sera attente : patience et longueur du temps, et le mode même du surplus, de la surabondance. La recherche, cette fois-ci, non pas comme l'expression d'un manque, mais comme une façon de porter du « plus dans le moins ». Voilà les termes véritables vers lesquels sont incessamment rejetés toutes mes recherches qui, de prime abord, peuvent apparaître comme purement éthiques ou comme théologiques, comme édifiantes.

PROF. DR. M. SPINDLER Est-ce que vous considérez avoir répondu à la question de M. Frederikse au sujet de la philosophie de l'histoire ?

E. LÉVINAS. Oui et non. L'histoire n'a pas été au départ de ma réflexion. Cependant je pense qu'un événement de responsabilité illimitée pour autrui est autre chose qu'un vocatif sans conséquence de l'interpellation, il a certainement une signification historique, témoigne de notre époque et la marque. Si une analyse pour être historique doit se référer d'une manière très précise à des situations historiques déterminées et les escompter, et annoncer comment tout cela s'arrangera, s'achèvera en absolu, ou se gâtera définitivement, je n'ai pas de philosophie de l'histoire. Que la responsabilité *illimitée* pour autrui, une dénucléation de soi-même, puisse avoir une traduction dans le concret de l'histoire, ça, je le pense. – Le temps, dans sa patience et sa longueur, dans son attente, n'est pas une « intentionalité » ni une finalité (finalité de l'Infini – quelle dérision !), il est à l'Infini et signifie la dia-chronie dans la responsabilité pour autrui. On m'a conduit un jour, à Louvain, après une conférence sur ces idées, dans une maison d'étudiants que l'on appelle là-bas « pédagogie » ; je me suis trouvé entouré d'étudiants Sud-Américains, presque tous prêtres, mais surtout préoccupés de la situation en Amérique du Sud. Ils m'ont parlé de ce qui se passait là-bas comme d'une suprême épreuve de l'humanité. Ils m'interrogeaient non sans ironie : où aurais-je rencontré concrètement le Même préoccupé de l'Autre au point d'en subir une fission ? J'ai répondu : au moins ici. Ici dans ce groupe d'étudiants, d'intellectuels qui auraient pu très bien s'occuper de leur perfection intérieure et qui cependant n'avaient d'autres sujets de conversation que la crise des masses de l'Amérique latine.

N'étaient-ils pas otages ? Cette utopie de la conscience se trouvait historiquement accomplie dans la salle où je me trouvais. Que l'histoire soit concernée par ces utopies de la conscience, je le pense sérieusement.

PROF. DR. H. HEERING Ne serait-il pas utile de faire ici une connexion avec la deuxième question écrite ? *« Nous trouvons le mot 'justice' employé pour la relation avec autrui et aussi pour la relation avec le tiers. Pourtant ce sont des relations très distinctes selon votre pensée. N'exigent-elles pas une distinction terminologique ? »*

E. LÉVINAS Il n'est pas facile de parler de la manière dont les choses ont été écrites il y a 15 ans. – Il s'agit de l'apparition du tiers. – Pourquoi il y a le tiers. Je me demande parfois s'il ne se justifie pas ainsi : rendre possible une responsabilité pour autrui dés-intéressée, exclut la réciprocité ; mais autrui serait-il sans dévouement à l'autre ? Il y faut un tiers. Quoi qu'il en soit, dans la relation avec autrui je suis toujours en relation avec le tiers. Mais il est aussi mon prochain. A partir de ce moment la proximité devient problématique : il faut comparer, peser, penser, il faut faire la justice, source de la théorie. Toute la récupération des Institutions – et de la théorie elle-même – de la philosophie et de la phénoménologie : expliciter l'apparaître – se fait selon moi, à partir du tiers. Le mot « justice » est en effet beaucoup plus à sa place là où il faut non pas ma « subordination » à autrui, mais l'« équité ». S'il faut l'équité il faut la comparaison et l'égalité : l'égalité entre ce qui ne se compare pas. Et par conséquent le mot « justice » s'applique beaucoup plus à la relation avec le tiers qu'à la relation avec autrui. Mais en réalité la relation avec autrui n'est jamais uniquement la relation avec autrui :

d'ores et déjà dans autrui le tiers est représenté ; dans l'apparition même d'autrui me regarde déjà le tiers. Et cela rend tout de même le rapport entre la responsabilité à l'égard d'autrui et la justice extrêmement étroit. Votrc distinction est en tout cas juste, en même temps qu'est vraie la proximité entre ces termes. Le langage ontologique qui est employé dans *Totalité et Infini* n'est pas du tout un langage définitif. Dans *Totalité et Infini* le langage est ontologique, parce qu'il veut surtout ne pas être psychologique. Mais en réalité c'est déjà une recherche de ce que j'appelle « l'au-delà de l'être », le déchirement de cette égalité à soi qui est toujours l'être – le *Sein* – quelles que soient les tentatives de le séparer du présent. De même pour le mot « justice » : il faut faire la différence que vous signalez.

N.N. Si je suis vulnérable, comme vous accentuez dans vos livres, comment est-ce que je peux être responsable ? Si on souffre on ne peut plus rien faire.

E. LÉVINAS Par vulnérabilité, j'essaie de décrire le sujet comme passivité. S'il n'y a pas de vulnérabilité, si le sujet n'est pas toujours dans sa patience au bord d'une douleur déjà insensée, il se pose *pour lui-même ;* dans ce cas-là le moment où il est substance n'est plus loin, le moment où il est orgueil, où il est impérialiste, où il a autrui comme objet. La tentative était de ne pas présenter ma relation avec autrui comme un attribut de ma substantialité, comme un attribut de ma dureté de personne, mais au contraire comme le fait de ma destitution, de ma déposition (au sens où on parle de la déposition d'un souverain). C'est alors seulement que peut prendre sens en moi une véritable abnégation, une substitution à autrui. Vous dites : dans la souffrance on ne peut plus rien faire. Mais êtes-vous sûr, que le souffrir s'arrête à lui-même ? Quand on souffre par quelqu'un, la vulnérabilité c'est aussi souffrir pour quelqu'un. C'est de cette transformation du « par » en « pour », c'est de cette substitution du « pour » au « par », qu'il s'agit. Si on ne pose pas cela, vous êtes aussitôt dans un monde de la revanche, de la guerre, de l'affirmation prioritaire du moi. Je ne conteste pas que nous sommes toujours en fait dans ce monde, mais c'est un monde où nous sommes altérés. La vulnérabilité c'est le pouvoir de dire adieu à ce monde. On lui dit adieu en vieillissant. Le temps dure en guise de cet adieu et de l'à-Dieu.

N.N. Mais encore, quand on souffre, quand on laisse venir le mal comme il vient, comment peut-on être responsable ? Ma question revient à la quatrième question écrite : *« Est-ce que la notion de 'substitution' offre aussi quelque espace pour l'idée qu'il est parfois nécessaire de s'opposer à l'autre pour son bien ou pour le bien d'un tiers ? »*

E. LÉVINAS S'il n'y avait qu'autrui en face de moi, je dirais jusqu'au bout : je lui dois tout. Je suis pour lui. Et cela tient même pour le mal qu'il me fait : je ne suis pas son égal, je suis à tout jamais assujetti à lui. Ma résistance commence lorsque le mal qu'il me fait, est fait à un tiers qui est aussi mon prochain. C'est le tiers, qui est la source de la justice, et par là de la répression justifiée ; c'est la violence subie par le tiers qui justifie que l'on arrête de violence la violence de l'autre. L'idée que je suis responsable pour le mal fait par l'autre – idée rejetée, refoulée encore que psychologiquement possible – nous amène au sens de la subjectivité. Elle est attestée par cette phrase de Dostoïevski que je cite toujours – c'est Aliocha, je crois, qui la dit – : « Chacun de nous est coupable devant tous pour tous et pour tout et moi plus que les autres. » Dans ce deuxième bout de phrase le moi a cessé de se considérer comme un cas particulier du Moi en général. Il est le point unique qui supporte l'univers (« supporte » dans les deux sens du terme : qui supporte l'insupportable et qui le porte). Evidemment, ce moi est aussitôt rattrapé par son concept général. Il faut qu'il s'évade encore. Le moi comme moi, c'est le moi qui s'évade de son concept. Et c'est cette situation que j'ai appelée vulnérabilité, la culpabilité absolue, ou plutôt la responsabilité absolue. Le moi, quand on a réfléchi psychologiquement sur lui, est déjà un moi égal aux autres moi's. Le concept du moi me rattrape toujours.

L'idée de la substitution signifie que *je* me substitue à autrui, mais que personne ne peut se substituer à moi en tant que moi. Quand on commence à dire que quelqu'un peut se substituer à moi, commence l'immoralité. Et par contre, le moi en tant que moi, dans cette individualité radicale qui n'est pas une situation de réflexion sur soi, est responsable du mal qui se fait. C'est très tôt que j'ai utilisé cette notion en parlant de la dissymétrie du rapport interpersonnel. Le moi est persécuté et il est, en principe, responsable de la persécution qu'il subit. Mais, « heureusement », il n'est pas seul ; il y a des tiers et on ne peut pas admettre qu'on persécute des tiers !

DR. M. FRESCO Estimez-vous qu'une philosophie est toujours basée par son origine dans une option ou dans une intuition fondamentale qu'on ne peut plus fonder ? Quelles en sont les conséquences pour cette philosophie et pour toute la philosophie ? J'ai en vue la différence entre la tradition gréco-latine et la tradition judéo-chrétienne. Dans la première la relation entre le moi et l'autre a été conçue d'une manière tout à fait différente de celle de la tradition païenne. Dans celle-ci c'est plutôt le moi qui est dans le centre et l'autre n'existe qu'en rapport au moi, tandis que dans la tradition judéo-chrétienne, dont vous faites partie, c'est plutôt l'autre qui est au centre et bien que le moi doive assumer la responsabilité absolue, tout de même c'est lui qui existe en rapport avec l'autre qui est central. Alors, s'il n'y a pas de lien possible entre ces deux options fondamentales, quelle conclusion devrait-on tirer de cette constatation ?

E. LÉVINAS Ce mot « central » est un terme vague. En quoi consiste cette centralité ? – Vous me demandez : n'y a-t-il pas une option première ? Je dirais plutôt : il y a une question première. Je vous dirai pourquoi je préfère le terme « question première » : parce que la question peut se poser au-delà de ce qui est assuré d'une réponse. La question est déjà une relation là où il n'y a pas de place pour une réponse, là où une réponse ne suffit pas : elle rapetisserait ce qui est en question. Nos questions théoriques sont déjà la forme édulcorée de ce qu'est la question, de ce qu'est la recherche ou le Désir. Et je serai d'accord avec vous que cela révèle une grande différence. La philosophie occidentale est une philosophie de la réponse – c'est la réponse qui compte ; c'est le résultat comme dit Hegel –, alors que c'est la question qui est la chose.... je n'ose même pas dire première, parce que l'idée de priorité est une idée grecque – c'est l'idée du principe –, et je ne sais pas, s'il faut parler de priorité, quand on veut parler de la question comme d'une pensée plus pensante que la proposition doxique de la réponse – de la question recherche et Désir –, de la recherche au sens où la Bible parle de la recherche de Dieu et où « Dieu *trouvé* » se dit encore comme *recherché* (cf. Isaïe 65, I ;

il faut faire attention au texte hébraïque où cela est visible). Ce n'est pas du tout une situation où *on* pose la question ; c'est la question qui vous prend : il y a votre mise en question. Toutes ces situations sont probablement différentes dans la manière grecque et dans la manière qui est inscrite très profondément dans la tradition biblique. Mon souci partout c'est justement de traduire ce non-hellénisme de la bible en termes helléniques et non pas de répéter les formules bibliques dans leur sens obvie, isolé du contexte, lequel, à la hauteur d'un tel texte, est *toute* la Bible. Il n'y a rien à faire : la philosophie se parle en grec. Mais il ne faut pas penser que le langage modèle le sens. La langue grecque – la langue selon la syntaxe – permet probablement de présenter le sens. Tout ce qui se passe dans la linguistique d'aujourd'hui, est à mon avis dans le prolongement de la tradition grecque : l'idée que c'est le langage lui-même qui est l'événement du sens, l'événement fondamental. Là nous touchons à des questions ultimes, à supposer qu'il y ait des questions ultimes : la priorité et l'ultimité sont des termes de la philosophie grecque. Mais je m'aperçois que je n'ai pas répondu directement à votre question sur le *moi* et l'*autre*. J'ai toutefois l'impression d'en avoir parlé, dans un certain sens, en répondant à la question précédente.

H. PHILIPSE Quelle est la relation entre la religion et la philosophie et entre votre religion et votre philosophie ?

E. LÉVINAS La religion en sait beaucoup plus. La religion croit en savoir beaucoup plus. Je ne crois pas que la philosophie puisse consoler. La consolation est une fonction tout à fait différente ; elle est religieuse.

H. PHILIPSE Est-ce que pour vous la philosophie est un divertissement comme pour Pascal ?

E. LÉVINAS Si l'indétournable peut être divertissement et si un divertissement peut être indétournable.

H. PHILIPSE L'attitude philosophique qui est par essence une attitude sceptique, n'est-elle pas en contradiction avec l'attitude de la foi ?

E. LÉVINAS « Sceptique » veut dire seulement le fait d'examiner les choses, le fait de poser des questions. Je ne pense pas du tout qu'une question – ou du moins que le questionnement originaire – ne soit qu'une insuffisance de réponse. Les questions fonctionnelles et même scientifiques – et beaucoup de philosophiques – n'attendent que des réponses. L'interrogation comme attitude originelle est une « relation » à ce qu'aucune réponse ne peut contenir, à l'« incontenable » ; elle se fait responsabilité. Toute réponse comporte un « à côté de la question » et appelle un dé-dit.

PROF. DR. TH. DE BOER Je voudrais vous poser une question de méthode, dont vous vous êtes occupé à plusieurs endroits de votre œuvre. Comment peut-on exprimer en discours la relation métaphysique à l'Autre ? Dans la préface de *Tot. et Inf.* vous vous référez à la méthode transcendantale de Husserl. Vous affirmez avoir suivi l'analyse intentionnelle qui remonte à l'origine en deçà de toute origine, le fondement le plus radical de la théorie et de la pratique. Dans votre livre récent j'ai trouvé deux idées nouvelles concernant ce problème de méthode. A la page 228 vous parlez de l'exaltation du langage qui est peut-être la philosophie même et à la page 182 vous parlez d'une itération préréflexive (« dans le Dire de ce Dire même »). On pourrait donc conclure qu'il y a, pour ainsi dire, trois chemins qui mènent de l'ontologie à la métaphysique : la réduction transcendantale, l'exaltation et l'itération. – Ce que je veux vous demander aujourd'hui concerne surtout quelques passages dans *Autrement qu'être ou au-delà de l'essence,* où vous dites qu'à un moment donné les catégories ontologiques se transforment en termes éthiques (p. 146) et que les tropes du langage éthique se trouvent adéquats à la structure que vous voulez exprimer (p. 155). Le langage est à même d'égaler le paradoxe de la description métaphysique (comp. p. 120 n. 35). Je voudrais savoir si les citations ci-dessus représentent un élément radicalement nouveau dans votre pensée ou non. – Est-ce que le langage éthique ne rend pas superflu la problématique difficile des chemins vers la métaphysique, de la réduction du langage ontologique ? C'est que ces chemins sont autant d'apories ou de routes sans issues. Est-ce que par la position centrale que vous donnez au problème de l'indicibilité de la dimension métaphysique vous ne faites pas trop d'honneur à l'ontologie ? Vous dites que le langage traduit aussi bien qu'il trahit. Si le langage éthique est adéquat à la problématique métaphysique, cela ne vaut pas pour le langage éthique. Et cela ne signifie-t-il pas que l'exploration du langage éthique pourrait offrir des possibilités nouvelles pour dire la relation à l'Infini ?

E. LÉVINAS Ce sont des questions fondamentales. Ce qui est dit dans la préface de *Tot. et Inf.* reste tout de même vrai jusqu'au bout pour moi quant à la méthode. Ce n'est pas le mot « transcendantal » que je retiendrais mais la notion d'analyse intentionnelle. Je pense que, malgré tout, ce que je fais, c'est de la phénoménologie, même s'il n'y a pas de réduction selon les règles exigées par Husserl, même si toute la méthodologie husserlienne n'est pas respectée. Le trait dominant, qui détermine même tous ceux qui ne se disent plus phénoménologues aujourd'hui, c'est que, en remontant à partir de ce qui est pensé vers la plénitude de la pensée elle-même, on découvre, sans qu'il y ait là aucune implication déductive, dialectique ou autre, des dimensions de sens chaque fois nouvelles. C'est cette analyse qui me semble la nouveauté husserlienne et qui en dehors de la méthodologie propre de Husserl est un acquis qui demeure pour tous ; c'est le fait que si en partant d'un thème je vais vers les « manières » dont on y accède, la manière dont on y accède est essentielle au sens de ce thème même : elle nous révèle tout un paysage d'horizons qui ont été oubliés et avec lesquels ce qui se montre n'a plus le sens qu'il eut quand on le considérait directement tourné vers lui. La phénoménologie ce n'est pas ériger les phénomènes en choses en soi ; c'est ramener les *choses en soi* à l'horizon de leur apparaître, de leur phénoménalité, à faire apparaître l'apparaître lui-même derrière la quiddité qui apparaît, même si cet apparaître n'incruste pas ses modalités dans le sens qu'il livre au regard. Voilà ce qui reste, même quand l'intentionalité n'est plus considérée comme théorétique, même quand elle n'est plus considérée comme acte. A partir de la thématisation de l'humain, s'ouvrent des dimensions nouvelles, essentielles au sens pensé. Tous ceux qui pensent ainsi et cherchent ces dimensions pour trouver ce sens font de la phénoménologie.

Et maintenant le reste. C'est dans la situation éthique que s'accomplit, d'après moi, l'unité de ce qui reste disparate ou semble construit ou dialectique dans le dire ontogique, lequel, d'ailleurs, doit lutter contre les formes ontiques de tout langage. Dans ce sens-là le langage qui la traduit parle d'une manière plus directe ; mais inversement la portée, ou si vous voulez, le contexte de ce langage est inséparable de cette marche à partir de l'ontologie. L'éthique est comme la réduction de certains langages. En cela il est plus adéquat ; mais je dirai aussi que le Dire doit aussitôt s'accompagner d'un dédit, et le dédit doit être encore dédit à sa manière et là il n'y a pas d'arrêt ; il n'y a pas de formulations définitives. C'est pour cela que ma conclusion dans le livre que vous rappelez, je l'appelle « autrement dit ».

Et enfin une chose sur laquelle vous ne m'interrogez pas, – mais peut-être votre mot « exaltation » y fait-il allusion –, chose qui illustrera dans quel sens dans les développements il est possible d'associer les idées d'une nouvelle manière, d'égrener les concepts d'une nouvelle manière = le terme que j'emploie beaucoup en ce moment, le terme « emphase ». La méthode transcendantale consiste toujours à chercher le fondement. – « Fondement », est d'ailleurs un terme d'architecture, un terme qui est fait pour un monde qu'on habite, pour un monde qui est *avant* tout ce qu'il supporte, un monde astronomique de la perception, monde immobile, le repos par excellence, le Même par excellence. Une idée est dès lors justifiée quand elle a trouvé son fondement, quand on a montré les *conditions* de sa possibilité. – Par contre, dans ma manière de procéder qui part de l'humain et de l'approche de l'humain, de l'humain qui n'est pas simplement ce qui *habite* le monde, mais qui *vieillit* dans le monde, qui s'en retire d'une autre manière que par opposition – qui s'en retire par la passivité du vieillissement (retraite qui confère, peut-être, à la mort elle-même son sens au lieu de la faire penser à partir de la négation qui est un jugement) – il y a une autre manière de justification d'une idée par l'autre : passer d'une idée à son superlatif, jusqu'à son emphase. Voici qu'une idée nouvelle – nullement impliquée dans la première – découle ou émane de la surenchère. La nouvelle idée se trouve justifiée non pas sur *la base* de la première, mais par sa sublimation. Exemple tout à fait concret : dans un certain sens, le monde réel est le monde qui se pose, sa manière d'être est la thesis. Mais se poser d'une manière véritablement superlative – je ne joue pas sur les mots – n'est-ce pas s'exposer, se poser au point d'apparaître, s'*affirmer* au point de se faire langage ? Et nous passons là d'une structure rigoureusement ontologique vers la subjectivité au niveau de la conscience que l'être appelle. – Autre exemple : quand je dis : La passivité consiste à se livrer, à subir au-delà de toute passivité, d'une passivité qui ne s'assume pas, j'aboutis à la fission du soi. Notre « passivité » occidentale est une réceptivité qui est suivie d'une assomption. Les sensations sont produites en moi, mais moi je me saisis de ces sensations et je les conçois. Nous avons affaire à un sujet passif quand il ne se donne pas ses contenus. Certes. Mais il les accueille. Il se livre davantage quand il se dit ; quels que soient les refuges du *Dit* – des mots et des phrases – le *Dire* est ouverture, un nouveau degré de passivité. Avant le discours, je suis revêtu d'une forme, je *suis* où mon être me cache. Parler, c'est rompre cette capsule de la forme et se livrer. – Je traite, vous le voyez, de l'emphase comme d'un procédé. Je pense y retrouver la *via eminentiae.* C'est en tout cas la manière dont je passe de la responsabilité à la substitution. L'emphase, cela signifie à la fois une figure de rhétorique, un excès de l'expression, une manière de s'exagérer et une manière de se montrer. Le mot est très bon, comme le mot « hyperbole » : il y a des hyperboles où les notions se transmuent. Décrire cette mutation, c'est aussi faire de la phénoménologie. L'exaspération comme méthode de philosophie !

Voilà ce que je répondrais quant à la méthode. Je vous dirai aussi que je n'en sais pas davantage. Je ne crois pas qu'il y ait une transparence possible en méthode ni que la philosophie soit possible comme transparence. Ceux qui ont fait toute leur vie de la méthodologie ont écrit beaucoup de livres qui remplacent des livres plus intéressants qu'ils auraient pu écrire. Tant pis pour la marche sous un soleil sans ombre que serait la philosophie.

Voilà les réflexions par lesquelles je soutiendrai que ma méthode est tout de même une « analyse intentionnelle » et que le langage éthique me semble plus proche du langage adéquat et que, pour moi, l'éthique n'est pas du tout une couche qui vient recouvrir l'ontologie, mais ce qui est en quelque façon, plus ontologique que l'ontologie, une emphase de l'ontologie.

Cela répond aussi à la question écrite que je lis : *« En 1972 – donc avant* Autrement qu'être ou au-delà de l'essence *– le professeur Dr. Th. de Boer a écrit un article sur votre œuvre sous le titre de* Un transcendantalisme éthique. *Si la condition transcendantale est expliquée non pas comme un fait mais comme une valeur préalable – en hollandais* voor-waarde *– est-ce que vous consentez à cette caractéristique ? »* Eh bien je suis absolument d'accord avec cette formule, si transcendantal signifie une certaine antériorité : sauf que l'éthique est avant l'ontologie. Elle est plus ontologique que l'ontologie, plus *sublime* que l'ontologie. C'est de là que vient une équivoque où elle semble plaquée sur, alors qu'elle est avant. C'est donc un transcendantalisme qui commence par l'éthique.

PROF. DR. J.G. BOMHOFF L'expérience morale ne peut-elle pas être traduite comme une expérience de l'autre en tant qu'identique à soi-même ? A mon point de vue cela correspond assez bien à l'impératif en tout cas biblique : « Aime ton prochain comme toi-même. »

E. LÉVINAS D'abord : le terme « expérience morale », j'essaie de l'éviter ; expérience morale, cela suppose un sujet qui est là, qui avant tout *est* et qui, à un certain moment, fait une expérience morale, alors que c'est dans la manière dont il est là, dont il vit, qu'il y a cette éthique ; ou plus exactement : le dés-inter-essement dé-fait son *esse.* L'éthique signifie cela.

En ce qui concerne le texte biblique – mais nous voici en pleine théologie – je suis beaucoup plus embarrassé que les traducteurs auxquels vous vous référez. Que signifie « comme toi-même » ? Buber et Rosenzweig étaient ici très embarrassés par la traduction. Ils se sont dit : « comme toi-même », cela ne signifie-t-il pas qu'on aime le plus soi-même ? Au lieu de traduire en accord avec vous, ils ont traduit : « aime ton prochain, il est comme toi ». Mais si on consent déjà à séparer le dernier mot du verset hébraïque « kamokha » du début du verset, on peut lire le tout encore autrement : « Aime ton prochain ; cette œuvre est comme toi-même » ; « aime ton prochain ; c'est toi-même » ; « c'est cet amour du prochain qui est toi-même ». Diriez-vous que c'est une lecture extrêmement audacieuse ? Mais l'Ancien Testament supporte plusieurs lectures et c'est quand l'ensemble de la Bible devient le contexte du verset, que le verset résonne de tout son sens. C'est cela le commentaire interminable de l'Ancien Testament. Un père dominicain pour qui j'ai beaucoup d'admiration et qui connaît admirablement l'hébreu a dit un jour devant moi : ce que l'on prend pour une interprétation infinie de la lettre de l'Ecriture, c'est simplement une lecture qui considère comme contexte du verset l'ensemble du livre. Ce ne sont pas du tout les deux ou trois versets qui précèdent ou qui suivent le verset à commenter ! Pour l'herméneutique absolue d'un verset il faut l'ensemble du livre ! Or dans l'ensemble du livre il y a toujours une priorité de l'autre par rapport à moi. C'est cela l'apport biblique dans son ensemble. Voilà donc comment je répondrais à votre question : « Aime ton prochain ; tout cela c'est toi-même ; cette œuvre est toi-même ; cet amour est toi-même ». Kamokha ne se rapporte pas à « ton prochain », mais à tous les mots qui le précèdent. La Bible c'est la priorité de l'autre par rapport à moi. C'est dans autrui que je vois toujours la veuve et l'orphelin. Toujours autrui passe avant. C'est ce que j'ai appelé, en langage grec, la dissymétrie de la relation interpersonnelle. Aucune ligne de ce que j'ai écrit ne tient, s'il n'y a pas cela. Et c'est cela la vulnérabilité. Seul un moi vulnérable peut aimer son prochain.

PROF. DR. H. J. HEERING Quand autrui me fait du mal, il se fait mal à lui-même aussi généralement. Vous dites : c'est à moi de me substituer à lui et c'est immoral d'exiger qu'il se substitue à moi. Deux questions alors : n'est-il pas vrai qu'en certains cas la substitution peut impliquer qu'il me faut m'opposer à autrui pour lui-même ? Et la seconde question : Cette substitution d'autrui à moi ne peut-elle pas être parfois, au lieu d'une immoralité, une a-moralité dans le sens de ce qui est plus sublime que la morale, bref, ne peut-elle pas être une gratitude ?

E. LÉVINAS La substitution à autrui, cela veut dire : dans mon ultime refuge de moi ne pas me sentir innocent même du mal que fait autrui. J'irai beaucoup plus loin. « Ultime refuge » n'est pas une formule suffisante. Elle peut faire croire que le moi a une capsule. Pour expliquer la notion de substitution il faut que je dise plus, que j'use d'hyperboles : l'individuation de moi, ce par quoi le moi n'est pas simplement un être identique, une substance quelconque, mais ce par quoi il est ipséité, ce par quoi il est unique, sans tirer son unicité d'aucune qualité exclusive, c'est le fait d'être désigné ou assigné ou élu pour se substituer sans pouvoir se dérober. Par cette assignation indétournable, au « Moi » en général, au concept, s'arrache celui qui répond à la première personne, – moi, ou même d'emblée à l'accusatif : *« me* voici ».

C'est à partir de cette idée que j'ai même mieux compris certaines pages de Heidegger. (Vous savez, quand je rends hommage à Heidegger, cela me coûte toujours ; non pas à cause de sa génialité incontestable, vous le savez aussi.) Au par. 9 de *Sein und Zeit* le *Dasein* est posé dans sa *Jemeinigkeit.* Que signifie cette *Jemeinigkeit ? Dasein* signifie que le *Dasein* a à être. Mais cette « obligation » à être, cette manière d'être est une exposition à être tellement directe, qu'elle en devient mienne ! C'est l'emphase de cette rectitude qui s'exprime par une notion de *propriété première* qu'est la *Jemeinigkeit.* La *Jemeinigkeit,* c'est l'extrême mesure de la façon dont le *Dasein* est assujetti à l'essance. Heidegger dit quelques lignes plus bas : c'est parce que le *Dasein* est *Jemeinigkeit,* qu'il est un *Ich.* Il ne dit pas du tout que le *Dasein* est *Jemeinigkeit,* parce qu'il est un *Ich* ; il va au contraire vers le *Ich* à partir de la *Jemeinigkeit,* vers moi à partir du « superlatif » ou de l'emphase de cet assujettissement, de cet être-livré-à-l'être, de cette *Ausgeliefertheit.* Le *Dasein* est tellement livré à l'être que l'être est sien. C'est à partir de mon impossibilité de me refuser à cette aventure que cette aventure est mienne propre, qu'elle est *eigen* que le *Sein* est *Ereignis.* Et tout ce qui va être dit de cet *Ereignis* dans *Zeit und Sein* est déjà indiqué au § 9 de *Sein und Zeit.* L'être c'est ce qui devient mien-propre, et c'est pour cela qu'il faut un homme à l'être. C'est par l'homme que l'être est « proprement ». – Ce sont les choses de Heidegger les plus profondes. Ce § avec cette marche qui va de la *Jemeinigkeit* au *Ich,* a été beaucoup effacé par la traduction de *Eigentlichkeit* comme « authenticité » ; on a effacé précisément cet élément de *Eigentlichkeit* dans l'authenticité : principe de tout *Eigentum* (nous pouvons posséder quelque chose parce qu'il y a *Jemeiningkeit),* mais surtout « l'événement de l'être », l'ess*a*nce – comme la non-aliénable.

Cette lecture de Heidegger m'a été certainement dictée par l'idée que le moi humain, le soi-même, l'unicité du moi, c'est l'impossibilité de se dérober à l'autre. Tant qu'il n'y a pas d'autre, on ne peut parler ni de liberté ni de non-liberté ; il n'y a pas encore d'identité de la personne qui est une identité de l'« indiscernable », intérieure à qui est unique à force de ne pas pouvoir se dérober à l'autre. Le ne-pas-pouvoir-se-dérober, c'est précisément cette marque d'unicité en moi : la première personne reste première personne, même quand empiriquement elle se dérobe. *Se* dérober, verbe pronominal : quand je me dérobe à mes obligations à l'égard d'autrui, je reste encore moi. Je ne fais pas allusion au sentiment du péché pour dire que c'est dans ce sentiment du péché qu'on atteste qu'on *est pour l'autre ;* je dirai : on est livré parce qu'on est moi. En ce sens-là le moi est absolument inconstructible conceptuellement. Dans la connaissance certes, il y a retour de moi à soi, mais s'il y a dans le courant de la conscience un centre vers lequel le retour est possible, le nœud de ce retour provient d'une autre intrigue. C'est par l'éthique, par l'emphase de mon obligation, que je suis moi.

Voilà comment je répondrai à votre question. Dans ce sens votre objection est absolument juste au niveau psychologique, au niveau des relations interhumaines, mais elle m'amène à énoncer ce qui se passe – métaphysiquement – sous cette substitution que vous avez raison d'examiner aussi au sens de conduite éthique, de conduite quotidienne.

Quant à l'objection qu'on pourrait me faire : cette idée de responsabilité implique un certain paternalisme, « Vous êtes responsable de l'autre et cela vous est égal que l'autre doive accepter votre responsabilité. » Je réponds : ce que l'autre peut faire pour moi, c'est son affaire. Si c'était la mienne, la substitution ne serait qu'un moment de l'échange et perdrait sa gratuité. Mon affaire c'est ma responsabilité et ma substitution inscrite dans mon moi, inscrite comme *moi*. L'autre peut se substituer à qui il voudra, sauf à moi. C'est même pour cela probablement que nous sommes nombreux au monde. Si au lieu de me substituer à autrui, j'attends qu'un autre se substitue à moi, ce serait de moralité douteuse, mais, de plus, cela détruirait toute transcendance. On ne peut pas se laisser remplacer pour la substitution comme on ne peut se laisser remplacer pour la mort.

PROF. DR. H. HEERING Mais alors on pourrait vous poser la question écrite nº 9 : *« Vous repoussez l'idée d'un pardon accordé par Dieu, et vous envisagez cela comme une différence importante entre votre conception juive et la conception chrétienne. Ne pourrait-on pas jeter un pont entre ces deux conceptions par la pensée prononcée souvent dans la Bible, que le pardon de Dieu ne nie point le Tora, mais au contraire, invite à lui obéir ? Comment, dans cette perspective, faut-il juger de vos concepts « inspiration » et « témoignage » ? »*

E. LEVINAS Il n'y a pas une seule chose dans une grande spiritualité qui soit absente d'une autre grande spiritualité. L'idée de grâce n'est pas du tout une idée repoussée par la spiritualité juive. Notons, en passant, que pour caractériser la spiritualité juive il ne suffit pas d'évoquer l'Ancien Testament ; est juif ce qui est lu selon la pensée rabbinique dans l'Ancien Testament. Or, dans la pensée rabbinique, pour obtenir la grâce il faut absolument, qu'il y ait un premier geste venant de l'homme. Même dans Maïmonide. Maïmonide, pénétré pourtant de pensée grecque autant que de Talmud dit dans l'un des textes de son Code Rabbinique consacré au repentir que j'ai eu l'occasion de commenter tout récemment devant des chrétiens : le premier geste appelant le pardon est en ma liberté et dû par moi et c'est lorsque ce premier geste est accompli que le Ciel vient en aide. On viendra donc à ton aide et on te donnera plus que la part égale à ce que tu as fait. Je suppose que vous êtes hébraïsants : la fameuse formule Im Chamoa Tichma qui signifie en hébreu simple : « si tu écoutes », on la divise en deux : « Im Chamoa *« si* tu écoutes », « si tu obéis », Tichma « tu en entendras beaucoup plus ». Ce redoublement caractéristique du verbe hébraîque est entendu ainsi selon toute la liberté du commentaire rabbinique qui cependant dans son apparente acribie littérale – contre la grammaire – recherche l'esprit de l'ensemble. Mais nous voilà en pleine théologie !

La notion du péché originel existe également dans la pensée rabbinique, le péché ne comporte pas une condamnation pouvant aller jusqu'à rendre impossible le premier geste de liberté dans le repentir. Ces textes de Maïmonide sont explicites là-dessus. Je me souviens que mes auditeurs chrétiens se sont étonnés de ce libre arbitre absolu. Il leur parut psychologiquement aberrant. Ils ont ajouté cependant : « Au fond, nous aussi, nous tenons les deux bouts de la chaîne ; cela ne peut donc pas être absolument aberrant. » – Gerhard Scholem qui est un historien de religion (sans se compter parmi les hommes religieux), a montré que dans la mystique juive le fidèle dans son approche de Dieu est comme le papillon qui tourne autour du feu, très près, mais jamais il n'entre dans le feu. Il conserve toujours son indépendance à l'égard du feu autour duquel il tourne. Toute la mystique juive est comme ce papillon qui ne se brûle pas les ailes. – Mais je vous relate des faits d'histoire de la pensée juive ; ce n'est pas de la philosophie.

C'est le moment peut-être de lire la question écrite concernant la notion de l'infini : *« Comment faut-il comprendre l'adjectif « infini » ? Est-ce, à l'origine, un substantif ou un adverbe ? Autrement dit : l'infini « est »-il « quelque chose », ou n'est-ce qu'un « comment », notamment le « comment » de l'altérité : infiniment autre ? »* Je pense que l'infini est le domaine où ces distinctions disparaissent. Ce n'est pas une réponse rhétorique. Je pense que si l'infini était *un* infini sous lequel il y aurait substance, un *Etwas überhaupt* (ce qui justifierait le terme de substantif), il ne serait pas du tout l'absolument autre, ce serait un autre « même ». Et il n'y a aucun athéisme dans cette façon de ne pas prendre Dieu pour un terme. Je pense que Dieu n'a pas de sens en dehors de la recherche de Dieu. Ce n'est pas une question de méthode, ni une idée romantique. Le « In » de l'In-fini, c'est à la fois la négation et l'affection du Fini – le non et le *dans* – la pensée humaine comme recherche de Dieu – l'idée de l'Infini en nous de Descartes.

PROF. DR. H. VAN LUYK Je voudrais attirer votre attention sur l'une des questions écrites : *« Pourquoi la réalité de Dieu peut-elle être exprimée seulement dans les termes du passé, pourquoi pas aussi dans les termes de l'avenir et de l'espérance ? Nous trouvons tous les deux dans la Bible. En outre, est-ce que dans la Bible le passé n'a pas un sens eschatologique ?*

E. LÉVINAS Réponse rapide, il s'agit de points encore non exposés dans mes écrits parus jusqu'alors. L'avenir – le futur – je n'ai jamais assez développé ce thème, bien que furtivement j'aie évoqué dans *Totalité et Infini* celui du messianisme. Il y a cependant dans ce livre un chapitre relatif à l'érotisme et au fils, à l'au-delà du possible qu'est l'avenir. Cela concerne l'avenir selon la façon qui m'est propre et qui consiste à traiter du temps à partir de l'Autre. Ce qui n'est pas une fidélité à un travail de 1947 paru sous le titre de *Le Temps et l'Autre,* mais ce qui est une « phénoménologie » du temps. Il est selon son sens (si on peut parler de sens sans intentionalité : sans vision, ni même visée) attente patiente de Dieu, patience de la dé-mesure (un à-Dieu, comme je m'exprime maintenant) ; mais attente sans attendu. Car attente de ce qui ne peut être *terme* et qui est *toujours* renvoyé de l'Autre à autrui. C'est le *toujours* de la durée précisément : longueur du temps. La longueur du temps n'est pas la longueur d'un fleuve qui s'écoule où le temps est confondu avec ce qui est temporel. Temps comme relation – ou au sens étymologique du terme – comme dé-férence à « ce » qui ne peut être re-présenté (et qui, pour cette raison, à proprement parler, ne peut même pas se dire « ce ») – mais qui dans sa différence *ne* peut m'être in-différent. Ou temps comme question. Non-in-différence, une façon d'être in-quiété par la différence sans que cesse la différence – passivité ou patience sans assomption, car dé-férence à ce qui dépasse ma capacité – question ! Par là, *infiniment* plus que la re-présentation, la possession, le contact et la réponse – plus que toute cette positivité du *monde,* de l'*identité,* de l'être, qui ose disqualifier le sujet, la recherche, la question et l'inquiétude comme si question et recherche étaient des pensées insuffisantes et des « privations ».

Je ne sais pas si on peut parler ici d'espérance, laquelle a des ailes et ne ressemble pas à la patience où s'engloutit l'intentionalité, si vive encore dans l'espérance, pour se retourner en éthique. J'ai publié peu sur ces thèmes jusqu'alors en dehors du texte tout récent dans le *Nouveau Commerce* (n° 30-31) intitulé *« Dieu et la Philosophie »* et m'excuse de les aborder de divers côtés à la fois, sans plan. Vous avez donc bien raison. Je n'ai pas développé le thème de l'avenir aussi largement que celui du *passé immémorial*. Peut-être à cause de la consolation qu'on attend de la philosophie de l'avenir. Alors que les consolations sont la vocation de la religion. Quand j'introduis la notion du prophétisme, je ne m'intéresse pas à son côté oracle. Je la trouve philosophiquement intéressante en tant qu'elle signifie l'hétéronomie – et le traumatisme – de l'inspiration par laquelle je définis l'esprit contre toutes les conceptions immanentistes. Le passé où je ne remonte jamais non plus vers un Dieu créateur, mais vers un passé plus ancien que tout passé remémorable et où le temps se laisse décrire dans sa diachronie plus forte que la re-présentation contre toute mémoire et toute anticipation qui synchronisent cette dia-chronie. C'est en effet cette illusion du présent à cause de la mémoire qui m'a toujours semblé plus tenace qu'une illusion à cause de l'anticipation. L'anticipation de l'avenir est très courte. Il n'y a presque pas d'anticipation. L'avenir est d'emblée bloqué, d'emblée inconnu et par conséquent vers lui le temps est toujours diachronie. Pour le passé, il y a toute une sphère qui est représentable – là où la mémoire n'arrive pas, l'histoire arrive ou la préhistoire. Tout s'arrache au passé. – Mais c'est dans l'obligation pour autrui, que je n'ai jamais contractée – où je n'ai jamais signé aucune obligation : jamais de connaissance d'homme je n'ai conclu de contrat avec autrui – qu'une écriture a été passée. Quelque chose de déjà conclu apparaît dans ma relation avec autrui. C'est là que je me heurte à l'immémorial. Un immémorial qui n'est pas représentable ; là règne une véritable diachronie, une transcendance se passe. Pas une transcendance qui devient immanente. Toutes les transcendances deviennent immanentes dès que reste possible le saut par-dessus l'abîme, serait-ce le saut de la représentation. C'est pour cela qu'il m'a paru extrêmement intéressant de chercher de ce côté-là... « ce qui était avant l'être », un « avant » non synchronisable avec ce qui suivit. C'est pour cela que j'emploie souvent le mot « un temps avant le temps ». La notion de création l'implique aussi. Ce qui choque communément dans la notion de création c'est ce qui s'y interprète en langage de la fabrication, en langage du présent. Mais dans cette notion d'un temps avant le temps quelque chose prend un sens à partir de l'éthique et qui n'est pas une simple répétition du présent, quelque chose qui n'est pas re-présentable. Voilà pourquoi le passé a eu jusqu'à présent dans mon travail ce rôle prédominant.

PROF. DR. VAN LUYK Est-il vrai qu'il n'y a aucune philosophie de l'avenir ?

E. LÉVINAS Je ne sais pas. Et cela ne prouve rien contre l'avenir. Dans ce que je viens de dire il y a peut-être des possibilités de développements sur l'avenir.

PROF. DR. VAN LUYK Et Bloch ?

E. LÉVINAS Bien sûr il y a une espérance et, par conséquent une *anticipation* utopique chez Bloch. Mais Bloch cherche un avenir saisissable. Son espérance est immanente et l'utopie, provisoire. Mon souci n'est pas le souci de Bloch. Je cherche à penser une transcendance qui ne soit pas sur le mode de immanence, qui ne retourne pas à l'immanence : dans le moins le plus qui n'est pas le contenable.

PROF. DR. H. VAN LUYK Pourtant, s'il est possible de thématiser la transcendance comme un temps avant le temps, pourquoi ne serait-il pas possible de la thématiser comme un temps après le temps ?

B. LÉVINAS Pensez-vous que ces symétries soient obligatoires ? Le temps comme patience de l'attente de l'Infini tournant en « substitution à autrui », est-ce une thématisation ? D'ailleurs le passé, « antérieur au temps », « passé qui ne fut jamais présent », est-il thématisé dans la fraternité où il signifie ? La recherche de l'Infini comme Désir, accède à Dieu, mais ne le saisit pas, ne le thématise pas comme une fin. La finalité serait insuffisante pour décrire la relation avec l'Infini ! Le sens n'est pas nécessairement dans la vision ni même dans la visée ! L'avenir pour Bloch, c'est l'exclusion de toute transcendance. Sa non-réalité de l'utopie est une transcendance sans dehors ! Mais peut-on parler de transcendance quand la *relation* avec l'utopique est encore pensable comme réalisation et saisie ? Quoi qu'il en soit, je ne peux méconnaître la grandeur de cet « immanentisme avec espérance », mais dont l'avènement est accomplissement, malgré l'égalité mort = néant. Il y a chez Bloch une façon de ne pas désespérer de la mort sans rien placer au-dessus de l'*esse*. Quand on ouvre n'importe quel beau livre sur la mort – même le très beau livre de M. Jankelevitch – on sait au bout de quelques lignes qu'*il n'y a* rien à faire :

il faudra mourir la mort. Chez Bloch aussi il n'y a rien à faire. Il faudra mourir. Mais il y a beaucoup à faire – il faut faire beaucoup – pour débarrasser la mort de l'angoisse – sans que ce soit par divertissement – pour ne laisser à la mort qu'une coquille vide. Car dans un monde entièrement humanisé notre être passe intégralement dans notre œuvre. L'angoisse de la mort ne serait, d'après Bloch, que la mélancolie d'une œuvre inaccomplie. C'est la tristesse de quitter un monde que nous n'avons pas pu transformer. Nous ne le savons pas, parce que nous sommes précisément dans un monde encore inachevé. Qu'à un certain moment le moi humain, qui appartient à la sphère obscure qui subsiste dans un monde inachevé et craint la mort, sente l'accomplissement de l'être, c'est-à-dire que le moi soit entièrement moi, – et voici que le monde est plus moi que moi-même : *« Tua res agitur »*. La mort emportera ce qui ne compte plus ! Le monde est mien et le véritable moi c'est celui qui dans ce « mien » du monde a son ipséité de moi. Le dessin formel ressemble beaucoup à la façon dont le *personnel* se déduit chez Heidegger de la manière in-détournable, dont l'être a à être. Chez Bloch aussi le fait que le monde qui nous est étranger, devient, selon son hypothèse, monde accompli par l'homme, coïncide avec la conscience de *« tua res agitur »*. Dans l'intensité de ce *« tua »* surgit le moi contre lequel la mort ne peut rien. La mort peut quelque chose contre l'être empirique que j'étais. Cela ne peut peut-être pas vous suffire. Mais en tout cas, ce qu'il a dit de tout à fait étonnant, c'est la possibilité de penser le moi à partir de la *Jemeinigkeit*.

N.N. Qu'est-ce que vous pensez à propos de la troisième question écrite ? *« Même si l'on est d'accord, qu'Autrui ne peut pas être compris dans les catégories du Même, ne faut-il pas admettre que cette compréhension, outre le moyen de réduire l'autre au même, pourrait être aussi la condition de faire valoir les qualités propres de l'autre ? Autrement dit : est-ce qu'on ne peut rendre justice à l'altérité de l'autre par le ne pas comprendre ? Ou, encore autrement formulé : est-ce que l'éthique et la compréhension s'excluent ? »*

E. LÉVINAS Elles ne sont pas sur le même plan. Je substitue à la compréhension non pas d'autres relations qui seraient des *incompréhensions,* mais ce par quoi la compréhension d'autrui commence seulement à compter pour un moi : ce n'est pas la connaissance de son caractère, ni de sa position sociale, ni de ses besoins, mais c'est sa nudité de besogneux, le dénuement inscrit sur son visage, son visage comme dénuement lequel *m'assigne* responsable et par lequel ses besoins peuvent seulement compter pour moi. Je vous ai dit que ce compter-pour-moi n'est pas un *vocatif* qui est un *bonjour réciproque* et me maintient dans mon « pour soi ». Le vocatif, ce n'est pas assez ! L'éthique, c'est lorsque non seulement je ne thématise pas autrui ; c'est lorsque autrui m'*obsède* ou me met en question. Mettre en question, ce n'est pas attendre que je réponde ; il ne s'agit pas de faire réponse, mais de se trouver responsable. Je suis l'objet d'une intentionalité et non pas son sujet – on peut présenter ainsi la situation que je décris, bien que cette façon de s'exprimer soit très approximative. Elle efface toute la nouveauté de l'être-en-question où la subjectivité ne garde rien de son *identité* d'être, de son *pour-soi,* de sa sub-stance, de sa *situation,* sauf l'identité nouvelle de celui que personne ne peut remplacer dans sa responsabilité et qui en ce sens serait unique. Cette condition ou in-condition n'est nullement une théologie ni une ontologie négative.

Elle se décrit et se dit ; mais en faisant attention à l'expression, en dé-disant ce qu'on dit, en ne supposant pas, notamment, que les formes logiques des propositions s'incrustent dans les significations ex-posées. Il faut prendre des précautions – ce qui est probablement difficile. Mais il ne faut pas se taire. Nous ne sommes pas devant un mystère ineffable. Et il n'y a pas pire eau que l'eau qui dort.

PROF. DR. H. J. JEERING *Hora est.* Par ces paroles le massier interrompt le discours de celui qui soutient sa thèse de doctorat, pour indiquer que c'est le temps de finir. Nous sommes très reconnaissants que vous ayez eu la patience pour ce dialogue avec nous. C'est très impressionnant, comme à chaque question vous êtes allé jusqu'au fond et comment vous arrivez à rendre justice à l'intention d'autrui qui est différent. Nous sommes très heureux que notre vieille université vous décerne un doctorat.

E. LÉVINAS Merci beaucoup, j'ai été très content de soutenir ma thèse.

HERMÉNEUTIQUE ET AU DELÀ *

Que la pensée éveillée à Dieu se croie aller *au delà* du monde ou écouter une voix plus intime que l'intimité, l'herméneutique qui interprète cette vie ou ce psychisme religieux ne saurait l'assimiler à une expérience que cette pensée pense précisément dépasser. Cette pensée prétend à un *au-delà,* à un *plus profond que soi* – à une transcendance différente du *hors-de-soi* qu'ouvre et traverse la conscience intentionnelle. Que signifie ce dépasser ? Que signifie cette différence ? Sans prendre aucune décision de caractère métaphysique (1), on voudrait ici seulement demander en quoi, dans sa structure noétique, cette transcendance rompt avec le *hors-de-soi* de l'intentionalité. Cela demande une réflexion préalable sur la façon propre de l'intentionalité dans sa référence au monde et à l'être.

* Paru dans Herméneutique et philosophie de la religion, Actes du Colloque organisé par le Centre International des Etudes Humanistes et par l'Institut d'Etudes Philosophiques de Rome – Aubier 1977.

1. Elle n'a peut-être aucun sens dans la version ontologique qu'on en donne alors qu'il s'agirait d'un *au-delà de l'être.*

1. Nous prendrons pour point de départ la phénoménologie husserlienne de la conscience. Son principe essentiel – que, dans une large mesure, on peut considérer comme le réciproque de la formule « toute conscience est conscience de quelque chose » – énonce que l'être commande ses façons *d'être donné,* que l'être ordonne les formes du savoir qui l'appréhende, qu'une nécessité essentielle rattache l'être à ses façons d'apparaître à la conscience. Ces formules pourraient certes s'entendre comme affirmant *a priori* ou même empiriquement un certain *état de choses,* comme une vérité « éidétique » d'entre les vérités « éidétiques », si elles ne concernaient pas ce qui, portant sur la corrélation être/connaissance, assure la possibilité de toute vérité, de toute empirie et de toute éidétique ; ce dont dépendent *l'apparaître* comme exhibition et la conscience comme savoir. La relation entre la conscience et la réalité du réel, n'est plus pensée ici comme une rencontre de l'être avec une conscience qui en serait radicalement distincte, soumise à ses propres nécessités, reflétant l'être rencontré – fidèlement ou infidèlement – au gré de « lois psychologiques » quelconques, et ordonnant des images en rêve cohérent dans une âme aveugle. La possibilité d'un tel psychologisme est désormais ruinée, même si la différence entre l'être et la subjectivité à laquelle l'être apparaît, noue en *ipséité* le psychisme qui est conscience ou savoir.

2. Il faut dès lors penser les formules husserliennes au delà de leurs formulations. La conscience se trouve promue au rang d'un « événement » qui, en quelque façon, déroule en *apparoir* – en manifestation – l'énergie ou l'essance de l'être et qui en ce sens se fait

psychisme. L'ess*a*nce (2) de l'être équivaudrait à une ex-*position.* L'ess*a*nce de l'être, entendue comme ex-position, renvoie d'une part à sa position d'étant, à un affermissement sur un terrain inébranlable qu'est la terre sous la voûte du ciel, c'est-à-dire à la *positivité* de l'ici et du maintenant, à la positivité de la présence : à la positivité de la présence, c'est-à-dire au repos de l'identique. C'est d'ailleurs par cette positivité – présence et identité, présence ou identité – que la tradition philosophique entend presque toujours l'*essance de l'être.* Et c'est à l'*essance de l'être* dans son identité que ramène l'intelligibilité ou la rationalité du *fondé* et de l'identique. L'exposition renvoie, d'autre part, l'être à l'exhibition, à l'apparaître, au phénomène. De position ou ess*a*nce à phénomène, on ne décrit pas une simple dégradation, mais une emphase.

Se faisant re-présentation, la présence dans cette représentation s'exalte, comme si l'ess*a*nce, affermissement sur un fondement, allait jusqu'à l'affirmation thétique dans une conscience, comme si son « énergie » de position suscitait, en dehors de toute causalité, l'activité de la conscience, une expérience procédant du Moi, déroulant comme vie psychique – extérieure à cette énergie – l'énergie même que l'étant met à être. Pour reprendre une formule hégélienne (*Logique* II, p. 2), le processus du connaître n'est-il pas ici « le mouvement de l'être lui-même » ? Par l'activité synthétique et englobante (bien que marquant sa différence, par son ipséité de Moi, « transcendant dans l'immanence ») l'aperception transcendantale confirme la présence : la présence revient sur elle-même dans la re-présentation et se comble ou,

2. Nous écrivons ess*a*nce avec *a* pour exprimer ainsi l'acte ou l'événement ou le processus de l'*esse*, l'acte du verbe *être*.

comme le dira Husserl, s'identifie. Cette *vie* de la présence dans la re-présentation est certes aussi *ma* vie, mais dans cette vie de la conscience, la présence se fait événement ou durée de présence. Durée de présence ou durée comme présence : en elle toute perte de temps, tout laps, se retient ou revient en souvenir, se « retrouve » ou se « reconstruit », adhère à un *ensemble* par la mémoire ou par l'historiographie. La conscience comme réminiscence glorifie dans la représentation l'ultime vigueur de la présence. *Le temps de la conscience se prêtant à la représentation, c'est la synchronie plus forte que la diachronie.* Synchronisation qui est l'une des fonctions de l'intentionalité : la re-présentation. C'est la raison de la persistance de la formule célèbre de Brentano à travers toute la phénoménologie de Husserl : le caractère fondamental de la représentation dans l'intentionalité. Le psychique est représentation ou a la représentation pour fondement. Il est, en tout cas, dans toutes ses modalités transformable en thèse doxique. La conscience fait et refait de la *présence* – elle est la *vie* de la présence. Conscience qui déjà se fait oublier au bénéfice des *étants présents* ; elle se retire elle-même de l'apparaître, pour leur faire place. La vie immédiate, pré-réflexive, non objectivée, vécue et d'emblée anonyme ou « muette » de la conscience, est ce *laisser apparaître* de par sa retraite, ce disparaître dans le laisser apparaître. Conscience où l'intentionalité identifiante est tournée téléologiquement vers la « constitution » de l'essance dans la vérité, mais que commande, selon ses modes propres – et véritablement *a priori* – l'énergie ou l'entéléchie de l'essance. L'énergie se déploie ainsi comme *retournée* dans la conscience œuvrante qui fixe l'être dans son thème et qui, vécue, s'oublie elle-même dans cette fixation. La référence à la conscience s'efface dans son effet. « Précisément parce qu'il s'agit d'une *référence universelle et nécessaire* au sujet, laquelle appartient à tout objet, dans la mesure où en tant qu'objet il est accessible à ceux qui font expérience, cette référence au sujet *ne peut entrer dans la teneur propre* de l'objet. L'expérience objective est une orientation de l'expérience vers l'objet. D'une façon inévitable, le sujet est là, pour ainsi dire, à titre anonyme... Toute expérience d'objet laisse le moi derrière elle-même, elle ne l'a pas devant elle » (3). Dans la conscience se « vit » et s'identifie la fermeté, la positivité, la présence – l'être – de l'étant *primordialement* thématisé et c'est, en guise de conscience pré-réflexive, anonyme d'emblée, que la conscience se dissimule et reste, en tout cas, absente de la « sphère objective » qu'elle fixe.

L'effort permanent de la Réduction transcendantale revient à amener à la parole la « conscience muette » et à ne pas prendre l'exercice de l'intentionalité constituante amenée à la parole pour un être posé dans la positivité du monde. La vie de la conscience s'en exclut et, précisément en tant qu'exclue de la positivité du monde, « sujet muet », elle permet aux êtres du monde de s'affirmer dans leur présence et dans leur identité numérique.

Ainsi, dans l'idéalisme transcendantal de la phénoménologie husserlienne, nous sommes au delà de toute doctrine où l'interprétation de l'être à partir de la conscience conserverait encore un sens restrictif quelconque de l'*esse-percipi,* et signifierait que l'être *n'est-qu'*une modalité de la perception, et où la notion de l'*en soi* prétendrait à une fermeté plus forte que celle qui pourrait jamais procéder d'un accord entre pensées identifiantes. Toute l'œuvre husserlienne consiste, au

3. Husserl, *Psychologie phénoménologique,* p. 384 : souligné par nous.

contraire, à entendre comme abstraction la notion de l'*en soi* séparé du jeu intentionnel où elle est vécue.

3. Mais l'affinité de la présence et de la représentation est encore plus étroite. L'essance apparaissant à la vie d'un moi qui, ipséité monadique, s'en distingue, à la vie l'essance se *donne*. La transcendance des choses par rapport à l'intimité vécue de la pensée – par rapport à la pensée comme *Erlebnis*, par rapport au vécu (que l'idée d'une conscience « encore confuse » et non-objectivante n'épuise pas) – la transcendance de l'objet, d'un environnement tout comme l'idéalité d'une notion thématisée, s'ouvre, mais aussi est traversée par l'intentionalité. Elle signifie autant distance qu'accessibilité. Elle est une façon pour le distant de se donner. Déjà la per*ception* saisit ; le concept – le *Begriff* – conserve cette signification d'emprise. Quels que soient les efforts que demandent l'appropriation et l'utilisation des choses et des notions, leur transcendance promet possession et jouissance qui consacrent l'égalité vécue de la pensée à son objet en la pensée, l'identification du Même, la satisfaction. L'étonnement – disproportion entre *cogitatio* et *cogitatum* – où le savoir se cherche, s'amortit dans le savoir. Cette façon, pour le réel, de se tenir dans la transcendance intentionnelle « à l'échelle » du vécu, et, pour la pensée, de penser à sa mesure et ainsi de jouir, signifie immanence. La transcendance intentionnelle dessine comme un plan où se produit l'adéquation de la chose à l'intellect. Ce plan est le phénomène du monde.

L'intentionalité, identification de l'identique en tant que stable, est visée visant, droit comme un rayon, le point fixe du but. C'est une spiritualité accordée à des termes, à des étants, à leur position sur un terrain ferme ;

c'est une spiritualité accordée à la fermeté fondatrice de la terre, au fondement comme ess*a*nce. « Dans l'évidence... nous avons l'expérience d'un être et de sa manière d'être » (4). Position et positivité se confirmant dans la thèse doxique de la logique. Présence du retrouvable que le doigt désigne, que la main saisit, « maintenance » ou présent où la pensée pensant à sa mesure *rejoint* ce qu'elle pense. Pensée et psychisme de l'immanence et de la satisfaction.

4. Le psychisme s'épuise-t-il à déployer l'« énergie » de l'ess*a*nce, de la position des étants ?

Enoncer une telle question, ce n'est pas s'attendre à ce que l'*en soi* des étants ait un sens plus fort que celui qu'il recueille de la conscience identifiante. C'est se demander si le psychisme ne signifie pas *autrement* que par cette « épopée » de l'ess*a*nce qui en lui s'exalte et se *vit* ; si la positivité de l'*être,* de l'identité, de la présence – et par conséquent si le savoir – sont l'ultime affaire de l'âme. Non pas qu'il y ait lieu de s'attendre à ce que l'affectivité ou la volonté soient plus signifiantes que le savoir. L'axiologie et la pratique – Husserl l'enseigne – reposent encore sur la re-présentation. Elles concernent donc les étants et l'être des étants et ne compromettent pas, mais présupposent la priorité du savoir. Se demander si le psychisme se limite à la confirmation des étants dans leur position, c'est suggérer que la conscience se retrouvant la *même,* s'identifiant jusque dans l'extériorité de son objet intentionnel, demeurant immanente jusque dans ses transcendances, rompt cet équilibre d'*âme égale* et d'âme pensant à son échelle, pour entendre plus que

4. Husserl, *Méditations Cartésiennes,* p. 10.

sa capacité ; que ses désirs, ses questions, sa recherche, au lieu de mesurer ses vides et sa finitude, sont des éveils à la Dé-mesure ; que dans sa temporalité qui la disperse en moments successifs – lesquels cependant se synchronisent dans la rétention et la protention, dans la mémoire et l'anticipation et dans le récit historique et la prévision – une altérité peut défaire cette simultanéité et ce rassemblement du successif en présence de la re-présentation et qu'elle se trouve concernée par l'Immémorial. Notre sagesse nous pousse à ne prendre au sérieux que la transcendance de l'intentionalité qui pourtant se convertit en immanence dans le monde. La pensée éveillée à Dieu – ou éventuellement vouée à Dieu – s'interprète spontanément en termes – et selon les articulations – du parallélisme noético-noématique de la perception de la signification et de son remplissement. L'idée de Dieu et jusqu'à l'énigme du mot Dieu – que l'on trouve tombé on ne sait d'où ni comment, et déjà circulant, é-norme, en guise de substantif, parmi les mots d'une langue – s'insère pour l'interprétation courante dans l'ordre de l'intentionalité. La dé-férence à Dieu qui revendiquerait une différence autre que celle qui sépare le thématisé ou le représenté du vécu et se réclamerait d'une autre intrigue du psychisme, se récupère dans l'intentionalité. On a recours à la notion d'une religion horizontale, demeurant sur la terre des hommes et qui devrait se substituer à la verticale qui s'en va vers le Ciel, pour se référer au monde, car c'est à partir du monde que l'on continue à penser les hommes eux-mêmes. Substitution qui peut sembler simple confusion : de quel droit, en effet, l'homme perçu à mes côtés viendrait-il prendre la place de l'« objet intentionnel » correspondant au mot Dieu qui le nomme ou l'appelle ? Mais cette confusion des termes, dans son arbitraire, traduit peut-être la nécessité logique de fixer l'objet de la religion conformément à l'immanence d'une pensée qui vise le monde et qui, dans l'ordre des pensées, serait l'ultime et l'indépassable. Postuler une pensée structurée autrement, jetterait un défi à la logique et annoncerait un arbitraire de la pensée – ou de la réflexion sur cette pensée – plus tolérable que cette substitution d'objets. L'athéisme, mais aussi le théisme, philosophiques se refusent à admettre jusqu'à l'originalité du psychisme prétendant au delà du monde, jusqu'à l'irréductibilité de son linéament noétique. Dans le propos sur l'*au delà* on soupçonne une métaphore emphatique de la distance intentionnelle. Même si dans ce soupçon on risque d'avoir oublié que le « mouvement » au delà, c'est la métaphore et l'emphase elles-mêmes, et que la métaphore, c'est le langage, et que l'expression d'une pensée dans un discours n'équivaut pas à un reflet dans le milieu indifférent d'un miroir, ni à une quelconque péripétie dédaigneusement appelée verbale et que le dire présuppose, dans le vécu de la signifiance, des relations autres que celles de l'intentionalité, lesquelles précisément, sur un mode non-récupérable, concernent l'altérité d'autrui : que l'élévation du sens par la métaphore dans le *dit* est redevable de sa hauteur à la *transcendance* du *dire* à autrui.

5. Pourquoi y a-t-il dire ? C'est la première fissure visible dans le psychisme de la satisfaction. On peut certes ramener le langage à une téléologie de l'être en invoquant la nécessité de communiquer pour mieux réussir dans les entreprises humaines. On peut s'intéresser, dès lors, au *dit*, à ses divers genres et à leurs diverses structures, et explorer la naissance du sens communiquable dans les mots et les moyens de le communiquer le plus sûrement

et le plus efficacement. On peut ainsi rattacher encore le langage au monde et à l'être auxquels les entreprises humaines se réfèrent, et ainsi rattacher le langage à l'intentionalité. Rien ne s'oppose à cette interprétation positiviste. Et l'analyse du langage à partir du *dit*, est une œuvre respectable, considérable et difficile. Il n'en reste pas moins que la relation même du *dire* est irréductible à l'intentionalité ou qu'elle repose, à proprement parler, sur une intentionalité qui échoue. Elle s'établit, en effet, avec l'autre homme dont l'intériorité monadique échappe à mon regard et à mon emprise. Mais cette *déficience de la re-présentation tourne en relation d'ordre supérieur ;* ou plus exactement en une relation où pointe seulement la signification même du supérieur et d'un autre ordre. L'« apprésentation » husserlienne qui n'arrive pas à la satisfaction, à l'accomplissement intuitif de la re-présentation s'inverse – expérience manquée – en un *au delà de l'expérience,* en une *transcendance,* dont la rigoureuse *détermination* se décrit par les attitudes et les exigences éthiques, par la responsabilité dont le langage est l'une des modalités. La proximité du prochain au lieu de passer pour une limitation du Moi par autrui ou pour une aspiration à l'unité encore à faire, se fait désir se nourrissant de ses faims ou, pour user d'un mot usé, amour, plus précieux à l'âme que la pleine possession de soi par soi.

Transfiguration incompréhensible dans un ordre où toute signification sensée remonte à l'apparition du monde, c'est-à-dire à l'identification du Même, c'est-à-dire à l'Etre, ou rationalité nouvelle – à moins qu'elle ne soit la plus ancienne, antérieure à celle qui coïncide avec la possibilité du monde – et qui, par conséquent, ne se ramène pas à l'ontologie. Rationalité différente – ou plus profonde – et qui ne se laisse pas entraîner dans l'aventure que courut, d'Aristote à Heidegger, la théologie demeurée pensée de l'Identité et de l'Etre et qui fut mortelle au Dieu et à l'homme de la Bible ou à leurs homonymes. Mortelle à l'Un, à en croire Nietzsche, mortelle à l'autre selon l'anti-humanisme contemporain. Mortelle aux homonymes, en tout cas. Toute pensée qui ne conduirait pas à installer un identique – un être – dans le repos absolu de la terre sous la voûte du ciel, serait subjective, malheur de la conscience malheureuse.

Le non-repos, l'inquiétude où la sécurité de l'accompli et du fondé se met en question, doivent-ils *toujours* s'entendre à partir de la positivité de la réponse, de la trouvaille, de la *satisfaction ?* La question est-elle *toujours* comme dans le langage fonctionnel (ou même scientifique dont les réponses s'ouvrent sur de nouvelles questions, mais sur des questions qui ne visent que les réponses) un savoir en train de se faire, une pensée *encore* insuffisante du *donné* lequel pourrait y satisfaire en se mettant à la mesure de l'attente ? La question est-elle d'ores et déjà la fameuse question alternant avec la réponse dans un dialogue que l'âme tiendrait avec elle-même et où Platon reconnaît la pensée, d'emblée solitaire et allant vers la coïncidence avec elle-même, vers la conscience de soi ? Ne faut-il pas admettre, au contraire, que la demande et la prière qu'on ne saurait dissimuler dans la question, attestent une *relation à autrui,* relation qui ne tient pas dans l'intériorité d'une âme solitaire, relation qui dans la question se dessine ? Relation qui se dessine dans la question comme dans sa modalité non pas quelconque, mais originaire. Relation à l'Autre lequel précisément, de par sa différence irréductible, se refuse à un savoir thématisant et, ainsi, toujours assimilateur. Relation qui ainsi ne se fait pas corrélation. Dès lors relation qui ne saurait, à proprement parler, se dire relation, puisqu'entre ses termes manquerait jusqu'à la communauté de la synchronie que, comme une communauté ultime, aucune relation ne saurait refuser à ses termes. Et cependant à l'Autre – relation. Relation et non-relation. La question ne signifie-t-elle pas cela ? La relation à l'absolument autre – au non-limité par le même – à l'Infini – la transcendance n'équivaudrait-elle pas à une question originaire ? Relation sans simultanéité des termes : à moins que le temps lui-même ne dure en guise de cette relation-non relation, de cette question. Temps à prendre dans sa dia-chronie et non pas comme « forme pure de la sensibilité » : l'âme dans sa temporalité dia-chrone où la rétention n'annule pas le laps, ni la protention – la nouveauté absolue – l'âme dans la synthèse passive du vieillissement et de l'à-venir, dans sa vie, serait la question originaire, l'à-Dieu même. Temps comme question : relation dés-équilibrée à l'Infini, à ce qui ne saurait se comprendre : ni s'englober, ni se toucher, déchirure de la corrélation et sous le parallélisme et l'équilibre noético-noématique, sous le vide et le remplissement du signitif – question ou « insomnie » originaire, l'éveil même au psychisme. *Mais aussi la façon dont l'Inégalable concerne le fini et qui est, peut-être, ce que Descartes appelait l'Idée de l'Infini en nous.* Proximité et religion : toute la nouveauté que l'amour comporte comparé à la faim, le Désir comparé au besoin. Proximité qui m'est meilleure que toute intériorisation et toute symbiose. Déchirure sous la droiture rectiligne de la visée intentionnelle que l'intention suppose et dont elle dérive dans sa correspondance à son objet intentionnel, bien que cette *veille* originaire, cette insomnie du psychisme, se prête à la mesure qu'en font ses propres dérivés et risque de se dire aussi en termes de satisfaction et d'insatisfaction. Ambiguïté ou énigme du spirituel.

La transcendance à Dieu – ni linéaire comme la visée intentionnelle, ni téléologique pour aboutir à la ponctualité d'un pôle et s'arrêter ainsi à des étants et à des substantifs, ni même initialement dialogale nommant un *tu* – ne s'est-elle pas déjà produite de par la transcendance éthique pour que désir et amour se soient faits plus parfaits que la satisfaction ? (5) Il serait opportun cependant de demander ici s'il s'agit d'une transcendance à Dieu ou d'une transcendance à partir de laquelle un mot tel que Dieu révèle seulement son sens. Que cette transcendance se soit produite à partir de la relation (horizontale ?) avec autrui, ne signifie ni que l'autre homme soit Dieu, ni que Dieu soit un grand Autrui.

Désir qui se fait perfection ? La pensée de la satisfaction en a jugé autrement. Et c'est, certes, le bon sens même. Diotime a disqualifié l'amour en le déclarant demi-dieu, sous le prétexte que, aspiration, il n'est ni accompli, ni parfait. Ce bon sens est, certes, infaillible dans la relation au monde et aux choses du monde pour le manger et le boire. Le contester dans l'ordre du monde est signe de déraison. De Platon à Hegel qui parla avec ironie de la belle âme ! Mais quand Kierkegaard reconnaît dans l'insatisfaction une accession au suprême, il ne retombe

5. Nous n'allons pas reproduire, une fois de plus, notre analyse de la relation éthique où naît le langage. Nous avons décrit la *fission* du Moi devant autrui dont il répond par delà tout engagement, infiniment, comme otage, portant, de par cette responsabilité, témoignage de l'Immémorial, en deçà du temps ; portant témoignage de l'Infini, lequel, témoigné, ne surgit pas comme objectivité. Témoignage à partir de la relation éthique qui, ainsi unique dans son genre, ne se réfère pas à une expérience préalable, c'est-à-dire à l'intentionalité. Cf. notre livre *Autrement qu'être ou au delà de l'essence* (p. 179 et sv.) ; notre article *Dieu et la philosophie* dans la revue « Le Nouveau commerce », (voir supra) ; notre conférence au Colloque Castelli 1972 sous le titre *Vérité du dévoilement et vérité du témoignage* (Actes du Colloque sur *Le Témoignage*, Paris, Aubier, 1972, pp. 101-110).

pas, malgré les avertissements de Hegel, dans le romantisme. Il ne part plus de l'expérience mais de la transcendance. C'est le premier philosophe qui pense Dieu sans le penser à partir du monde. La proximité d'autrui n'est pas un quelconque « décollement de l'être par rapport à soi », ni « une dégradation de la coïncidence », selon les formules sartriennes. Le désir ici n'est pas pure privation ; la relation sociale vaut mieux que la jouissance de soi. Et la proximité de Dieu dévolue à l'homme est, peut-être, un sort plus divin que celui d'un Dieu jouissant de sa divinité. Kierkegaard écrit : « Dans le cas des biens terrestres, à mesure que l'homme en éprouve moins de besoin, il devient plus parfait. Un païen qui savait parler des biens terrestres disait que Dieu était heureux parce qu'il n'avait besoin de rien et qu'après lui venait le sage parce qu'il avait besoin de peu. Mais dans la relation entre l'homme et Dieu, le principe est inversé : plus l'homme éprouve le besoin de Dieu, plus il est parfait ». Ou : « On doit aimer Dieu non pas parce qu'il est le plus parfait, mais parce qu'on a besoin de lui » ; ou : « Besoin d'aimer – suprême Bien et félicité suprême ».

Même renversement de l'absence en suprême présence, dans l'ordre du savoir : « Si j'ai la foi, écrit Kierkegaard, je ne peux arriver à en avoir une certitude immédiate – car croire, c'est précisément ce balancement dialectique qui, quoique sans cesse en crainte et tremblement, jamais pourtant ne désespère ; la foi c'est précisément cette préoccupation infinie du soi qui vous tient éveillé à tout risquer, cette préoccupation intérieure de savoir si l'on a vraiment la foi ». Transcendance qui n'est possible que par la non-certitude ! Dans le même esprit, rupture avec le « triomphalisme » du sens commun : dans ce qui par rapport au monde est échec, jubile un triomphe : « Nous ne dirons pas que l'homme de bien triomphera un jour dans un autre monde ou que sa cause l'emportera une fois ici-bas, non, il triomphe en pleine vie, il triomphe en souffrant de sa vie vivante, il triomphe au jour de son affliction ».

D'après les modèles de la satisfaction, la possession commande la recherche, la jouissance vaut mieux que le besoin, le triomphe est plus vrai que l'échec, la certitude plus parfaite que le doute, la réponse va plus loin que la question. Recherche, souffrance, question, seraient de simples décroîts de la trouvaille, de la jouissance, du bonheur, de la réponse : d'insuffisantes pensées de l'identique et du présent, d'indigentes connaissances ou la connaissance à l'état d'indigence. Encore une fois, c'est le bon sens. C'est aussi le sens commun.

Mais l'herméneutique du religieux peut-elle se passer de pensées dés-équilibrées ? Et la philosophie elle-même ne consiste-t-elle pas à traiter avec sagesse de « folles » idées ou à apporter la sagesse à l'amour ? La connaissance, la réponse, le résultat seraient d'un psychisme encore incapable de pensées où le mot *Dieu* prend signification.

LA PENSÉE DE L'ÊTRE
ET LA QUESTION DE L'AUTRE*

1. Que signifie l'intelligibilité de l'intelligible, la signification du sens, que signifie la raison ? C'est là sans doute la question préalable de l'humain épris de sens, la question préalable de la philosophie. Ou la question même de la philosophie qui est probablement le de soi préalable.

Que le sens ait son « lieu » dans l'apparaître, dans la vérité et, dès lors, dans la connaissance ou entendement de l'être, c'est là déjà une réponse à cette question sur le sens du sens, une certaine philosophie. Est-elle la seule sensée ? L'allure finalement théorétique du discours philosophique confirmerait *après coup* cette parenté du sens et du savoir ; et la question préalable sur le sens du sens, prise, en tant que question, pour une articulation de la pensée théorique, justifierait cette priorité ou ce privilège du théorétique surgissant comme penché sur son propre berceau.

*** Les idées exposées dans ce texte ont été présentées, sous une forme partiellement différente, aux Entretiens de l'Institut International de Philosophie de 1975, qui se sont tenus à Meched, en Iran. Paru in *Critique* – Editions de Minuit – en février 1978.**

Et, certes, le théorétique n'est pas rationnel par hasard. S'il est une péripétie de l'intelligible, cette péripétie serait incontournable (1). Mais que le discours philosophique se montre théorétique *finalement*, n'implique pas son indépendance à l'égard d'un autre régime de significations et n'efface pas sa soumission à ce régime. De même, l'interprétation de la question comme modalité du théorétique, se laisse mettre en question à son tour, même si la théorie ne peut pas ne pas faire son apparition *dans* la question et ne pas prendre connaissance de la question même qui l'appelle (2).

Toujours est-il que la philosophie qui nous est transmise – et qui, malgré son origine en Grèce, est la « sagesse des nations », car il y a une convenance entre l'intelligibilité du cosmos où se posent des êtres solides et saisissables et le bon sens pratique des hommes ayant des besoins à satisfaire – fait remonter toute signifiance – toute rationalité – à l'être, à la « geste » d'être menée par les êtres en tant qu'ils s'affirment êtres, à l'être en tant qu'il s'affirme être, à l'être en tant qu'être, à l'ess*a*nce

1. Le fait que toute philosophie est théorique – y compris ces réflexions mêmes – signifie-t-il que les formes imposées par les propositions fidèles aux règles grammaticales et logiques, s'incrustent dans le sens que ces propositions exposent ? Le sens ne demeure-t-il pas libre dans ce langage, disposé à se dédire et à se vouloir autrement dit ?

2. Notons que le *théorétique* ici évoqué ne s'oppose pas au *pratique*, mais déjà s'y réfère. L'action, c'est précisément la mainmise sur le visible, où *concrètement* l'adéquation de l'apparaître à l'être reçoit seulement sa signification. La connexion du *voir* et du *saisir* et où la signification de la prise ne se loge pas seulement dans la peau qui touche – à moins que le toucher comme tel soit *plus* qu'une « expérience sensorielle » analogue à celle de tous les autres sens – cette connexion est rendue possible par le repos souverain du monde, de l'*esse* comme repos. Le succès originel de la mainmise, ce succès du saisir et, par conséquent cette première *réussite technique,* n'est pas une corruption du savoir, ni une thèse suspecte d'une épistémologie pragmatiste, c'est l'événement premier de l'identification, l'adéquation du savoir à l'être, le surgissement de l'être et du savoir dans leur corrélation.

de l'être. Nous écrivons ess*a*nce avec *a,* comme insist*a*nce, pour nommer l'aspect verbal du mot être. Cette « geste » équivaut à cette affirmation qui, en guise de langage, retentit comme pro-position et s'y confirme au point d'apparaître et de se faire présence dans une conscience. L'apparaître-à-une-conscience comme emphase de l'affirmation de l'être – ce fut certainement là un côté de la philosophie idéaliste qui n'entendait pas mettre en question et en cause l'actualité de l'être ; actualité qui, avant de s'affirmer et de se confirmer dans le jugement et dans sa « thèse doxique », signifie position sur un terrain ferme, le plus ferme des terrains – la terre. L'affirmation de l'ess*a*nce suppose ce repos, suppose cette substance, sous tout mouvement et tout arrêt de mouvement. Règne d'un repos fondamental dans le verbe être que les grammairiens, à la légère, nomment auxiliaire. Il énonce une activité qui n'opère aucun changement, ni de qualité, ni de lieu, mais où s'accomplit précisément l'identification même de l'identité, la non-inquiétude de l'identité, comme l'acte de son repos. Apparente contradiction dans les termes, que les Grecs n'ont pas hésité à penser comme acte pur ! Sous l'agitation de la chasse aux êtres et aux choses, règne un repos aussi imperturbable que l'identité même de l'identique. Que sous la voûte aux étoiles fixes, sur la terre ferme, ce repos règne précisément, que quelque chose de tel que la souveraineté sans violence – mais c'est déjà la nécessité rationnelle ! – se lève dans la déférence aux étoiles – est infiniment étonnant. Etonnant et familier, car c'est la « mundanité » du monde. Par ce repos où tout a un lieu et s'identifie, tout a lieu. L'expérience des êtres nommables et de l'*esse* lui-même, tient à cette expérience profonde et fondamentale qui est aussi une expérience du fondamental, de la fondation et du profond, qui est expérience de l'ess*a*nce, expérience ontologique de la fermeté de la terre sous la fixité visible, mais intangible, du ciel étoilé ; expérience du fondamental s'affirmant *emphatiquement* précisément en tant qu'expérience. De sorte que des expressions telles que *expérience de l'identité* ou *expérience de l'être en tant qu'être* sont des pléonasmes.

L'identité est, dès lors, critère du sens. Dans notre tradition intellectuelle, *être* et *connaissance de l'être* dans son identité, sont le théâtre même de l'Esprit. Selon le Timée, le cercle du *Même* englobe ou comprend le cercle de l'*Autre.* L'éternité de l'âme du monde à laquelle est apparentée l'âme humaine, y est le retour cyclique du Même lorsque les deux cercles restituent leur position initiale au terme de la grande année. Mais la géométrie de l'univers copernicien – jusqu'aux voyages intersidéraux aujourd'hui – conservera l'identité du cosmos du Timée, tout en supprimant la transcendance de la hauteur.

L'idéalisme de la pensée moderne qui, contre le repos de l'être semble privilégier l'activité d'une pensée synthétisante, ne donne pas congé à cette stabilité, c'est-à-dire à cette priorité du monde, à cette référence à l'astronomie. Nous y avons fait allusion tout à l'heure en reconnaissant dans *l'apparaître* – et par conséquent dans la conscience – l'emphase de l'être : la rationalité de l'ess*a*nce tient à l'hyperbole de la positivité tournant en « présence à... », de la positivité se faisant représentation. La fermeté du repos s'affirme au point de s'exposer et d'apparaître. L'*esse* de l'être, lui-même, est ontologie : compréhension de l'*esse.* Le psychique, le pneumatique de la représentation – dût-il attester sa distinction à l'égard de l'être de par sa cristallisation en ipséité, toujours « mienne », de par son appartenance à ce que Gabriel Marcel appelle « l'orbite existentielle de l'être », hyperbole de l'ess*a*nce entrant dans le rôle d'une subjectivité – déroule, en guise d'activité synthétique de l'aperception transcendantale, l'énergie de la présence qui la suscite. L'ess*a*nce du repos de l'être, se répète dans la positivité – ou dans le *thétique* – de la thématisation et de la synthèse.

La positivité – le reposer sur un fondement inébranlable, le tenir, fermement contenu et saisissable dans la mundanité du monde – conserve dans une philosophie, se méfiant pourtant du positivisme, une valeur de vertu. Idées et signes ne comptent que par leurs contenus : ils ne comptent que comme pensées et langages positifs. La négation prétendant refuser l'être, est encore, dans son opposition, position sur un terrain auquel elle s'appuie. Elle emporte la poussière de l'être qu'elle repousse. Cette référence de la négation au positif dans la contradiction, est la grande découverte de Hegel qui serait le philosophe de la positivité plus forte que la négativité. Le privilège rationnel de l'identité, du repos de l'être, se montre comme l'auto-fondation de la conscience de soi : l'immédiat d'une singularisation sans nom, qui ne se désigne que du doigt, retourne au repos absolu de l'identité, à travers les diverses figures de la médiation. La logique hégélienne affirmera l'identité de l'identique et du non-identique. Tout débordement du Même par l'Autre, passe désormais pour une pensée inachevée ou romantique. Les deux attributs auront la même signification péjorative : pensées sans fondement, ne rejoignant pas l'ess*a*nce de l'être. Ce n'est pas métaphoriquement que la justification de toute signification sera nommée fondement, que les systèmes comporteront des structures et une architectonique, que les objets seront compris dans leur *constitution* transcendantale. On peut légitimement se demander – et c'est l'un des problèmes centraux de la *Logique formelle et logique transcendantale* de Husserl – si la logique formelle, dans sa prétention à la pureté du vide, est possible, si toute *ontologie formelle* ne dessine pas déjà les contours d'une *ontologie matérielle* et, par conséquent, comme nous le dirions, si l'idée même de forme n'exige pas la stabilité de l'être et du Même et l'ordre « astronomique » et, en fin de compte, le monde qui l'assure.

Dans l'activité englobante et synthétique de la conscience transcendantale, chez Husserl, la rationalité équivaut à la confirmation de l'intentionalité par le donné ; l'œuvre intentionnelle est identification. Un soleil de midi fouille tous les horizons où se cacherait *l'autre*. Ce qui, irréversiblement, s'en va, passe – immédiatement se retient, se sou-vient dans la mémoire, ou retourne, reconstruit par l'histoire. La réminiscence – de Platon à Husserl – est l'ultime vigueur de l'identité de l'être et, du moins, le programme normatif de l'ontologie. Et même dans *l'apparaître* d'emblée *situé*, d'emblée *ici*, d'emblée habitation d'un lieu – tel que le suggèrent la phénoménologie et les étymologies de Heidegger et de ses disciples – l'homme au monde est ontologie. Son *au monde* – jusque dans la mort qui en mesure la finitude – est compréhension de l'être. La rationalité demeure rassemblement. Dans l'un de ses derniers textes : *La fin de la philosophie et la tâche de la pensée* (p. 196), Heidegger remonte en-deçà de la présence, mais trouve dans la « clairière », la « réconciliation », le « cœur en paix » et le « Même ».

2. La crise de la philosophie qui nous est transmise ne peut se dire que dans son incapacité de répondre à ses propres critères du sens. Elle tiendrait à l'impossibilité où cette philosophie se trouverait de maintenir l'accord de la connaissance avec elle-même. La crise serait un

éclatement intérieur du *sens* situé dans la connaissance et exprimant l'identité ou le repos de l'être. La philosophie se heurte au non-sens du sens, si raison signifie présence de l'être ou représentation : manifestation des êtres à une connaissance vraie où ils s'affirment « en original », où s'affirme leur identité d'êtres ou leur présence en tant qu'êtres. La philosophie se heurte d'abord au fait que la relation à l'être qu'elle cherche à maintenir, fait double emploi avec celle qui s'établit dans les sciences, par elle, engendrées. A son langage qui se structure en propositions comme s'il exprimait quelque sublime perception ou comme s'il nommait des substantifs, et qui se perd en discours innombrables et contradictoires, les sciences, dans leur communicabilité universelle, ont fait perdre toute créance. Le glas de la philosophie de l'être résonne dans le Te Déum, à sa façon triomphal des sciences irrésistibles.

Mais la philosophie s'est heurtée à son non-sens dans ses ambitions et ses voies propres. Il se trouve que, au-delà de leur présence immédiate, les êtres peuvent apparaître, en quelque façon, sans demeurer dans leur être. De par les signes et les mots qui les fixent ou les assemblent ou les appellent, des êtres apparaissent n'ayant de l'être que la ressemblance et la pure semblance, l'apparence étant l'envers toujours possible de leur apparoir. La raison du savoir aurait à se méfier de certains jeux qui ensorcellent l'exercice spontané de la connaissance – qui l'ensorcellent à son insu – sans arrêter, ni même heurter sa marche rationnelle. Insécurité du rationnel qui, par conséquent, met en échec une intelligibilité où la sûreté, où la sécurité du fondement est la raison même. Qu'il puisse y avoir en philosophie besoin d'une vigilance distincte du bon sens et de l'évidence de la recherche scientifique soucieuse de présence, d'être et de satisfaction, ce fut la nouveauté du criticisme. Il y eut là appel à une rationalité nouvelle. Cette rationalité nouvelle ou critique, n'est-elle qu'une modalité ou qu'une espèce de celle qui était commune à la philosophie et à la science par la philosophie engendrée, son hyperbole, une lucidité sous une lumière plus forte ? Le post-criticisme l'aura certes interprétée ainsi. Mais, on peut aussi se demander si un mode *nouveau* de signifiance n'est pas nécessaire à la lucidité critique elle-même, laquelle, pour penser à sa mesure dans le connaître, doit, en plus, sans cesse *s'éveiller* : vigilance qui, avant de servir au connaître, est une rupture de limites et un éclatement de la finitude.

Quoi qu'il en soit, sous la fin criticiste de la métaphysique, s'annonce, à la fois, une philosophie distincte de la science et la fin d'une certaine rationalité de la philosophie raisonnant droit devant elle. Moment caractérisé par la dénonciation de l'illusion transcendantale et d'une malice radicale dans la bonne foi de la connaissance, malice dans une raison, innocente pourtant de tout sophisme et que Husserl appelait naïveté. Ce qui, dans sa phénoménologie à laquelle la pensée critique aboutit, revient à dénoncer le regard dirigé sur l'être, dans son apparaître même, comme une façon pour l'objet, dans lequel s'absorbe, de bonne foi, le regard innocent, de boucher ce regard, comme si les formes plastiques de l'objet qui se dessine à la vue, s'abaissaient sur les yeux comme des paupières : les yeux perdraient le monde en regardant les choses. Etrange démenti infligé à la vision par son objet et que dénonçait déjà Platon dans le mythe de Gorgias (523-c-d) en parlant des hommes qui ont placé « en avant de l'âme qui est la leur un écran qui est fait d'yeux et d'oreilles et du corps dans son ensemble ». Les facultés d'intuition auxquelles participe tout le corps, les organes de la vie de relation avec le dehors, seraient précisément ce qui bouche la vue. Aveuglement, contre lequel est invoqué de nos jours une rationalité phénoménologique : rationalité nouvelle de la conscience réduite et constituante où l'apparaître et l'être coïncident. Tout être doit désormais se comprendre dans sa genèse à partir de cet apparaître privilégié dans la « conscience transcendantale », à partir de ce phénomène-être, de cette présence ou de ce présent-vivant donné à l'intuition où tout débordement de la présence réelle – toute irréalité ou idéalité – se signale, se mesure et se décrit.

Privilège de la présence que met précisément en question « la Voix et le phénomène » de Derrida. La possibilité même de la plénitude de présence est contestée. Celle-ci serait toujours ajournée, toujours « simplement indiquée » dans le « vouloir-dire » (dans le *Meinen)* lequel, pour Husserl, se reférait entièrement à la plénitude intuitive. Critique la plus radicale de la philosophie de l'être pour laquelle l'illusion transcendantale commence au niveau de l'immédiat. On peut se demander devant l'importance et la rigueur intellectuelle de « La voix et le phénomène », si ce texte ne coupe pas d'une ligne de démarcation, semblable au kantisme, la philosophie traditionnelle, si nous ne sommes pas, à nouveau, au terme d'une naïveté, réveillés d'un dogmatisme qui sommeillait au fond de ce que nous prenions pour esprit critique. Fin, pensée jusqu'au bout, de la métaphysique : ce ne sont pas seulement les arrières-mondes qui n'ont pas de sens, c'est le monde étalé devant nous qui se dérobe incessamment, c'est le vécu qui s'ajourne dans le vécu. L'*immédiat* n'est pas seulement appel à la médiation, il est illusion transcendantale. Le signifié toujours à venir dans le signifiant, n'arrive pas à prendre corps, la médiation des signes n'est jamais court-circuitée. Vue qui s'accorde avec ce qui est, peut être, la découverte la plus profonde de la psychanalyse : l'essence dissimulatrice du symbole.

Le vécu se refoulerait de par les signes linguistiques faisant la texture de son apparente présence : jeu interminable de signifiants ajournant à jamais – refoulant – le signifié.

Critique qui, cependant, demeure en quelque façon fidèle à la signification gnoséologique du sens, dans la mesure précisément où la déconstruction de l'intuition et le perpétuel ajournement de la présence, qu'elle montre, se pensent exclusivement à partir de la présence traitée comme norme et où l'indication husserlienne – l'Anzeige – qui ne comporte aucun signifier intrinsèque, mais relie deux termes sans aucune préfiguration, fût-ce en « creux » de l'indiqué dans l'indiquant, ne se laisse expulser d'aucune signification et y fait scandale (même si ce scandale ne devait pas faire peur).

3. Cette indication réduite à un rapport – rigoureusement extrinsèque – de l'un renvoyant à l'autre, de renvoi purement formel – qui ainsi, du point de vue de la connaissance de l'être, du point de vue ontologique, serait la signifiance la plus pauvre, celle d'un signe conventionnel, une intelligibilité inférieure par rapport à la vision et même par rapport à la visée (meinen = vouloir dire) qui entend son corrélat de la façon que Husserl appelle « signitive » – n'a-t-elle d'autre source que celle d'une association formelle ? N'annonce-t-elle pas une origine moins empirique, le schéma de la connaissance : satisfaction de la pensée par l'être, dût-il être abandonné ? L'extrinsécité des termes – l'extériorité radicale qui se montre dans la pure indication – la différence – ne remonte-t-elle pas à un régime de sens, à une intelligibilité qui ne se réduit pas à la manifestation d'un « contenu en être », à une pensée ? On ne se trouve pas à l'origine

de l'extériorité quand on l'enregistre comme fait transcendantal (forme de la sensibilité), ou anthropologique ou comme donnée ontologique. Il y aurait extériorité, rapport dans l'exclusion de tout rapport, là où un terme est affecté par ce qui ne se prête pas à l'*avatar* d'un contenu, par ce qui ne se prête pas à une chute quelconque « entre des limites » pour en épouser, tel un « objet intentionnel », les mesures, par ce qui, à parler rigoureusement, ne devrait pas se dire « ce » : là où un terme est affecté par l'inassumable, par l'Infini. Affection par ce qui n'entre pas en structure, qui, avec ce qu'il affecte, ne fait pas *ensemble*, comme y entrerait l'« objet intentionnel » s'assemblant en co-présence avec l'intention où il est vu ou visé (3) – affection par l'absolument autre. L'indication, rapport de pure extrinsécité de l'un à l'autre, sans qu'il y ait rien de commun ni aucune « correspondance » entre eux, rapport de la différence absolue, n'est pas le décroît d'une quelconque intuition ; elle tient son intelligibilité de la transcendance elle-même qui est ainsi irréductible à l'intentionalité et à ses structures du besoin à satisfaire. La différence absolue de la transcendance ne s'annonce-t-elle pas ainsi comme non-in-différence, affection – et affectivité – radicalement distinctes de la présentation de l'être à la conscience de ... ? Affection par l'invisible – invisible au point de ne pas se laisser représenter, ni thématiser, ni nommer, ni montrer du doigt comme un « quelque chose » en général comme un ceci ou un cela et, dès lors « l'absolument non-incarnable », ce qui n'arrive pas à « prendre corps », inapte à l'hypostase, affection au-delà de l'être et de l'étant et

3. Ce qui rend possible la conception d'une conscience faisant partie du monde qui lui est donné, la fameuse *conscience psychologique* que Husserl oppose à la *conscience réduite*.

de leur distinction ou amphibologie, l'infini éclipsant l'ess*a*nce. Affection ou passivité : conscience qui ne serait pas conscience de..., mais psychisme retenant son intentionalité comme on retient son souffle et, dès lors, pure patience : attente sans aucun attendu, ou espoir où rien d'espéré ne vient incarner l'Infini, où aucune pro-tention ne vient dé-jouer la patience ; passivité plus passive que toute passivité du subir – lequel serait encore accueil – patience et longueur du temps ; patience ou longueur du temps. Dans l'ajournement ou la différ*a*nce incessante de cette pure indication, nous soupçonnons le temps lui-même, mais comme une incessante dia-chronie : proximité de l'Infini, le *toujours* et le *jamais* d'un dés-inter-essement et de l'à-Dieu. Affection, mais sans tangence : affectivité. Proximité dans la crainte de l'approche, traumatisme de l'éveil. La dia-chronie du temps comme crainte de Dieu (4).

Proximité de Dieu où se dessine, dans son irréductibilité au savoir, la socialité, *meilleure que* la fusion et que l'achèvement de l'être dans la conscience de soi, proximité où, dans ce « meilleur que », le *bien* se met seulement à signifier. Proximité qui déjà à la pure durée, à la patience de vivre, confère un sens, sens de la vie purement vécue sans raison d'être, rationalité plus ancienne que la révélation de l'être.

4. La philosophie qui nous est transmise n'a pas pu ne pas nommer le paradoxe de cette signifiance non-ontologique,

4. **Il faut mettre en question la phénoménologie heideggerienne de l'affectivité ancrée dans l'angoisse et où la crainte de Dieu devrait se réduire à la crainte de la sanction.**

même si, aussitôt, elle retournait à l'être comme à l'ultime fondement de la raison qu'elle nommait. La mise de l'Idée de l'Infini dans le fini, dépassant sa capacité, enseignée par Descartes, est l'une des plus remarquables expressions de la transcendance. Elle est, certes, pour Descartes la prémisse de la preuve de l'existence de Dieu. Et, par là, pour la transcendance de la démesure affectant d'une certaine façon le fini, est recherchée la positivité de l'être thématisé et identique. Sous des termes différents, cette relation de transcendance se montre – ne fût-ce qu'un instant dans sa pureté – dans les philosophies du savoir. C'est l'au-delà de l'être chez Platon, c'est l'entrée « par la porte » de l'intellect agent chez Aristote ; c'est l'exaltation de la raison théorique en raison pratique chez Kant ; c'est la recherche de la reconnaissance par l'*autre homme* chez Hegel lui-même ; c'est le renouvellement de la durée chez Bergson qui a, peut-être, saisi là, plutôt que dans sa conception de l'intégrale conservation du passé – la diachronie même du temps ; c'est le dégrisement de la raison chez Heidegger.

Cette façon pour le penser de penser au-delà du corrélatif qui se thématise, cette façon de penser l'Infini sans l'égaler et, dès lors, sans revenir à soi, est une mise en question du penser par l'Autre. La mise en question ne signifie pas que, d'une façon quelconque, la pensée aurait à s'interroger sur sa nature et sur sa quiddité, mais que de la positivité où elle se tient au monde, elle s'inquiète ou s'éveille.

Dans la philosophie qui nous est transmise, le sens qui ne se réfère pas à ce qui s'installe dans la positivité de la terre ferme sous la voûte du ciel, passe pour purement subjectif, pour le rêve d'une conscience malheureuse. La Question et la Recherche et le Désir sont les privations de la réponse, de la possession, de la jouissance. On ne se demande pas si la question paradoxalement inégale à elle-même, *ne pense pas au-delà,* si la question, au lieu de ne porter en elle que le creux du besoin, n'est pas le mode même de la relation avec l'Autre, avec le non-contenable, avec l'Infini. Avec Dieu. La question, avant de se poser dans le monde et de se satisfaire de réponses, serait, de par la demande ou la prière qu'elle porte – de par l'émerveillement où elle s'ouvre – relation-à-Dieu, l'insomnie originaire du penser. La question ne serait pas une modification, ni une modalité, ni une modalisation de l'*apophansis,* comme le doute ou la conscience du probable ou du possible. Elle est originelle. Elle est exactement la figure que prend – ou le nœud où se noue – la disproportion du rapport – sans cette figure impossible – du fini à l'Infini, le « dans » de « l'infini *dans* le fini » qui est aussi le *dehors* plus extérieur que toute extériorité ou la transcendance ou la durée infinie n'arrivant pas ni n'allant à terme (5). N'est-ce pas de cette pensée, autre que celle qui, conscience intentionnelle, veut à sa mesure le correlat, le repos et l'identité du positif astronomique, que parle Blanchot quand il dit paradoxalement « Nous pressentons que le dés-astre est la pensée » (6). Intelligibilité dont l'insolite ne se réduit pas à une théologie négative. La transcendance de l'Infini n'est pas récupérée dans les propositions fussent-elles négatives.

Nous avons, en effet, essayé ailleurs (7) de montrer comment la transcendance de l'Infini se retourne en relation avec autrui, mon prochain ; comment la proximité

5. On ne saurait parler de la signification de la *question* pour la structure même du spirituel et du penser, sans rappeler la thèse de J. Delhomme sur la *Pensée Interrogative* (1954) et sans renvoyer à ce livre essentiel.

6. *Le Nouveau Commerce,* 30/11, « Discours sur la patience », p. 21, repris dans le récent livre : *L'Ecriture du Désastre* (Gallimard).

7. « Dieu et la philosophie », voir supra p. 93. Voir aussi notre *Autrement qu'être ou au-delà de l'essence,* Nijhoff, La Haye, 1974.

signifie, à partir du visage de l'autre homme, la responsabilité déjà assumée pour lui ; comment par cette responsabilité incessible et sans dérobade – allant jusqu'à la substitution à l'autre homme, potentiellement, jusqu'à l'in-condition d'otage – prend un sens la subjectivité qui dit *je* dans cette responsabilité de premier venu, de première personne arrachée à la place confortable qu'elle occupait d'individu protégé, dans le concept du *Moi en général* des philosophies de la conscience de soi. La question de l'Autre retourne en responsabilité pour autrui, et la crainte de Dieu – aussi étrangère à l'effroi devant le sacré qu'à l'angoisse devant le néant – en crainte pour le prochain et pour sa mort.

La « pure indication » des analyses husserliennes – l'un évoquant l'autre sans aucune « faim » de l'autre, – qui, dans l'élément de la connaissance de l'être (lequel est celui de l'identification de l'identique et du monde) est une déficience sans plus, appartient à un tout autre élément que l'ontologie et signifie d'un autre sens qui, dans l'éthique, aura son *hypotypose*. Ethique qui ne s'entend pas comme le corollaire d'une vision du monde, comme fondée sur l'être, sur la connaissance, sur des catégories ou des existentiaux.

Dans l'humain une intelligibilité plus ancienne que celle qui se manifeste comme compréhension de l'être embrassable et ainsi constituable par la conscience et qui règne comme monde. Signification par transcendance, plus ancienne que celle qui régit l'*esse,* même si, à son tour, elle se laisse montrer dans le langage qu'elle appelle et suscite pour entrer dans des propositions à forme ontologique et ontique (8). Sens qui par rapport à celui qui convient à la thèse doxique des propositions, serait paradoxal. En termes de connaissance,

8. Cf. dans notre *Autrement qu'être ou au-delà de l'essence,* ch. 5, un essai de montrer la naissance de la thématisation, du discours et de la théorie dans la signification éthique.

il signifierait l'infini dans le fini. Mais c'est la signification de ce *dans* que nos analyses ont essayé d'éclairer.

Nous avons confronté d'une part l'évidence du savoir qui est une façon du repos de l'être où, dans l'égalité de l'apparaître et de l'être, son identité d'être s'identifie et se confirme ; et d'autre part la patience de l'infini où la raison est un dérangement incessant du Même par l'Autre ou la diachronie du Temps, ce qui, concrètement, se produit dans ma responsabilité pour autrui ou dans l'éthique. Nous avons demandé si l'Autre qui se refuse à l'identification – c'est-à-dire à la thématisation et à l'hypostase – mais que la philosophie de la tradition tentait de récupérer dans la patience du concept à travers la méthodologie de l'histoire comme conscience de soi, si l'Autre ne doit pas s'entendre tout autrement dans une mise en question de la pensée par l'Infini qu'elle ne saurait contenir, dans l'éveil ; mise en question et éveil qui s'inversent en l'éthique de la responsabilité pour autrui ; mise en question incessante de la quiétude ou de l'identité du Même. Susception plus passive que toute passivité, mais éveil incessant, réveil au sein de l'éveil qui, sans cela, se ferait « état d'âme », état de veille, la veille comme état (9). Pensée plus pensante que la pensée de l'être, dégrisement que la philosophie s'essaie de dire, c'est-à-dire de communiquer, et ne serait-ce que dans un langage qui se dédit sans cesse, qui insinue.

9. Cf. sur ce thème notre étude « De la conscience à la veille », voir *supra* p. 34 et, dans *Etudes Philosophiques*, numéro d'automne 1977, notre étude : *Philosophie et éveil.*

TRANSCENDANCE ET MAL*

... J'établis la paix et suis l'auteur du Mal,
moi l'Eternel je fais tout cela.

Isaïe 45, 7

1. La pensée et la transcendance.

La tentative de mettre en doute la signification même de mots tels que *transcendance* et *au-delà*, atteste leur consistance sémantique, puisque, du moins dans ce discours critique qui les concerne, on reconnaît ce qu'on conteste. La réduction du sens absolu de ces termes à une *transcendance* et à un *au-delà* relatifs, portés, par la force d'une je ne sais quelle pulsion, au plus loin et au plus haut degré, c'est déjà faire intervenir *transcendance* et *au-delà* dans ce superlatif ou prêter à certaines de nos forces psychologiques une puissance transcendante. Et, cependant, à l'intelligibilité de ces notions, ne manque-t-il pas quelque chose pour devenir véritablement pensées ? C'est que, dans notre tradition philosophique, la véritable pensée est une pensée vraie, un connaître, une pensée référée à l'être – à l'être désignant un étant, mais aussi à l'être entendu comme verbe, comme exprimant

* Paru pour la première fois dans le n° 11 du *Nouveau Commerce.*

l'accomplissement par des étants de la tâche ou du destin d'être, sans quoi nous ne pourrions pas reconnaître l'étant comme étant.

Kant en distinguant idée et concept, raison et entendement, fut, certes, le premier à séparer la pensée du connaître et à découvrir, ainsi, des significations ne rejoignant pas l'être, ou, plus exactement, des significations non soumises aux catégories de l'entendement, et non soumises à la réalité qui, en fait, est corrélative de ces catégories. Mais cette pensée distante de l'être qui, pour autant, ne se réduit pas à l'insensé, est encore entendue par Kant comme vide des choses en soi qu'elle vise. Elle se mesure encore à l'être qui lui manque. Les idées ont ainsi un statut dialectique au sens péjoratif que Kant confère à cet adjectif ; l'illusion transcendantale qui en elle se joue, est le drame d'une aspiration à l'être. Tout se passe toujours comme si l'apparoir et la connaissance de l'être, équivalaient à la rationalité et à l'« esprit » ; comme si la signification du sens – l'intelligibilité – tenait à la manifestation de l'être, était ontologie, ne serait-ce qu'en guise d'intentionalité : d'une volonté ou d'une nostalgie de l'être. Certes, à travers ces rebondissements de l'ontologie, Kant a l'audace d'une distinction plus radicale entre pensée et savoir. Il découvre dans l'usage pratique de la raison pure une intrigue, irréductible à une référence à l'être. Une bonne volonté, en quelque façon utopique, sourde aux informations, indifférente aux confirmations qui pourraient lui venir de l'être (lesquelles importent à la technique et à l'impératif hypothétique, mais ne concernent pas la pratique ni l'impératif catégorique), procède d'une liberté située au-dessus de l'être et en deçà du savoir et de l'ignorance. Et cependant, après un instant de séparation, la relation avec l'ontologie se rétablit dans les « postulats de la raison pure », comme si elle était attendue au milieu de toutes ces audaces : les idées rejoignent, à leur façon, l'être dans l'existence de Dieu garantissant, soit, selon la lettre du criticisme, l'accord de la vertu et du bonheur, soit, selon la lecture de Hermann Cohen, l'accord de la liberté avec la nature et l'efficacité d'une pratique décidée sans connaissance. L'existence absolue de l'Idéal de la raison pure, l'existence de l'Etre Suprême, importe finalement dans une architecture dont seul le concept de liberté devait être la clef de voûte.

Cette capacité qu'a l'idée d'égaler le donné ou l'obligation où elle est de justifier son vide, cette susceptibilité de se référer à l'être – et fût-ce de façon autre qu'intuitive mais toujours à l'être – cette nécessité pour la pensée d'appartenir à la connaissance, reste-t-elle la mesure de toute intelligibilité ? La pensée allant à Dieu, est-elle astreinte à cette mesure sous peine de passer pour une pensée en décroît, pour une privation du savoir ? Ne peut-on pas montrer que, loin de se borner au pur refus des normes du savoir, la pensée allant à Dieu – et qui y va autrement qu'on ne va au thématisé – comporte des modalités psychiques et originaires,– au-delà de celles que demande un monde des lois sans jeu, avec ses rapports de réciprocité et de compensation et ses identifications des différences, – des modalités du dérangement du Même par l'Autre, des modalités propres et originaires de l'à-Dieu, où s'interrompt l'aventure ontologique de l'âme, où, devant la Gloire, *s'éclipse* l'idée de l'être (peut-être déchue précisément, en Dieu, au rang d'un simple attribut) et où, dans le dés-inter-*esse-ment,* s'estompe l'alternative du réel et de l'illusoire ?

2. Transcendance et phénoménologie.

Comment et où se produit dans le psychisme de l'expérience, la rupture majeure capable d'accréditer un *autre* comme irréductiblement *autre*, et, dans ce sens, comme *au-delà*, alors que, dans le tissu du pensable thématisé, tout déchirement conserve ou renoue la trame du Même ? Comment une pensée peut-elle aller *au-delà* du monde qui est précisément la façon dont s'assemble l'être qu'elle pense – quelle que soit l'hétérogénéité de ses éléments et la variété de leurs modes d'être ? Comment le transcendant peut-il signifier « le tout autre », facile à dire, certes, mais que le fonds commun du pensable et du discours restitue au monde et en monde ? Il ne suffit pas que dans le pensable s'accuse une différence ou s'ouvre une contradiction pour que bée un intervalle à la mesure de la transcendance ou même un néant devant lesquels s'épuiseraient impuissantes les ressources dialectiques et logiques de la pensée. Comment prend sens un *néant* qui ne soit pas seulement la négation de la négation, laquelle « conserve » (aufhebt) l'être qu'elle renie ? Comment prend sens la différence d'une altérité qui ne repose pas sur quelque fonds commun ?

Je pense que, sur ces deux points, la phénoménologie husserlienne a ouvert de nouvelles possibilités. Elle affirme la solidarité rigoureuse de tout intelligible et des modalités psychiques *par* lesquelles et *dans* lesquelles il est pensé : n'importe quel sens n'est pas accessible à n'importe quelle pensée. Ces modalités psychiques comportent, certes, des implications intentionnelles – intentions refoulées ou oubliées – mais sont des essences irréductibles, des *origines* (queiles que soient les ambitions réductrices de la phénoménologie dite « génétique »). La phénoménologie husserlienne, c'est, en fin de compte, une *éidétique de la conscience pure.* C'est, d'une part, la confiance en l'idée de la structure irréductible du psychisme, irréductible à un quelconque ordre mathématique ou logique et d'une irréductibilité plus originaire que toute mathématique et toute logique, ne se prêtant ainsi qu'à la description ; la phénoménologie c'est l'idée des essences du psychisme ne constituant pas une « multiplicité définie » (definite Mannigfaltigkeit). C'est, d'autre part, la référence du sens à la donation du sens – à la Sinngebung – qui anime ces pensées irréductibles. La phénoménologie nous a enseigné ainsi de ne pas expliciter un sens pensé uniquement ou principalement à partir de ses rapports avec d'autres sens objectifs, sous peine de relativiser tout sens et d'enfermer dans le *système* sans issue toute signification. La phénoménologie nous a appris à expliciter ou à élucider un sens à partir du *psychisme irréductible* où il est donné, à rechercher ainsi le sens dans son origine, à rechercher le sens originaire. Cette méthode, issue d'une philosophie de l'arithmétique et des recherches logiques, affirme la primauté – la principauté – du non-formel !

Dans cette perspective, on comprend la nouveauté de la démarche heideggerienne qui va, par exemple, au néant à partir de l'angooisse, vécu, modalité du psychisme menant plus loin que la négation. Mais pour les notions de l'*autre* et de la différence-sans-fonds-commun, la pensée contemporaine semble également redevable à un concept heideggerien développé à partir de l'angoisse, à celui de la *différence ontologique :* la différence entre être et étant, ne présuppose en effet de commun que le papier sur lequel s'inscrivent les mots qui les désignent, ou l'air où vibrent les sons qui servent à les prononcer. La différence entre être et étant est *la* différence. Il n'est pas, dès lors, étonnant qu'elle exerce une fascination sur les philosophes qui, après le mot nietzschéen sur la mort de Dieu – et en dehors de toute ontothéologie – osent s'intéresser au sens de la transcendance, guidés, sans doute, par la conviction que le domaine du *sensé* n'est pas limité au *sérieux* des sciences et des travaux qui s'attachent à l'être thématisé, ni au *jeu* des plaisirs et des arts, qui s'évade de l'être mais en conserve le souvenir, se complaît dans ses images et comporte des enjeux.

On peut, certes, se demander si l'être au sens verbal de Heidegger, transcendant l'étant, mais se donnant à tous les étants, reste au-delà du monde qu'il rend possible et s'il permet de penser un Dieu transcendant d'au-delà de l'être ; on peut se demander si la neutralité qui s'offre à la *pensée de l'être* transcendant l'*étant,* peut convenir et suffire à la transcendance divine. Toujours est-il que la *différence ontologique* sert aux philosophes de modèle de transcendance et que même répudiée dans des recherches apparentées à la pensée religieuse, elle est souvent invoquée. Qu'il nous suffise de rappeler le profond et subtil essai de Jean-Luc Marion (1) sur la divinité de Dieu. Tentative courageuse de percée, tentative, chez les philosophes, encore isolée, de ne plus entendre Dieu à partir de l'être primordialement. Tout en reconnaissant sa dette envers Heidegger et tout en fixant son propre itinéraire en recherchant les voies heideggeriennes, l'auteur se met finalement (p. 214), « à distance de la différence ontologique ».

C'est dans la même attention portée à la transcendance et à partir d'une certaine modalité du psychisme – d'un certain vécu remarquable – qui interrompt le monde (même si la psychologie qui, comme science, c'est-à-dire comme thématisation se ressaisit de cette interruption,

1. *L'Idole et la distance* – Paris, Grasset, 1977.

et a toujours son temps de ressaisissement, et prend ce phénomène interrupteur pour un état psychologique (2) parmi d'autres accessible à la théorie et au traitement) qu'un autre jeune penseur, Philippe Nemo, vient d'écrire un livre sur le mal de Job. Exégèse d'un texte biblique (3). La *différence ontologique* semble, là encore, avoir été l'encouragement majeur. Mais c'est une description du vécu se justifiant par le phénomène, même si elle est suggérée par les versets du livre commenté. La rupture du même y est abordée à partir d'un contenu psychique doué d'une signification exceptionnelle ; ce qu'il comporte d'extrême n'est pas recherché dans un superlatif quelconque, mais dans la donnée simple d'une expérience. Nous voudrions beaucoup faire valoir cette phénoménologie et la juger pour elle-même en oubliant les intentions exégétiques dont elle procède, et cela, malgré la grande finesse et le grand scrupule de cette herméneutique. Mais nous n'entendons pas prendre ici position sur la vérité du sens ultime prêté par elle au livre de Job. Le langage philosophique employé par l'auteur auquel nous répondons, semble parfaitement justifié par la perspective philosophique qu'ouvre cet ouvrage qui n'est pas un exercice de piété.

3. L'excès du mal.

Pour décrire le mal tel qu'il serait vécu dans la souffrance de Job, Philippe Nemo insiste d'abord sur l'angoisse

2. Interprétation que l'on ne peut écarter à jamais ; à travers elle, la thématisation et le discours de la science se superposent à toute rupture et remettent la transcendance en question. Sans empêcher le retour du vécu et du sens interrupteur. La transcendance peut-elle avoir un sens autre qu'ambigu pour un moderne ? Mais il en est de même du monde. Cf. les lignes qui terminent le présent essai.

3. *Job et l'excès du Mal* – Paris, Grasset, 1978.

qui en serait l'événement sous-jacent. En accord avec Heidegger, l'angoisse s'interprète comme dévoilement du néant, comme être-à-la-mort, comme le fait d'un monde qui se dérobe et qui isole l'homme et de l'homme qui se ferme aux paroles de consolation, lesquelles appartiennent encore aux ressources du monde qui se défait.

L'angoisse ainsi comprise, ne saurait passer pour un simple « état d'âme », « pour une forme de l'affectivité morale », pour une simple conscience de la finitude ou pour un symptôme moral précédant, accompagnant ou suivant une douleur que, à la légère sans doute, on appellerait physique. L'angoisse est la pointe aigüe au cœur du mal. Maladie, mal de chair vivante, vieillissante, corruptible, dépérissement et pourrissement, ce seraient là les modalités de l'angoisse elle-même ; par elles et en elles – le mourir, en quelque façon, vécu et la vérité de cette mort, inoubliable, irrécusable, irrémissible ; dans l'impossibilité de se le dissimuler – la non-dissimulation même, et peut-être, le dévoilement et la vérité par excellence, le, de soi, ouvert, l'insomnie originaire de l'être ; rongement de l'identité humaine qui n'est pas un inviolable esprit accablé d'un corps périssable, mais l'*incarnation*, dans toute la gravité d'une identité qui s'altère en elle-même. Nous voilà en deçà ou déjà au-delà du dualisme cartésien de la pensée et de l'étendue dans l'homme. Le goût et l'odeur de pourriture ne s'ajoutent pas ici à la spiritualité d'un savoir tragique, à un pressentiment ou à une prévision quelconque, fussent-ils désespérés, de la mort. Le désespoir désespère comme mal de la chair. Le mal physique est la profondeur même de l'angoisse et, dès lors – Philippe Nemo le montre par les versets de Job – l'angoisse, dans son acuité charnelle, est la racine de toutes les misères sociales, de toute la déréliction humaine : de l'humiliation, de la solitude, de la persécution.

Mais cette conjonction du mal et de l'angoisse, ne reçoit pas, dans l'analyse qui nous est offerte, le sens auquel nous ont habitués les philosophes de l'existence et dont Heidegger – du moins celui de *Sein und Zeit* – a tracé, de la façon la plus nette le modèle. L'essentiel de l'angoisse consistait alors à ouvrir l'horizon du néant, plus radicalement négatif que celui de la négation, incapable de faire oublier l'être quelle renie. La mort que l'angoisse comprenait, s'annonçait comme néant pur. Ce qui nous paraît le plus fort et le plus neuf dans le livre de Nemo, c'est la découverte, dans la conjonction de l'angoisse et du mal, d'une autre dimension de sens. Le mal signifiera certes une « fin » du monde mais une fin qui, d'une façon très significative, mène au-delà ; ailleurs qu'à l'être, certes, mais ailleurs qu'au néant, à un *au-delà* que ne conçoivent ni la négation, ni l'angoisse des philosophes de l'existence ; le mal n'est ni un mode, ni une espèce, ni un parachèvement quelconque de la négation. Pourquoi alors cette insistance sur l'angoisse au fond du mal ? Nous reviendrons sur cette question.

Dans sa malignité de mal, le mal est excès. Alors que la notion d'excès évoque, d'emblée, l'idée quantitative d'intensité, de son degré dépassant la mesure, le mal est excès dans sa quiddité même. Notation très importante : le mal n'est pas excès parce que la souffrance peut être forte et, ainsi, aller au-delà du supportable. La rupture avec le normal et le normatif, avec l'ordre, avec la synthèse, avec le monde constitue déjà son essence qualitative. La souffrance en tant que souffrance n'est qu'une manifestation concrète et quasi sensible du non-intégrable, du non-justifiable. La « qualité » du mal, c'est cette *non-intégrabilité* même, si on peut user d'un tel terme : cette qualité concrète se définit par cette notion abstraite. Le mal n'est pas seulement le non-intégrable, il est aussi la non-intégrabilité du non-intégrable. Comme si à la synthèse – fût-elle purement formelle du « je pense » kantien et capable de réunir les *données,* quelque hétérogènes qu'elles soient – s'opposait, sous les espèces du mal, le non-synthétisable, plus hétérogène encore que toute hétérogénéité soumise à l'embrassement du formel exposant l'hétérogénéité dans sa malignité même. Comme si l'enseignement bergsonien donné dans l'*Evolution Créatrice* sur le désordre comme ordre autre, était contredit par le mal, dérangement irréductible. Très remarquablement, ce qu'il y a de purement quantitatif dans la notion d'excès, se montre-t-il en guise de contenu qualitatif caractéristique de la malignité du mal, comme quiddité de phénomène. Dans l'apparaître du mal, dans sa phénoménalité originaire dans sa *qualité* s'annonce une *modalité,* une manière : le ne-pas-trouver-de-place, le refus de tout accommodement avec..., un contre-nature, une monstruosité, le, de soi, dérangeant et étranger. *Et dans ce sens la transcendance !* L'intuition qui consiste à apercevoir, dans la pure qualité du phénomène comme le mal, le *comment* de la rupture de l'immanence, est une vue qui nous paraît intellectuellement aussi riche que parurent aux débuts de la phénoménologie, la redécouverte de l'intentionalité ou dans *Sein und Zeit* les pages éblouissantes sur la *Zuhandenheit* et la *Stimmung.* Mais ce sont peut-être des impressions privées et qui n'appartiennent qu'à la petite et anecdotique histoire de la phénoménologie !

L'extériorité ou la transcendance dans le mal ne prend pas son sens par opposition à l'« intériorité » psychique, ne l'emprunte pas à une quelconque corrélation préalable de l'extériorité et de l'intériorité, qui rendrait possible l'illusion d'arrière-mondes multiples s'accumulant cependant dans le même espace. C'est dans l'*excès* du *mal* que la préposition *ex* signifie de son sens originaire, l'excession elle-même, l'*ex* de toute extériorité. Aucune *forme* catégoriale ne saurait l'investir, ne saurait la retenir dans son cadre. Le « tout autre », par delà la communauté du commun, n'est plus un simple mot ! C'est l'*autre*, « autre scène » comme l'appelle Nemo, car plus étrangère à la conscience de l'être-au-monde que la scène de l'inconscient – autre simplement – repli de l'altérité provisoire et que la psychanalyse sait déplier dans le monde.

Que la transcendance soit l'injustifiable dont l'événement concret serait la malignité du mal, c'est peut-être tout le sens de la dérisoire théodicée des amis de Job. Leur idée de justice procéderait d'une morale de la récompense et du châtiment, d'un certain ordre déjà technologique du monde. Toute tentative de théodicée, n'est-elle pas d'ailleurs une façon de penser Dieu comme la réalité du monde ?

Le mal où Philippe Nemo distingue l'angoisse, n'a-t-il pas sa signification d'excès et de transcendance indépendamment d'elle ? N'obtient-il pas cette signification par l'injustifiable qu'est la malignité du mal, par la résistance qu'il oppose à la théodicée plutôt que par son être-à-la-mort qu'anticipe l'angoisse ? Nous nous le sommes déjà demandé. Mais est-il sûr, après tout, que l'essence de la mort qui dans l'angoisse s'accomplit, doive être pensée, selon la description de *Sein und Zeit* comme néant ? Le secret sur la mort, n'est-il pas phénoménologiquement inhérent à la mort et l'angoisse du mourir, n'est-elle pas une modalité, l'acumen anticipé – du souffrir et non pas la solution du dilemme : to be or not to be (4).

4. Cf. notre tentative de phénoménologie dans ce sens dans « Le temps et l'autre » paru dans le recueil *Le Choix, le Monde, l'Existence*, en 1948 chez Arthaud, repris en volume, édition *Fata Morgana* à Montpellier.

4. Le Toi.

Le contenu du mal ne serait pas épuisé par la notion d'excès. Guidés par l'exégèse – mais prétendant à une signifiance intrinsèque – l'analyse, en un deuxième moment, y découvre une « intention » : le mal m'atteint comme s'il me cherchait, le mal me frappe comme s'il y avait une visée derrière le mauvais sort qui me poursuit, « comme si quelqu'un s'acharnait contre moi », comme s'il y avait malice, comme s'il y avait quelqu'un. Le mal, de soi, serait un « me viser ». Il m'atteindrait dans une blessure où se lève un sens et s'articule un *dire* reconnaissant ce quelqu'un qui ainsi se révèle. « Pourquoi toi me fais-tu souffrir moi et ne me réserves-tu pas plutôt une béatitude éternelle ? » Dire premier, question première ou lamentation première ou première prière. En tout cas, interpellation d'un Toi et entrevision du Bien derrière le Mal. Première « intentionalité » de la transcendance : quelqu'un me cherche. Un Dieu qui fait mal, mais Dieu comme un Toi. Et, par le mal en moi, mon éveil à moi-même. « Réveil de l'âme dans l'excès du mal » dit Nemo. De son état de subjectivité dans le monde – de son être-au-monde – le moi est réveillé à la condition de l'âme qui interpelle Dieu. Cette idée de la souffrance comme persécution et de l'élection dans la persécution, et de la mise à part et de la distinction dans la douleur, n'est certes pas d'une phénoménologie aussi communicable ni aussi universelle, que celle de l'excès dans le mal ; nous avons des raisons de penser qu'elle n'est pas seulement inspirée par les particularités du livre de Job.

Que l'« intentionalité » originelle de la relation entre êtres, soit un rapport avec Dieu, qu'elle vienne de Dieu, que ce rapport ne se décrive pas d'une façon neutre et formelle, qu'il soit d'emblée qualifié comme un « me faire mal », comme une malice dans le sombre paradoxe de la méchanceté de Dieu, que l'originaire – que le principe – ne soit ni le général, ni le formel, mais le *concret et le déterminé* (à ne pas prendre dans un sens empirique), est assez frappant ici et reste conforme à l'esprit de l'analyse qui sut découvrir la transcendance et l'excès dans la concrétude du mal. Mais, du même coup, l'« élément » où se meut la « philosophie première » n'est plus l'impersonnel, l'anonyme, l'indifférent, le neutre déroulement de l'être abordé, jusque dans l'humanité qu'il englobe, comme monde des choses et des lois ou comme monde de pierres, monde supportant toute intervention et comme susceptible de *satis*-faire n'importe quel désir par l'entremise de la technique. Celle-ci ne suppose que la légalité des choses, leur égalité à nos désirs, et la ruse de la pensée. La première question métaphysique n'est plus la question de Leibniz : « Pourquoi y a-t-il quelque chose et non plutôt rien ? » mais « Pourquoi y a-t-il du mal et non pas plutôt du bien ? » (p. 155). C'est la dé-neutralisation de l'être ou l'au-delà de l'être. La différence ontologique est précédée par la différence du bien et du mal. *La* différence, c'est cette dernière, c'est elle l'origine du sensé : « a sens ce qui concerne l'alternative du bien et du mal extrême pour l'attente d'une âme » (p. 212). Le sens commence donc dans la relation de l'âme à Dieu et à partir de son éveil par le mal. Dieu me fait mal pour m'arracher au monde en tant qu'unique et ex-ceptionnel : en tant qu'une âme. Le sens implique cette relation transcendante, « l'altérité de l'autre scène » qui n'est plus un concept négatif. « Le sens de l'altérité de l'autre scène, écrit Nemo (p. 212) c'est le bien et le mal en tant qu'ils excèdent le monde et l'orientent. La « différence » qu'il y a entre une scène et l'autre, c'est la différence du bien au mal. Toute autre « différence » est interne au monde ».

Priorité de l'éthique par rapport à l'ontologique, dirions-nous, bien que Philippe Nemo ne doive pas aimer cette formule pour qualifier sa voie. En effet, malgré une notion de la différence qui n'est pas ontologique, la découverte du Toi interpellé dans le mal s'interprète par recours à l'être : « Dieu qui apparaît dans le Toi a pour être, d'être un Toi ». Le Toi en Dieu n'est pas un « autrement qu'être », mais un « être autrement ». La réflexion sur le Toi ne se risque pas jusqu'à penser en lui un au-delà de l'être. Elle se subordonne à l'ontologie, reculant devant la suprême infidélité à la philosophie qui nous est transmise, pour laquelle l'étant et l'être de l'étant sont les ultimes sources du sensé. Se maintenir en relation avec le Toi qui en Dieu *éclipse* l'être, serait péjorativement interprété comme une façon de se complaire dans l'illusion. On n'osera pas penser (5) que le psychisme humain dans sa relation à Dieu s'aventure jusqu'aux significations de l'au-delà de l'être et du néant, au-delà de la réalité et de l'illusion, jusqu'au dés-inter-*essement* (6).

5. Cette « audace » manque aussi à Buber à qui la découverte de la relation Je-Tu, apparaît aussitôt comme un nouveau mode d'être – le Toi de Dieu n'étant qu'une façon d'être plus intense, la divinité de Dieu se perdant ainsi dans son mode d'existence qui serait le sens final de son épiphanie comme il l'est du monde dévoilé.

6. Nemo n'aimerait pas la formule : « l'éthique précède l'ontologie » pour une autre raison encore. Il identifie – comme presque toute la littérature philosophique de nos jours – l'éthique avec la Loi (qui en est la conséquence) alors que le mal qui nous éveille au Toi de Dieu, serait précisément contestation de la Loi et de l'esprit technique qui, pour Nemo, y est lié : la morale de la Loi ne serait pour lui qu'une technique pour s'attirer les récompenses et éviter les châtiments. Nous pensons que, primordialement, éthique signifie obligation envers Autrui, qu'elle nous mène à la Loi et au service gratuit qui n'est pas un principe de technique.

5. La Théophanie.

Le mal comme excès, le mal comme intention – il y a un troisième moment dans cette phénoménologie : le mal comme haine du mal. Dernier retournement de l'analyse : le mal me frappe dans mon horreur du mal et ainsi révèle – ou est déjà – mon association avec le Bien. L'excès du mal par lequel il est surplus au monde, c'est aussi notre impossibilité de l'agréer. L'expérience du mal serait donc aussi notre attente du bien – l'amour de Dieu.

Ce retournement du mal et de l'horreur du mal en attente du Bien, de Dieu et d'une béatitude à la mesure ou à la démesure de l'excès du mal, exposé dans les dernières pages de ce livre si beau et si suggestif, pose bien des questions. Cette horreur du mal dans laquelle, paradoxalement, il se donne, est-elle le Bien ? Il ne peut pas s'agir ici d'un passage du Mal au Bien par attraction des contraires. Ce serait une théodicée de plus. L'apport philosophique de toute cette exégèse biblique ne consiste-t-il pas à pouvoir aller comme au-delà de l'appel réciproque des termes qui se nient, au-delà de la dialectique ? Le mal précisément n'est pas une quelconque espèce de la négation. Il signifie l'ex-cès refusant toute synthèse où la tout-altérité de Dieu viendra à se montrer. A Nemo est aussi présent l'avertissement nietzschéen contre l'esprit de ressentiment. Il ne voudrait pas, au terme de son herméneutique, d'un bien qui ne signifierait qu'un rachat du mal ou une vengeance, ce qui d'ailleurs équivaudrait aussi à un retour de l'esprit technique dans la souffrance du mal. D'où, dans la description de l'attente du Bien, la formulation, à notre sens très profonde, d'une pensée qui penserait plus que ce qu'elle pense : « l'âme, écrit Nemo (p. 231) sait dorénavant que la fin qu'elle vise, la rencontre béatifique de Dieu, dépasse infiniment ce qu'elle vise ». L'âme qui, réveillée par le mal, se trouve en relation avec l'au-delà du monde ne retourne pas à la facture d'un être-au-monde, d'une conscience empirique ou transcendantale *égalant* ses objets, *adéquate* à l'être, s'égalant au monde dans ses désirs promis à la *satis*-faction. L'âme au-delà de la satisfaction et de la récompense attend un attendu dépassant infiniment l'attente. C'est sans doute là la « modalité psychique » de la transcendance et la définition même de l'âme religieuse et qui ne serait pas une simple spécification de la conscience. La notion du « jeu » qui, par opposition à la technique, désigne pour notre auteur la relation de l'âme avec Dieu, ne se déduit pas cependant de cette disproportion entre l'attente et l'attendu. « Seul l'excès de béatitude, écrit-il, répondra à l'excès du mal ». Or, il n'est pas sûr que l'excès se dise dans les deux membres de cette proposition dans le même sens. L'excès du mal ne signifie pas un mal excessif, alors que l'excès de béatitude demeure une notion superlative. S'il fallait, en effet, voir déjà dans la béatitude, comme telle, un excès, le mal n'aurait pas pu avoir la signification privilégiée autour de laquelle est construit tout le livre de Nemo. La transcendance pourrait suivre des voies moins tortueuses.

Le mouvement menant de l'« horreur du mal », à la découverte du Bien et qui, ainsi, achève en théophanie la transcendance ouverte dans la totalité du monde par le « contenu » concret du mal, ne mène-t-il qu'à l'opposé du mal et à une bonté de simple plaisance si grande soit-elle ? Le Bien qui est attendu dans cette « attente qui vise infiniment plus que cet attendu », n'entretient-il pas une relation moins lointaine avec le mal qui le suggère, tout en différant de lui d'une différence plus différente que l'opposition ? On est étonné en lisant ce commentaire du livre de Job si soucieux des textes et de leurs sous-entendus, du dit et du non-dit, si délicat d'oreille et d'intelligence, que jamais n'y apparaisse *au premier plan*, le problème du rapport entre la souffrance du moi et la souffrance qu'un moi peut éprouver de la souffrance de l'autre homme. A supposer même que dans ce texte biblique lui-même il n'en soit jamais question, n'y aurait-il pas là, dans ce silence même quelque secrète indication ? N'en est-il vraiment jamais question ? Le « Où étais-tu lorsque je fondais la terre ? » du chapitre 38 verset 4, au début du discours attribué à Dieu et qui rappelle à Job son absence à l'heure de la Création, apostrophe-t-il seulement l'impudence d'une créature qui se permet de juger le Créateur ? Expose-t-il seulement une théodicée où l'économie d'un tout harmonieux et savamment agencé ne récèle de mal qu'au regard limité d'une partie de ce tout ? Ne peut-on pas entendre dans ce « Où étais-tu ? » un constat de carence lequel ne peut avoir de sens que si l'humanité de l'homme est fraternellement solidaire de la création, c'est-à-dire est responsable de ce qui n'a été ni son moi, ni son œuvre, et si cette solidarité et cette responsabilité pour tout et pour tous – qui ne se peuvent pas sans douleur – est l'esprit lui-même ?

Nous n'allons pas proposer à Philippe Nemo dont la pensée est si personnelle, si neuve et si mûre, des « améliorations ». C'est plutôt dans le contexte de sa pensée que s'éclaire singulièrement une idée qui nous est familière et chère et souvent redite et à laquelle nous associons volontiers ce que son livre apporte de lumière sur les voies de la transcendance et la façon dont cette lumière est apportée. Elle est apportée par recours à une « donnée matérielle » de la conscience, à un « contenu concret » plutôt que par réflexion sur quelque « structure formelle ». Ainsi est signifié un « au-delà » des dimensions fermées que dessinent les opérations judicatoires de l'intellect et que reflètent les formes de la logique (7). C'est de la même façon, en effet, que la transcendance nous parut luire dans le visage de l'autre homme : altérité du non-intégrable, de ce qui ne se laisse pas assembler en totalité ou de ce qui, dans l'assemblée – à moins de subir violence et pouvoirs – reste en société et y entre comme visage. Transcendance qui n'est plus absorbée par mon savoir. Le visage met en question la suffisance de mon identité de moi, il astreint à une infinie responsabilité envers autrui. Transcendance originaire signifiant dans le *concret, d'emblée éthique,* du visage. Que dans le mal qui me pourchasse, m'atteigne le mal souffert par l'autre homme, qu'il me touche, comme si d'emblée l'autre homme en appelait à moi mettant en question mon *reposer sur moi-même* et mon *conatus essendi,* comme si avant de me lamenter de mon mal d'ici-bas, j'avais à répondre d'autrui, *n'est-ce pas là, dans le mal, dans l'« intention » dont si exclusivement dans mon mal je suis le destinataire, une percée du Bien ?* La théophanie. La Révélation. L'horreur du mal qui me vise, se faisant l'horreur du mal dans l'autre homme. Percée du Bien qui n'est pas une simple inversion du Mal, mais une élévation. Bien qui n'est pas plaisant, qui commande et prescrit. L'obéissance à la prescription –

7. Ces dimensions, d'après les enseignements husserliens reproduits dans *Erfahrung und Urteil* partent de la *position* d'un substrat individuel arraché à l'arrière-fond du monde, d'un substrat exposé aux « synthèses passives » de l'ex-plication et à la « modalisation » de la croyance où cette position se fait. Ces synthèses sont reprises alors dans l'*activité catégoriale* du jugement proprement dit. Ce sont des dimensions de l'affirmation d'un élan dans son *être* et dans ses propriétés, assemblées en synthèses et en système : univers cohérent sans arrière-mondes, règne du Même sans aucune « autre scène ».

et déjà celle de l'écoute et de l'entente qui sont les premières obéissances – n'implique d'autre récompense que cette élévation même de la dignité d'âme ; et la désobéissance, aucun châtiment sinon celui de la rupture même avec le Bien. Service indifférent à la rémunération ! De cette responsabilité pour le mal de l'autre homme, aucun échec ne saurait délier. Elle reste sensée malgré l'échec. Elle est tout le contraire de pensées techniques hors desquelles, à en croire Nemo, le mal nous rappelle à notre vie d'âme humaine.

6. *L'ambiguïté.*

La connaissance du monde – la thématisation – n'abandonne certes pas la partie. Elle essaie et réussit de réduire le dérangement du Même par l'Autre. Elle rétablit l'ordre troublé par le Mal et par Autrui à travers l'histoire où elle accepte d'entrer. Mais les fissures réapparaissent dans l'ordre établi. Notre modernité ne tiendrait pas seulement aux certitudes de l'Histoire et de la Nature, mais à une alternance : Récupération et Rupture, Savoir et Socialité. Aternance où le moment de la récupération n'est pas plus vrai que celui de la rupture, où les lois n'ont pas plus de sens que le face-à-face avec le prochain. Ce qui n'atteste pas un simple défaut de synthèse mais définirait le temps même, le temps dans sa diachronie énigmatique : tendance sans aboutissement, visée sans coïncidence ; il signifierait l'ambiguïté d'un ajournement incessant ou la progression de la prise et de la possession ; mais aussi l'approche d'un Dieu infini, approche qui est sa proximité.

Le présent texte a été l'objet d'une communication faite le 10 juillet 1978 au VIIe Congrès International de Phénoménologie tenu à Paris et organisé par The World Institute for advanced Phenomenological Research and Learning.

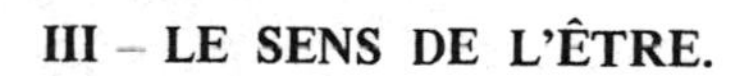

III – LE SENS DE L'ÊTRE.

LE DIALOGUE

CONSCIENCE DE SOI ET PROXIMITÉ DU PROCHAIN*

La valeur que toute une série de philosophes, de théologiens et de moralistes, de politiques et même l'opinion publique, attachent à la notion, à la pratique – et, en tout cas, au mot du dialogue – au discours que les hommes face-à-face tiennent entre eux, s'interpellant et échangeant énoncés et objections, questions et réponses, atteste une orientation nouvelle de l'idée que, peut-être à la suite des épreuves du XXème siècle depuis la première guerre mondaile, la société occidentale se fait de l'essence du sensé et du spirituel. Aussi n'est-il pas interdit de nos jours de parler d'une philosophie du dialogue et de l'opposer à la tradition philosophique de l'unité du Moi ou du système et de la suffisance à soi, de l'immanence. L'œuvre de Martin Buber et de Franz Rosenzweig en Allemagne, de Gabriel Marcel en France, leur influence dans le monde – mais aussi beaucoup de travaux remarquables signés de noms moins illustres – justifient cette façon de parler.

* Version française d'une étude écrite, sous le titre de *Le Dialogue*, pour l'encyclopédie *Christlicher Glaube in moderner Gesellschaft* publiée par la maison Herder à Freiburg-im-Breisgau ; publiée en français par l'Instituto di Studi filosofici à Rome en 1980.

1. L'esprit comme savoir et l'immanence.

C'est dans le psychisme conçu comme savoir – allant jusqu'à la conscience de soi – que la philosophie transmise situe l'origine ou le lieu naturel du sensé et reconnaît l'esprit. Tout ce qui advient dans le psychisme humain, tout ce qui s'y passe, ne finit-il pas par se savoir ? Le secret et l'inconscient, refoulés ou altérés, se mesurent encore ou se guérissent par la conscience qu'ils ont perdue ou qui les a perdus. Tout le vécu se dit légitimement *expérience.* Il se convertit en « leçons reçues » qui convergent en unité du savoir, quelles que soient ses dimensions et ses modalités : contemplation, volonté, affectivité ; ou sensibilité et entendement ; ou perception externe, conscience de soi et réflexion sur soi ; ou thématisation objectivante et familiarité de ce qui ne se pro-pose pas ; ou qualités primaires, secondaires, sensations kinesthétiques et cénesthétiques. Les rapports avec le prochain, le groupe social et Dieu, seraient encore des *expériences* collectives et religieuses. Même réduit à l'indétermination du *vivre* et à la familiarité du pur *exister,* du pur être, le psychisme *vit* ceci ou cela, *est* ceci ou cela, sur le mode du *voir,* de l'éprouver, comme si *vivre* et *être* étaient des verbes transitifs et *ceci* et *cela* compléments d'objets. C'est sans doute ce savoir implicite qui justifie l'emploi large que, dans les *Méditations,* Descartes fait du terme *cogito.* Et ce verbe à la première personne dit bien l'*unité* du Moi où tout savoir se suffit.

En tant que savoir, la pensée porte sur le pensable ; sur le pensable appelé être. Portant sur l'être, elle est hors d'elle-même, mais demeure merveilleusement en elle-même ou revient à elle-même. L'extériorité ou l'altérité du soi est reprise dans l'immanence. Ce que la pensée connaît ou ce que dans son « expérience » elle apprend, est à la fois l'*autre* et le *propre* de la pensée. On n'apprend que ce que l'on sait déjà et qui s'insère dans l'intériorité de la pensée en guise de souvenir évoquable, re-présentable. Réminiscences et imaginations assurent comme la synchronie et l'unité de ce qui, dans l'expérience soumise au temps, se perd ou est seulement à venir.

En tant qu'apprendre, la pensée comporte une saisie, une *prise* sur ce qui est appris et une possession. Le « saisir » de l'apprendre n'est pas purement métaphorique. Dès avant l'intéressement technique, il est déjà esquisse d'une pratique incarnée, déjà « mainmise ». La présence se fait main-tenant. La lcçon la plus abstraite se passe-t-elle de toute emprise manuelle sur les choses du « monde de la vie », de la fameuse *Lebenswelt ?* L'être qui apparaît au moi de la connaissance ne l'instruit pas seulement, mais *ipso facto* se *donne* à lui. Déjà la perception saisit ; et le *Begriff* conserve cette signification d'emprise. Le « se *donner* » – quels que soient les efforts qu'exige la distance « de la coupe aux lèvres » – est à l'échelle de la pensée pensante, lui promet, à travers sa « transcendance » une possession et une jouissance, une satisfaction. Comme si la pensée pensait à sa mesure de par le fait de pouvoir – incarnée – rejoindre ce qu'elle pense. Pensée et psychisme de l'immanence : de la suffisance à soi. C'est précisément cela le phénomène du monde : le fait qu'un accord est assuré dans le saisir entre le pensable et le pensant, que son apparaître est aussi un *se donner*, que sa connaissance est une satisfaction, comme si elle comblait un besoin. C'est peut-être cela que Husserl exprime quand il affirme une corrélation – qui est *la* corrélation – entre la pensée et le monde. Husserl décrit le savoir théorétique dans ses formes les plus achevées – le savoir objectivant et thématisant – comme comblant la mesure de la visée, l'intentionalité vide se remplissant.

L'œuvre hégélienne où viennent se jeter tous les courants de l'esprit occidental et où se manifestent tous ses niveaux, est une philosophie à la fois du savoir absolu et de l'homme satisfait. Le psychisme du savoir théorétique constitue une pensée qui pense à sa mesure et, dans son adéquation au pensable, s'égale à elle-même, sera consciente de soi. C'est le Même qui se retrouve dans l'Autre.

L'activité de la pensée *a raison* de toute altérité et c'est en cela, en fin de compte que réside sa rationalité même. La synthèse et la synopsie conceptuelles sont plus fortes que la dispersion et l'incompatibilité de ce qui se donne comme autre, comme *avant* et comme *après*. Elles renvoient à l'unité du sujet et de l'aperception transcendantale du *je pense*. Hegel écrit (*Wissenschaft der Logik* II, Lasson 221) : « C'est aux vues les plus profondes et les plus justes de la *Critique de la raison pure* qu'appartient celle qui consiste à reconnaître l'unité qui constitue l'*essence du concept* comme unité originairement synthétique de l'aperception, comme unité du : *je pense*, ou de la conscience de soi ». L'unité du *je pense* est la forme ultime de l'esprit comme savoir, dût-il se confondre avec l'être qu'il connaît et s'identifier au système de la connaissance.

L'unité du *je pense* est la forme ultime de l'esprit comme savoir. Et à cette unité du *je pense* toutes choses se ramènent en constituant un système. Le système de l'intelligible est, en fin de compte, une conscience de soi.

2. *Le dialogue de l'immanence.*

Le *Je pense* où se constitue l'être-en-acte, peut être interprété comme coïncidant avec ce qu'il constitue : la pleine conscience de soi du *je pense,* serait le *système* même du savoir dans son unité d'intelligible. La pensée pensante qui tend à cet ordre de la raison se dira, dès lors, malgré le labeur de sa recherche et le génie de son invention, comme un détour qu'emprunte le système de l'être pour se mettre en ordre, détour que suivent ses termes et ses structures pour s'arrimer. Tel n'est pas l'*esprit* seulement d'après Hegel où le processus du connaître est « le mouvement de l'être lui-même » *(Logique* II Lasson 2) ni seulement d'après l'objectivisme structuraliste de nos jours. Dans la phénoménologie husserlienne – malgré la spontanéité créatrice conférée à l'Ego transcendantal – les modes de la connaissance sont commandés – téléologie de la conscience – essentiellement par l'être auquel la connaissance accède. L'esprit c'est l'ordre des choses – ou les choses en ordre – dont la pensée pensante ne serait que le recueillement et le rangement. La possibilité ou l'espoir qu'aurait le *je pense* de ne plus se poser pour soi en face du pensable, de s'effacer devant l'intelligible, serait son intelligence même, sa rationalité, son ultime intériorisation.

Accord et unité du savoir dans la vérité. La pensée encore pensante les cherche par des voies diverses. Elle recourt certes aux mots. Mais ce sont des signes qu'elle se donne à elle-même sans parler à quiconque : dans son œuvre de rassemblement, elle peut avoir à rechercher une présence du pensable au-delà de ce qui se présente immédiatement – « en chair et en os » *(leiblich da)* ou en image, d'un signifié par signe ; de ce qui n'est pas encore présent à la pensée, mais qui n'est plus déjà enfermé en soi. Qu'il n'y ait pas de pensée sans langage ne signifie, dès lors, que la nécessité d'un discours intérieur. La pensée se scinde pour s'interroger et se répondre, mais le fil se renoue. Elle *réfléchit* sur elle-même en interrompant sa progression spontanée, mais procède encore du même *je pense.* Elle reste la même. Elle passe d'un terme à un terme contraire qui l'appelle, mais la dialectique où elle se retrouve n'est pas un dialogue ou du moins c'est le dialogue de l'âme avec elle-même, procédant par questions et réponses. Platon définit précisément la pensée ainsi. Selon l'interprétation traditionnelle du discours intérieur qui remonte à cette définition, l'esprit en pensant n'en demeure pas moins un et unique, malgré ses démarches et son va et vient où il peut s'opposer à soi.

C'est à travers la multiplicité empirique des hommes pensants que circulerait le langage qui effectivement se parle. Mais il se laisse, même là, comprendre dans sa subordination au savoir. Il consiste, pour chacun des interlocuteurs, à entrer dans la pensée de l'autre, à coïncider dans la *raison,* à s'y intérioriser. Par opposition à l'« intériorité » des passions sournoises et des perfidies secrètes des opinions subjectives, la Raison serait la vraie vie intérieure. La raison est une. Elle n'a plus à qui se communiquer, rien n'est en dehors d'elle. Et, dès lors, elle est comme le silence du discours intérieur. Les questions et les réponses d'un tel « échange d'idées » reproduisent ou mettent encore en scène celles d'un dialogue que l'âme tient avec elle-même. Sujets pensants, multiples points obscurs autour desquels se fait une clarté quand ils se parlent et se retrouvent, tout comme, dans le discours intérieur, quand se renoue le fil de la pensée qui avait à s'interroger ; clarté où les points obscurs des divers moi's pâlissent, s'estompent, mais aussi se subliment. Cet échange d'idées tiendra, en fin de compte, dans une seule âme, dans une seule conscience, dans un *cogito* que reste la Raison. On peut appeler dialogue cet entretien où les interlocuteurs entrent les uns dans la pensée des autres, où le dialogue fait *entendre raison.* On peut appeler *socialité* l'unité des consciences multiples entrées dans la même pensée où se supprime leur altérité réciproque. C'est le fameux dialogue appelé à arrêter la violence en ramenant les interlocuteurs à la raison, installant la paix dans l'unanimité, supprimant la proximité dans la coïncidence. Voie de prédilection de l'humanisme occidental. Noblesse du renoncement idéaliste ! Certes. Mais il ne serait possible que dans le pur amour de la vérité et de l'intelligibilité d'un univers spinoziste. Effacement devant la vérité, mais aussi pouvoir de domination et possibilité de ruse : connaissance d'autrui comme d'un objet avant toute socialité avec lui, mais dès lors aussi puissance acquise sur lui comme une chose et, à travers le langage qui doit conduire à la raison unique, toutes les tentations de la rhétorique trompeuse, de la publicité et de la propagande. Mais il faut surtout se demander si l'élévation de cette paix par la Raison que goûtent les âmes nobles, ne doit rien à la non-indifférence préalable pour l'autre homme, à la socialité avec lui qui serait une relation au prochain, relation autre que la représentation qu'on peut se faire de son être, autre que la pure connaissance de son existence, de sa nature, de sa spiritualité ; on doit se demander si le dynamisme et l'exaltation de la paix par la vérité tient uniquement à la suppression de l'altérité et non pas, tout autant, à la possibilité même de la Rencontre de l'autre comme autre (peut-être grâce à un dialogue précédant la raison) dont une vérité commune est le prétexte.

Quoi qu'il en soit, le grand problème qui se pose sur la voie de ceux qui attendent la fin des violences à partir d'un dialogue qui n'aurait qu'à parachever le savoir, c'est la difficulté qu'il y aurait, de l'aveu même de Platon, d'amener à ce dialogue des êtres opposés, portés à se faire violence. Il faudrait trouver un dialogue pour faire entrer en dialogue. A moins de supposer l'unité préalable d'un savoir souverain et divin, d'une substance qui se pense et qui aurait éclaté en une multiplicité de consciences suffisamment maîtresses d'elles-mêmes, limitées dans leurs horizons, opposées de par leurs différences et hostiles les unes aux autres, mais qui, de conflit en conflit, se trouvent astreintes ou conduites aux dialogues qui devront permettre, de proche en proche, la convergence des regards partant de points de vue multiples, mais nécessaires à la plénitude d'une pensée retrouvant sa souveraineté et son *unité* perdues, son *je pense* ou son *système.*

La naissance même du langage pourrait, dès lors, être recherchée à partir du savoir. Elle lui serait logiquement et peut-être chronologiquement postérieure. Dans la multiplicité empirique d'êtres existants comme consciences intentionnelles et incarnées, chacun aurait le savoir et la conscience de « quelque chose » et de sa propre conscience, mais arriverait par des expériences apprésentatives et l'*Einfühlung* à prendre conscience des consciences autres c'est-à-dire à connaître la conscience que chaque conscience autre a du même « quelque chose », d'elle-même et de toutes les autres consciences. Ainsi s'établirait la communication : les signes du langage naîtraient de toutes les manifestations expressives des corps signifiants dans l'apprésentation. Le langage naîtrait à partir de l'apprésentation qui est à la fois expérience et lecture de signes. La théorie husserlienne de la constitution de l'intersubjectivité peut être considérée comme une formulation rigoureuse de la subordination du langage au savoir, réduisant au vécu comme *expérience,* toute modalité indépendante du sens, à laquelle le dialogue pourrait prétendre. Dans un texte caractéristique et remarquable de sa *Krisis,* Husserl va jusqu'à prétendre

« loger dans le discours intérieur le discours qui va à tous les autres » : « ce que je dis là scientifiquement », écrit-il (p. 260), « c'est de moi à moi que je le dis, mais du même coup, de façon paradoxale, je le dis à tous les autres, en tant qu'impliqués transcendantalement en moi et les uns dans les autres ».

La façon hégélienne de déduire la multiplicité des consciences, se reconnaissant mutuellement et, ainsi, communiquant entre elles, à partir d'une marche vers le savoir absolu – dans les pages célèbres de la *Phénoménologie de l'Esprit* – procède encore de cette priorité du savoir par rapport au dialogue. Mais c'est, dans un contexte ontologique bien différent de celui de la phénoménologie husserlienne, un effort spéculatif de fonder, dans la pensée, l'opposition de cette multiplicité alors que la nécessité même de recourir à ce moment fondé, signifie l'impossibilité pour le langage de tenir dans les dimensions du *cogito*.

3. *Dialogue et transcendance.*

La philosophie contemporaine du dialogue insiste sur une tout autre dimension de sens qui s'ouvre dans le langage : sur le rapport inter-humain – sur la socialité originaire – qui se produit dans le dialogue. Elle aurait une signification par elle-même et constituerait une authenticité spirituelle propre. La multiplicité des pensants, la pluralité des consciences, n'est pas un simple fait – une quelconque contingence ou un « malheur » purement empirique – effet de quelque chute ou catastrophe ontologique de l'Un. La socialité que le langage établit entre les âmes n'est pas la compensation d'une unité de pensée qui aurait été perdue ou manquée. Tout au contraire, par-delà la suffisance de l'être-pour-soi une autre possibilité d'excellence se montre dans l'humain qui ne se mesure pas par la perfection de la conscience-de-soi. De bonne heure, en effet, Gabriel Marcel, dans son *Journal Métaphysique* (p. 207) dénonçait ce qu'il appelle « la valeur éminente de l'*autarkia* », de la suffisance à soi-même pour affirmer que « seul un rapport d'être à être peut être dit spirituel ».

Dans la nouvelle réflexion, la socialité du langage n'est plus réductible à la transmission de savoirs entre les multiples moi's et à leur confrontation où ces savoirs s'élèvent à l'intelligibilité universelle dans laquelle s'absorberaient ou se sublimeraient ou s'uniraient les moi's pensants, pour se « suffire enfin à eux-mêmes » de par cette unité de la Raison. Pour lui-même, le rapport entre pensants aurait un sens : celui de la socialité. Il l'aurait dans l'interpellation d'un Tu par un Je, dans ce que Buber appelle le mot fondamental Je-Tu, qui serait le principe et la base – énoncés ou implicites – de tout dialogue. Il se distinguerait radicalement de l'autre mot fondamental : Je-Ça. Celui-ci exprimerait le savoir d'un Moi investissant un *objet* dans sa neutralité soumise à l'acte de la connaissance qui l'assimile et dont, selon la terminologie husserlienne, il remplit les intentions ; il désignerait le *sujet* de la philosophie idéaliste en relation avec le monde, se rapportant aux choses et aux humains traités en choses ; il désignerait dans le discours lui-même, la référence du Dire aux réalités et aux conjonctures que le Dire narre ou expose.

Ce qui est significatif dans cette distinction, c'est le caractère originel et irréductible du mot fondamental Je-Tu : le Je-Ça, le savoir, n'est pas fondateur du Je-Tu. La philosophie nouvelle du dialogue enseigne qu'invoquer ou interpeller l'autre homme comme *tu* et lui parler, ne dépend pas d'une préalable *expérience* d'autrui, ne tire pas, en tout cas, de cette expérience la signification du « tu ». La socialité du dialogue n'est pas une connaissance de la socialité, le dialogue n'est pas l'expérience de la conjonction entre hommes qui se parlent. Le dialogue serait un événement de l'esprit, au moins aussi irréductible et aussi ancien que le *cogito*. Pour Buber en effet, le Toi par excellence est invoqué dans le Toi Eternel invisible – non-objectivable, non-thématisable – de Dieu ; pour Gabriel Marcel, ce serait manquer Dieu que de le nommer à la troisième personne. Il y aurait dans le dialogue, dans le Je–Tu, au delà de la spiritualité du savoir *comblé* par le *monde* et dans le monde, l'ouverture de la transcendance.

Dans le dialogue, à la fois, se creuse une distance absolue entre le Je et le Tu, séparés absolument par le secret inexprimable de leur intimité, chacun étant unique dans son genre comme *je* et comme *tu*, absolument autre l'un par rapport à l'autre, sans commune mesure ni domaine disponible pour une quelconque coïncidence (secret inexprimable de l'autre pour moi, secret auquel, à tout jamais, je n'accède que par l'apprésentation, mode d'exister de l'autre comme autre), et, d'autre part, c'est là aussi que se déploie – ou s'interpose, en ordonnant le *je* comme je et le *tu* comme tu – la relation extraordinaire et immédiate du dia-logue qui transcende cette distance sans la supprimer, sans la récupérer comme le regard qui parcourt, en la comprenant, en l'englobant, la distance qui le sépare d'un objet dans le monde. Voilà une autre façon d'accéder à l'autre qu'en connaissant : approcher le prochain.

C'est, peut-être, en pensant à la distinction remarquable que fait dans l'humain Franz Rosenzweig, entre l'*individu* appartenant au monde, toujours comparable à un autre individu et l'*ipséité (die Selbstheit)*, c'est en pensant à la solitude de la *Selbstheit* où se tient le Je (et dont, à notre sens, le secret du psychisme est le « comment ») que nous pourrons mesurer, malgré les relations entre individus, la séparation ontologique entre humains, et apprécier la transcendance qui bée entre eux, mesurer dès lors la transitivité extra-ordinaire du dialogue ou de la proximité et la signification supra-ontologique – ou religieuse – de la socialité ou de la proximité humaine. La solitude de la *Selbstheit* selon Rosenzweig ne doit pas être comprise comme l'entend Heidegger qui en fait un *modus deficiens* du *Mitsein* : il s'agirait chez Rosenzweig d'un *isolement* ne sortant aucunement de soi, n'ayant aucun souvenir de communauté, mais isolement étranger aussi à la séparation des choses qui, individus, appartiennent déjà « sans se connaître » à un genre commun ; il s'agirait d'un isolement du « rien en commun avec personne et avec rien » et qui n'a pas besoin, disons-le en passant, d'une quelconque « réduction transcendantale » pour signifier un « hors le monde ».

Distance absolue ; on aurait tort de la penser en logicien dans la notion purement formelle d'un écart entre termes quelconques, distincts déjà en tant que l'un n'est pas l'autre. La distance ou l'altérité absolue de la transcendance, signifie *de soi* la différence et le rapport entre le Je et le Tu en tant qu'interlocuteurs par rapport auxquels la notion de « terme quelconque » du « quelque chose en général » *(etwas überhaupt)* est une abstraction formelle. Le concret c'est la distance absolue et la relation du dialogue plus ancienne que toute distinction des termes dans n'importe quelle conjonction. Distance absolue réfractaire à la synthèse que voudrait établir, entre deux humains en dialogue, le regard synoptique d'un tiers. Le Je *et* le Tu ne sont pas embrassables objectivement, il n'y a pas de *et* possible entre eux, ils ne forment pas d'ensemble. Il n'y a pas d'unité qui puisse se produire dans l'esprit d'un tiers « au-dessus de leurs têtes » ou « derrière leur dos » et qui puisse ici faire un assemblage. Comme il n'y a pas, de Je à Tu, thématisation du Tu ou expérience du Tu. Le « Tu » n'est pas une « objectivation » où on aurait seulement évité la réification de l'autre homme. La Rencontre, ou la proximité ou la socialité, n'est pas du même ordre que l'expérience.

Mais dans le dire du dialogue, dans l'interpellation d'un Tu par le Je se fraye un passage extra-ordinaire et immédiat plus fort que tout lien idéal et que toute synthèse qu'accomplirait le *je pense* aspirant à égaler et à comprendre. Passage là où il n'y a plus de passage. C'est précisément parce que le *Tu* est absolument autre que le Je, qu'il y a, de l'un à l'autre, dialogue. C'est peut-être là le paradoxal message de toute la philosophie du dialogue ou une façon de définir l'esprit par la transcendance, c'est-à-dire par la socialité, par la relation immédiate à l'autre. Relation différente de tous les liens qui s'établissent à l'intérieur d'un monde où la pensée comme savoir pense à sa mesure, où perception et conception saisissent et s'approprient le donné et s'en satisfont. Relation qui pour Buber est *la* Relation et qui fut « au commencement ». Le langage ne serait pas là pour *exprimer* les états de conscience ; il serait l'événement spirituel sans pareil de la transcendance et de la socialité auquel tout effort d'expression – tout vouloir communiquer un contenu pensé – déjà se réfère. Franz Rosenzweig l'entend au niveau de la Révélation au sens éminent et religieux du terme qui signifie pour lui la mise en relation des éléments de l'absolu isolés et réfractaires à la synthèse, au rassemblement en totalité, à une conjonction quelconque où ils perdent – comme dans la philosophie idéaliste – leur vie même.

On peut se demander légitimement si le discours intérieur du *cogito* n'est pas déjà un mode dérivé de l'entretien avec autrui ; si le symbolisme linguistique dont use l'âme « s'entretenant avec elle-même » ne suppose pas un dialogue avec un interlocuteur autre que soi ; si l'interruption même de l'élan spontané de la pensée réfléchissant sur elle-même, et jusqu'aux alternances dialectiques du raisonnement où ma pensée se sépare d'elle-même et se rejoint comme si elle était autre qu'elle-même, n'attestent pas un dialogue *originel et préalable,* si, par conséquent, le savoir lui-même, si toute conscience ne commence pas dans le langage. Même si le dialogue lui-même finit par *se savoir* – comme l'attestent au moins les pages que lui consacrent les philosophes – c'est la réflexion qui le découvre. Mais la réflexion qui suppose la suspension de la spontanéité de la vie, suppose déjà sa mise en question par l'Autre, ce qui n'aura pas été possible sans dialogue préalable, sans la rencontre d'autrui.

A l'unité de la *conscience de soi,* égale à elle-même en s'égalant au monde, est ainsi préposé la rencontre dans le dialogue qui serait une pensée pensant au-delà du monde. Il y a dans cette radicale différence entre le Je et le Tu placés dans la relation du dialogue où se fait la rencontre, non pas un simple échec de la connaissance de l'un par l'autre, de la synthèse de leur coïncidence et de leur identification, mais le surplus ou le *mieux* d'un au-delà de soi, le surplus et le mieux de la *proximité* du prochain, « meilleure » que la coïncidence avec soi et cela en dépit ou à cause de la différence qui les sépare. « Plus » ou « mieux » signifié dans le dialogue, non pas par quelque voix surnaturelle se mêlant à la conversation ou par quelque préjugé. « Plus » ou « mieux » que serait le don gratuit ou la grâce de la venue de l'autre à ma rencontre dont parle Buber. Mais le surplus de fraternité peut aller au-delà des *satisfactions* qu'on attend encore des dons reçus, fussent-ils gratuits ! Cela, les philosophes du dialogue ne le disent pas toujours, bien que ce soit là certainement l'idée essentielle qu'ils rendent possible. Le dialogue est la non-indifférence du *tu* au *je*, sentiment dés-inter-essé capable certes de dégénérer en haine, mais chance de ce qu'il faut – peut-être avec prudence – dénommer amour et ressemblance avec l'amour. En disant cela on n'est pas le dupe de la morale ou naïvement soumis aux idées et aux valeurs d'un milieu. C'est dans le dialogue de la transcendance que l'idée du bien se lève seulement par le fait même que dans la rencontre *l'autre compte* par dessus tout. La Relation où le Je rencontre le Tu, est le lieu et la circonstance originels de l'avènement éthique. Le fait éthique ne doit rien aux valeurs, ce sont les valeurs qui lui doivent tout . Le concret du Bien est le valoir de l'autre homme. C'est seulement à une formalisation qu'apparaît l'ambivalence du valoir, l'indécidable, à égale distance entre le Bien et le Mal. Dans le valoir de l'autre homme, le Bien est plus ancien que le Mal.

Le dialogue n'est donc pas qu'une façon de parler. Sa signification a une portée générale. Il est la transcendance. Le dire du dialogue ne serait pas l'une des formes possibles de la transcendance, mais son mode originel. Mieux encore, elle n'a de sens que par un Je disant Tu. Elle est le *dia* du dialogue. Dans le contexte concret de l'humain la transcendance est donc un concept au moins aussi valable que celui de l'immanence au monde dont il met en question l'ultimité. Contrairement aux célèbres analyses heideggériennes, le fait de l'humanité abordé à partir du dialogue, réintroduirait dans la réflexion philosophique l'*au-delà* du monde sans que cela signifie un simple recours à ce que Nietzsche appelle les arrière-mondes au sens de la métaphysique traditionnelle. Il y a là structures et conceptualisation nouvelles ayant le retentissement d'une philosophie générale au-delà de la thématique anthropologique et théologique. Buber insistera sur le dessin original et originel de la relation qu'on ne peut pas enfermer dans le psychisme du Je ou du Tu. Elle est l'entre-les-deux (le *Zwischen),* origine qui ordonne le Je comme Je et le Tu comme Tu ; ce qui évidemment ne saurait être à nouveau entendu en guise d'une tierce instance, sujet ou substance, qui jouerait ici un rôle médiateur. Cela signifie non seulement la rupture avec la psychologie, mais aussi avec les notions ontologiques et de substance et de sujet, pour affirmer une modalité nouvelle de l'entre-les-deux signifiant ontologie et psychisme de la co-présence et de la socialité. Au dessus de... plutôt que entre les deux.

Bien que la portée systématique de la nouvelle analyse du dialogue soit essentielle, sa signification anthropologique et son aspect théologique doivent être soulignés. On ne peut pas évoquer ici toutes les descriptions concrètes suscitées par la littérature philosophique relative au dialogue. A la phénoménologie de l'intentionalité se juxtapose – prenant souvent une allure négative – comme une phénoménologie de la Relation. Ainsi, à la « polarité » non-réversible de l'acte intentionnel : *ego-cogito-cogitatum* où le pôle de l'*ego* est inconvertible en pôle objectif, on oppose la réversibilité ou la réciprocité du Je-Tu : le Je dit tu à un Tu qui en tant que Je dit tu au Je ; l'*activité* du dire dans le dialogue est *ipso facto* la passivité de l'écoute, la parole dans sa spontanéité même s'expose à la réponse ; le tu est interpellé comme « exclusivité » et comme n'appartenant pas au monde, même si la rencontre elle-même est au monde, alors que l'intentionalité aborde l'objet toujours à l'horizon du monde. Qu'une spiritualité humaine soit possible qui ne commence pas dans le savoir, dans le psychisme comme expérience et que la relation au tu dans sa pureté soit la relation au Dieu invisible, est sans doute une vue neuve sur le psychisme humain, ce qui a déjà été souligné plus haut. Mais c'est aussi très important pour l'orientation de la théologie : le Dieu de la prière – de l'invocation – serait plus ancien que le Dieu déduit à partir du monde ou à partir d'un quelconque rayonnement a priori et énoncé dans une proposition indicative ; le vieux thème biblique de l'homme fait à l'image de Dieu prend un sens nouveau, mais c'est en le « tu » et non pas en le « je » que cette ressemblance s'annonce. Le mouvement même qui mène à autrui mène à Dieu.

C'est dans le prolongement du rapport Je-Tu, de la socialité avec l'homme que pour Buber se produit la relation à Dieu. Là aussi reprise probable du thème biblique où l'épiphanie divine est attendue toujours à partir de la rencontre de l'autre homme abordé comme tu à partir de l'éthique. Faut-il rappeler des textes comme le chapitre 58 d'Isaïe ? Faut-il rappeler des pages peut-être moins célèbres du Pentateuque ? D'une façon significative la formule « crainte de Dieu » y apparaît dans une série de versets qui recommandent spécialement le respect de l'homme, le souci du prochain comme si l'ordre de craindre Dieu ne s'ajoutait pas seulement pour renforcer l'ordre de « ne pas insulter un sourd » et de « ne pas placer un obstacle sur le chemin d'un aveugle » (Levitique 19-14), de ne pas « se léser l'un l'autre » (Levitique 25-17), de « ne pas accepter d'intérêt ni de profit de la part du frère déchu fût-il étranger ou nouveau venu » (Levitique 25-16 etc.) ; mais comme si la « crainte de Dieu » se définissait par ces interdits éthiques ; comme si la « crainte de Dieu » était cette crainte pour autrui.

4. Du dialogue à l'éthique.

On a reproché aux descriptions du dialogue – à toute cette « phénoménologie » du Je-Tu – de procéder négativement par rapport à l'intentionalité et aux structures de la conscience transcendantale et de pratiquer une psychologie ou une ontologie négatives – comme d'autres développent une théologie négative – ce qui mettrait en question l'autonomie philosophique de la nouvelle pensée. Mais le dialogue qui, proximité dans toute cette conception, signifie le lieu propre et la circonstance concrète de la transcendance ou de la Relation selon son double sens de la distance absolue et de sa traversée par le langage dans l'immédiateté du je-tu, ne recèle-t-il pas une dimension éthique où apparaîtrait plus radicalement la rupture du dialogue avec les modèles transcendantaux de la conscience ?

Notons d'abord que la philosophie du dialogue s'oriente vers un concept de l'éthique *(Begriff des Ethischen)* qui se sépare de la tradition, laquelle tirait l'éthique *(das Ethische)* de la connaissance et de la Raison comme faculté de l'universel et y voyait une couche superposée à l'être. L'éthique se subordonnait ainsi soit à la prudence, soit à l'universalisation de la maxime d'action (où il était certes question du respect de la personne humaine mais en guise de formule deuxième – et déduite – de l'impératif catégorique), soit à la contemplation d'une hiérarchie des valeurs bâtie comme un monde platonicien des idées. L'éthique commence dans le Je-Tu du dialogue en tant que le Je-Tu signifie le valoir de l'autre homme ou, plus exactement encore, en tant que, dans l'immédiat de la relation à l'autre homme – et sans recours à un quelconque principe général – se dessine seulement une signification telle que valoir. Valoir attaché à l'homme à partir de la valeur du Tu, de l'homme autre, valeur attachée à l'autre homme. Les descriptions de la « rencontre » chez Buber n'évitent jamais une certaine tonalité axiologique. Mais l'immédiateté même de la Relation et son exclusivité, plutôt que la négation des termes médiateurs ou divertisseurs, ne signifie-t-elle pas une certaine *urgence* dans l'attitude à prendre à l'égard de l'autre homme, une certaine urgence de l'intervention ? L'ouverture même du dialogue, n'est-elle pas déjà une façon pour le je de se découvrir, de se livrer, une façon pour le *Je* de se mettre à la disposition du *Tu ?* Pourquoi y aurait-il dire ? Serait-ce parce que le pensant a *quelque chose* à dire ? Mais pourquoi l'aurait-il *à dire ?* Pourquoi ne lui *suffirait-il* pas de penser ce quelque chose qu'il pense ? Ne dit-il pas ce qu'il pense précisément parce qu'il va au-delà de ce qui *lui suffit* et que le *langage* porte ce mouvement de fond ? Au-delà de la suffisance, dans l'indiscrétion du tutoiement et du vocatif, signifient à la fois revendication d'une responsabilité et allégeance.

Certes, chez Buber, la relation Je-Tu se décrit souvent aussi comme pur face-à-face de la rencontre, comme une harmonieuse co-présence, les yeux dans les yeux ; mais le face-à-face et la rencontre et « les yeux dans les yeux » se réduisent-ils à un jeu de reflets dans un miroir et à de simples rapports optiques ? Dans cette extrême formalisation, la Relation se vide de son « hétéronomie », de sa transcendance d'as-sociation. Le je-tu comporte d'emblée – dans son immédiateté, c'est-à-dire en guise d'urgence – sans recours à aucune loi universelle, une obligation. Elle est inséparable, selon son sens propre, et de la valorisation de l'autre comme autre dans le Tu et d'une astreinte au service dans le Je, valoir du Tu, diaconie du je – profondeurs sémantiques du « mot fondamental », profondeurs éthiques.

Il y aurait une inégalité – une dissymétrie – dans la Relation, contrairement à la « réciprocité » sur laquelle, sans doute à tort, insiste Buber. Sans dérobade possible, comme s'il était élu pour cela, comme s'il était ainsi irremplaçable et unique, le Je comme Je est serviteur du Tu dans le Dialogue. Inégalité qui peut paraître arbitraire ; à moins qu'elle ne soit, dans la parole adressée à l'autre homme, dans l'éthique de l'accueil, le premier service religieux, la première oraison, la première liturgie, religion à partir de laquelle Dieu pourrait être venu à l'esprit et le mot Dieu avoir fait son entrée dans le langage et dans la bonne philosophie. Non pas, bien entendu, que l'autre homme doive être pris pour Dieu ou que Dieu, le Toi Eternel, se trouve simplement dans quelque prolongement du Tu. Ce qui compte ici, c'est qu'à partir de la relation à l'autre, du fond du Dialogue, ce mot démesuré signifie pour la pensée ; et non inversement.

La façon dont Dieu prend sens dans le Je-Tu pour se faire vocable du langage, invite à une nouvelle réflexion. Elle n'est pas le sujet de la présente étude. Ce qui importait ici c'est de faire sentir que le dialogue, contrairement au *savoir* et contrairement à certaines descriptions des philosophes du dialogue – est une pensée de l'*inégal*, pensée pensant *au-delà* du donné ; c'est de montrer la modalité selon laquelle dans le dialogue ou plus exactement dans l'éthique du dialogue – dans ma diaconie à l'égard de l'autre – je pense plus que je ne peux saisir, la modalité selon laquelle l'insaisissable prend sens ; ou, comme on peut aussi le dire, la modalité selon laquelle je pense plus que je ne pense. Ce n'est pas une pure dérision, ni un simple échec du savoir ; c'est peut-être ce que signifie déjà le paradoxe cartésien de l'idée de l'Infini en moi.

NOTES SUR LE SENS*

1. Le thème dominant.

La pensée n'a-t-elle de sens que par la connaissance du monde – par la présence du monde et par la présence au monde – cette *présence* dût-elle apparaître dans les horizons du passé et de l'avenir, eux aussi dimensions de la re-*présentation* où la présence se récupère ? Ou le sens, dans une pensée sensée, n'est-il pas – peut-être, plus anciennement que présence ou que présence re-présentable, plus et mieux qu'elles – un *certain* sens, une signification déjà *déterminée* sous laquelle la notion même du sens vient à l'esprit, avant de se définir par la structure formelle de la référence à un monde dévoilé, à un système, à une finalité ? Le sens par excellence, n'est-ce pas la sagesse qui serait à même de justifier l'être lui-même, ou du moins de s'inquiéter de cette justification et de cette justice, dont la recherche agite encore le propos, devenu quotidien, des hommes et des femmes se disant préoccupés du « sens

* Les idées réunies dans ces *Notes* furent présentées, en guise de deux conférences, aux Facultés Universitaires Saint Louis à Bruxelles en novembre 1979. Le présent texte a été publié pour la première fois au n° 49 du *Nouveau Commerce*. Les sections 7 et 8 ont été remaniées, quelques rectifications matérielles ont été apportées dans les autres parties de la première version.

de la vie » ? L'être est-il sa propre raison d'être, alpha et oméga de l'intelligibilité, philosophie première et eschatologie ? Le « se passer » de l'être qui se passe, ne mènerait-il pas, au contraire, son train, tout en demandant une justification, posant une question précédant toute question ? Le *pour-l'autre* – qui, en guise d'humanité, arrive à déchirer la « bonne conscience » du *conatus,* de la persévérance animale de l'étant dans l'être, soucieuse uniquement de son espace et de son temps vital – *le pour-l'autre,* la dévotion à l'autre, le dés-intéressement, ne rompt-il pas l'inhérence à l'être de l'être adonné à lui-même, n'atteste-t-il pas déjà la question de la sagesse par excellence ? Ces problèmes constituent le thème dominant des notes ici réunies.

On part de quelques positions de la phénoménologie husserlienne, en tant que, à elle, aboutit l'une des traditions caractéristiques de la philosophie où le savoir des êtres, celui de leur présence, est le « lieu naturel » du sensé et équivaut à la spiritualité ou au psychisme même de la pensée.

Mais la philosophie husserlienne est surtout irrécusable parce qu'elle semble apporter une idée indépendante de cette gnoséologie. Il serait, en effet, nécessaire, selon Husserl, pour retrouver la rationalité de ce qui est pensé, de rechercher la façon dont le *pensé* – et l'être, notamment – apparaît dans la *pensée.* Cette récurrence du pensé à la pensée pensante, constituerait – de pensé à pensée – une concrétude nouvelle, la radicale, par rapport à celle du pensé – et notamment de l'être – dans son exhibition et dans la fondation ontologique de ses quiddités ou de ses essences les unes par les autres. Cette remontée radicale de tout *pensé* à sa signifiance dans la pensée pensante – et, par conséquent, la réduction de tout pensé à la concrétude ultime – serait incontournable pour le philosophe : elle délierait la pensée de son appartenance au rassemblement des êtres et des choses et la dégagerait du rôle que, déjà soumise aux influences, elle joue comme âme humaine parmi les êtres et les choses et les forces du monde. Réduction à une pensée absolue. Dans son enchevêtrement de pensées actuelles, ou potentielles, – toujours entendues chez Husserl à un degré quelconque comme savoir – la pensée absolue – ou la *conscience* absolue – est, selon l'expression du philosophe, *donation* ou *prestation de sens.* La *Réduction* serait une façon de rejoindre cette pensée dans son psychisme pur, non-dissimulé (unverhüllt), en tant que pur élément où se déploie, selon son propre mode, et où se veut, dans ses intentions premières, une sémantique originaire.

En elle, se laisserait comprendre le sens du sensé, et jusqu'au sens de cet élément pur où cette sémantique se déploie, où elle se met, en quelque façon, en scène, se déroulant, dans cette mise en scène que le philosophe perçoit comme intrigue concrète, selon les articulations qui déjà s'oublient ou se déforment ou se confondent dans la rhétorique objectiviste.

Mais la signifiance, dans cette concrétude ultime – qui, certes, au philosophe se montre, c'est-à-dire est *sue* – s'épuise-t-elle à se *manifester,* à s'offrir au savoir ? Même si tout finit par se savoir, nous ne pensons pas que le savoir soit le sens et la fin de tout.

2. *La pensée de l'adéquation.*

Pour Husserl – et pour toute la vénérable tradition philosophique qu'il achève ou dont il explicite les présupposés – la « prestation de sens » se produit dans une pensée, entendue comme pensée de..., comme pensée de *ceci* ou de *cela* ; ceci ou cela présents aux pensées *(cogitationes)* en tant que pensé (cogitatum), au point qu'on ne saurait déterminer ou reconnaître, dans la réflexion, aucune d'entre elles, sans nommer *ceci* ou *cela* dont elles sont les pensées. La pensée « prêteuse de sens », est bâtie comme thématisation – explicite ou implicite – de *ceci* ou de *cela,* précisément comme savoir. Le souffle même de l'esprit dans la pensée serait savoir. Ce qu'on exprime en disant que la *conscience* prêteuse de sens est intentionnelle, articulée comme *noésis* d'un *noéma* où le noéma est *concret* dans l'intention de la noésis. Par le *ceci* ou le *cela,* ineffaçables dans la description de la *prestation de sens,* une notion telle que la présence de *quelque chose,* se dessine dès la naissance du sens. Présence de quelque chose : *Seinssinn,* sens d'être, d'après Husserl, qui deviendra chez Heidegger – à travers toutes les harmoniques de l'histoire de la philosophie – être de l'étant.

Cette « prestation de sens », bâtie comme savoir, est, chez Husserl, entendue comme « vouloir-en-venir-ainsi-ou-autrement-à-ceci-ou-à- cela », et la réflexion sur cette pensée, comme devant montrer *où* la pensée *veut en venir* et *comment elle veut en venir là* (1). L'intentionalité est ainsi une intention de l'âme, une spontanéité, un *vouloir,* et le sens prêté, lui-même, en quelque façon, un *voulu* : la façon dont les étants ou leur être se manifestent à la pensée du savoir, correspond à la façon dont la conscience « veut » cette manifestation de par la volonté ou l'intention qui anime ce savoir. L'intention cognitive est ainsi acte libre. L'âme est « affectée », mais sans passivité, elle se ressaisit en assumant le donné selon son intention. Elle se réveille. Husserl parlera d'une téléologie de la conscience

1. ... die Intentionalität wird befragt, worauf sie eigentlich hinauswill. – *Formale und transzendentale Logik* (page 9).

transcendantale. De cette manière la pensée pensant l'être dont elle se distingue, est un processus intérieur, un rester-en-soi-même : l'immanence. Il y a là correspondance profonde de l'être à la pensée. Rien ne déborde l'intention : le voulu ne se joue pas du savoir et ne le surprend pas. Rien n'entre dans la pensée, « sans se déclarer », « par contrebande ». Tout se tient dans l'ouverture de l'âme : la présence est la franchise même. La distance intentionnelle – de l'être à la pensée – est aussi une extrême accessibilité de l'être. L'étonnement, disproportion entre *cogitatio* et *cogitatum* où la vérité se cherche, se résorbe dans la vérité retrouvée.

La présence, la production de l'être, la manifestation est *donnée,* une façon d'être donné (Gegebenheit). Husserl la décrit comme remplissement d'un vide, comme satisfaction. Lui qui insiste sur le rôle de l'incarnation humaine dans la perception du donné, sur le « corps propre » (Leib) de la conscience, – puisqu'il faut tourner autour des choses, pour les saisir, et tourner la tête et adapter l'œil et tendre l'oreille – nous autorisera certainement à insister sur le rôle primordial de la main : l'être est en *donation* et la donation est à entendre dans l'acception littérale de ce mot. Elle s'achève dans *la main qui prend.* C'est alors, dans la mainmise, que la présence est « en propre » (eigentlich), présence « en chair et en os » et non seulement « en image » : la présence se produit main-tenant. C'est dans la prise en main que « la chose elle-même » s'égale à ce que l'intention de la pensée « voulait » et visait. La main vérifie l'œil, c'est en elle que s'opère – irréductible à la sensation tactile – le saisir et l'assumer. La mainmise n'est pas un simple sentir, c'est un « soumettre à l'épreuve ». Avant de se faire, comme le voulait Heidegger, maniement et usage d'ustensiles, elle est une appropriation. Davantage présence, serait-on tenté de dire, que la présence dans la thématisation. C'est précisément par cette façon de se prêter à la prise, de se laisser approprier – façon par laquelle la présence se fait donnée (Gegebenheit) – que la présence est présence d'un contenu, d'un contenu en qualités sensibles, se rangeant, certes, sous des identités génériques et, en tout cas, sous l'identité formelle du *quelque chose* (etwas überhaupt), d'un quelque chose qu'un *index* est à même de désigner comme point dans la présence de ce rassemblement et d'identifier : quiddité et identité d'une chose, d'un solide, d'un terme, d'un étant. Il est inséparable, certes, d'un monde auquel la désignation et la saisie l'arrachent, mais que toute relation au monde présuppose. Nous osons même nous demander si la distinction de *l'être* et de *l'étant* n'est pas une amphibologie essentielle de la présence, de la *Gegebenheit* qui se dessine dans la manifestation. Main et doigts ! L'incarnation de la conscience ne serait pas un fâcheux accident arrivé à la pensée précipitée du haut de l'Empyrée dans un corps, mais la circonstance essentielle de la vérité.

A la vérité elle-même, et avant son utilisation et abus dans un monde technologique, appartient une primordiale réussite technique, celle de l'index désignant le *quelque chose* et de la main qui s'en saisit. La perception est une emprise et le concept, le *Begriff,* un com-prendre. L'adéquation de la pensée et de l'être à tous les niveaux de la réalité, implique *concrètement* toute l'infra-structure de la vérité sensible, fondement inévitable de toute vérité idéale. La référence du catégorial et du général à ce qui est donné d'emblée (schlicht gegeben), est l'une des intuitions fondamentales des *Recherches Logiques* de Husserl, qui, de bonne heure, indique la thèse soutenue par lui dans *Logique formelle et logique transcendantale,* d'après laquelle l'ontologie formelle renvoie à une ontologie matérielle, et, dès lors, à la perception sensible, – et à la thèse de l'ensemble de son œuvre, référant toute notion, dans le respect des différences de son niveau, à la restitution des conditions élémentaires de sa genèse transcendantale. Il faut que l'idée de vérité comme *prise* sur les choses, ait, quelque part, un sens non-métaphorique. Dans les choses qui supportent et préfigurent toute superstructure, être signifie *être donné et être retrouvable*, être quelque *chose* et, par là, un étant.

Dans chacun des thèmes qui, toujours, autour du « quelque chose » se polarise, ce « quelque chose », dans son vide logique de *etwas überhaupt*, ne manque pas, dans la concrétude, de se référer à la chose, à ce que la main saisit et tient – contenu et quiddité – et que le doigt désigne – ceci ou cela. Position et positivité qui se confirment dans les thèses – actes positionnels – de la pensée conceptuelle.

La présence – et l'être pensé à partir du savoir – c'est donc l'ouverture et la donnée (Gegebenheit). Rien ne vient démentir l'intention de la pensée et la mettre en échec à partir d'une clandestinité quelconque, d'une embuscade tramée et tenue dans les ténèbres ou dans le mystère d'un passé ou d'un avenir réfractaires à la présence. Le passé n'est qu'un présent qui fut. Il reste à la mesure de la présence du présent, de la manifestation qui n'en est peut-être que la persévérance emphatique. Il se re-présente. Qu'un passé puisse avoir signification sans être la modification d'un présent où il aurait commencé, qu'un passé puisse signifier an-archiquement, indiquerait, sans doute, la rupture de l'immanence. L'immanence connote ce rassemblement du divers du temps dans la présence de la représentation. Cette façon, pour le divers, de ne pas se refuser à la synchronie et, ainsi – pour la diversité du divers faite de différences qualitatives et spatiales – l'aptitude d'entrer dans l'unité d'un genre ou d'une forme, sont les conditions logiques de la synchronisation ou ses résultats. Dans le présent – dans le présent accompli – dans le présent de l'idéalité – tout se laisse penser ensemble. L'altération temporelle, elle-même, examinée dans le sensible, qui emplit le temps, qui dure en lui ou par lui, s'interprète à partir de la métaphore du flux (composé de gouttes qui se distinguent, mais par excellence, « comme deux gouttes d'eau » qui se ressemblent). L'altérité temporelle se pense, dès lors, comme inséparable de la différence qualitative des contenus ou des intervalles spatiaux, distincts, mais égaux, discernables, parcourus dans un mouvement uniforme. Homogénéité qui prédispose à la synthèse. Le passé est présentable, retenu ou remémoré, ou reconstruit dans un récit historique ; l'avenir – protenu, anticipé, présupposé par hypo-thèse.

La temporalisation du temps – pensée comme écoulement ou flux temporel – serait encore intentionnelle. Elle est nommée en partant de « l'objet temporel », synthétisable dans la représentation de contenus qualitatifs, « changeant » et durant dans le temps. On devrait cependant se demander dans quelle mesure la différence proprement dia-chronique n'est pas méconnue dans celle qui apparaît comme indissociable des contenus et qui fait penser le temps comme s'il était composé d'étants, d'instants – atomes de présence ou étants, désignables comme termes qui passent ; différenciation du *Même* mais se prêtant à la synthèse, c'est-à-dire à la synchronie qui justifierait ou susciterait le psychisme comme re-présentation : mémoire et anticipation. Priorité de la présence et de la re-présentation où la dia-chronie passe pour une privation de la synchronie : la futurition du temps est entendue chez Husserl, en guise de pro-tention, c'est-à-dire en guise d'anti-cipation, comme si la temporalisation du futur était une façon d'en venir à la présence ; la rétention de l'impressionnel, impossible en guise de présent ponctuel – car déjà pour Husserl, quasi-extatiquement dégradé en passé immédiat – constitue le *présent vivant.*

Dans ce psychisme cognitif de la présence, le sujet ou le moi serait précisément l'agent ou le lieu commun de la représentation, la possibilité du rassemblement du dispersé. Ainsi Brentano a-t-il pu soutenir que le psychisme est re-présentation ou basé sur la représentation dans toutes ses formes théorétiques, affectives, axiologiques ou actives ; et Husserl a-t-il jusqu'au bout affirmé une couche logique de l'acte objectivant dans toute intentionalité, même non-théorétique. *L'esprit serait présence et rapport à l'être.* Rien de ce qui le concerne, ne serait étranger à la vérité, à l'apparition de l'être.

Dans la vérité, la pensée sort ainsi d'elle-même vers l'être, dans cesser pour autant de rester *chez elle* et égale à elle-même, sans perdre sa mesure, sans la dépasser. Elle se *satis*fait dans l'être que, de prime abord, elle distingue d'elle-même ; elle se satisfait dans l'adéquation. Adéquation qui ne signifie pas une folle congruence géométrique entre deux ordres incomparables – mais convenance, accomplissement, *satis*faction. Le savoir où la pensée se montre, est une pensée pensant « à satiété », toujours à son échelle. Le langage, certes, suggère une relation *entre* penseurs au-delà du contenu représenté, égal à lui-même et, ainsi, immanent. Mais le rationalisme du savoir interprète cette altérité comme les retrouvailles des interlocuteurs dans le Même dont ils seraient la malencontreuse dispersion. Dans le langage les sujets divers entrent chacun dans la pensée de l'autre et coïncident dans la raison. La raison serait la vraie vie intérieure. Les questions et les réponses d'un « échange d'idées » tiennent tout aussi bien dans une *seule* conscience. Le rapport entre pensants n'aurait pas de signification par lui-même et ne compterait que comme transmission de signes grâce à laquelle une multiplicité se réunit autour d'une pensée, la même ; la multiplicité de consciences en commerce, n'aura été que la déficience d'une unité préalable ou finale. La proximité de l'une à l'autre ne prendrait-elle pas le sens d'une coïncidence manquée ? Le langage serait ainsi subordonné à la pensée, même si, dans son processus immanent, celle-ci devait avoir recours aux signes verbaux pour comprendre – pour englober – et pour combiner les idées et pour conserver l'acquis.

La corrélation rigoureuse entre ce qui se manifeste et les *façons* de la conscience, permit à Husserl d'affirmer, et que la conscience est prêteuse de sens, et que l'être commande les modalités de la conscience accédant à lui ; que l'être commande le phénomène. Cette fin de phrase recevra une interprétation idéaliste : l'être est immanent à la pensée et la pensée, dans le savoir, ne se transcende pas. Que le savoir soit sensible, conceptuel, ou même purement symbolique, le transcendant ou l'absolu, dans sa prétendue façon de n'être affecté par aucune relation, ne peut avoir dans le savoir de sens transcendant sans le perdre aussitôt : sa présence même au savoir signifie perte de transcendance et d'absoluité. La présence exclut, en fin de compte, toute transcendance. La conscience comme intentionalité, c'est précisément le fait que le sens de sensé revient à l'apparaître, que la persistance même de l'étant dans son être est manifestation et que, ainsi, l'être en tant qu'apparaissant, est englobé, égalé et, en quelque façon, *porté* par la pensée. Ce n'est pas à cause d'une intensité ou d'une fermeté qui resterait inégalable ou inégale pour l'affirmation opérant dans l'identification noétique – ni à cause de modalités axiologiques que revêtirait l'être posé – que la transcendance ou l'absoluité serait à même de conserver un sens auquel sa présence même dans la manifestation ne saurait infliger de démenti. Il y aurait dans l'énergie de la manifestation – c'est-à-dire dans l'identification noétique requise à l'*apparaître* – toute l'intensité ou toute la fermeté que requiert la *persistance dans l'être* dont la manifestation ne serait que l'emphase. La notion d'intentionalité, bien comprise, signifie, à la fois, et que l'être commande les modes d'accès à l'être et que l'être *est* selon l'intention de la conscience : elle signifie une extériorité dans l'immanence et l'immanence de toute extériorité.

Mais l'intentionalité épuise-t-elle les modes selon lesquels la pensée est signifiante ?

3. Au-delà de l'intentionalité.

La pensée n'a-t-elle de sens que par la connaissance du monde ? Ou l'éventuel surplus en signifiance du monde lui-même sur la *présence*, n'est-il pas à rechercher dans un passé immémorial – c'est-à-dire irréductible à un présent révolu – dans la trace de ce passé, qui serait dans le monde sa marque de créature ? Il ne faudrait pas trop vite ramener cette marque à l'effet d'une cause. Elle suppose en tout cas une altérité qui ne saurait figurer ni dans les corrélations du savoir, ni dans la synchronie de la re-présentation. Altérité dont notre recherche essaie précisément de décrire l'approche au delà de la re-présentation, en soulignant dans l'être et dans la présence que lui confère la re-présentation, par-delà sa contingence ontologique, sa *mise en question morale*, son appel à la justification, c'est-à-dire son appartenance à l'intrigue de l'altérité, d'emblée éthique.

La pensée ne serait-elle que pensée de ce qui l'égale et de ce qui se met à sa mesure – serait-elle athéisme essentiellement ?

La signifiance de la pensée n'est-elle que thématisation et, ainsi, re-présentation et, ainsi, rassemblement de la diversité et de la dispersion temporelles ? La pensée est-elle d'emblée tendue vers l'adéquation de la vérité, vers la saisie du donné dans son identité idéale de « quelque chose » ? La pensée, ne serait-elle sensée que devant la présence pure, présence accomplie et qui, dès lors, dans l'éternel de l'idéalité, ne « passe plus » ? Toute altérité n'est-elle que qualitative, diversité se laissant ramasser dans les genres et les formes et susceptible d'apparaître au sein du Même, comme le permet un temps se prêtant à la synchronisation à travers les re-présentations du savoir ?

L'humain suggère de telles interrogations. L'homme s'identifie indépendamment d'une quelconque qualité caractéristique qui distinguerait un moi d'un autre et dans laquelle il se reconnaîtrait. En tant que « purs moi's » les divers mois sont logiquement indiscernables précisément. L'altérité de l'indiscernable ne se réduit pas à une simple différence en « contenu ».

Ainsi, d'un moi à un autre, de moi à autrui, le rassemblement n'est-il pas la synthèse entre étants constituant un monde tel qu'il se montre dans la re-présentation ou la synchronisation qu'instaure le savoir. L'altérité, dans les « indiscernables », n'en appelle pas à un genre commun, ni à un temps synchronisable en re-présentation par la mémoire ou l'histoire. Rassemblement tout autre que celui de la synthèse : proximité, face à face, et société. *Face à face :* la notion du visage vient s'imposer ici. Il n'est pas une donnée qualitative s'ajoutant empiriquement à une préalable pluralité de mois ou de pshychismes ou d'intériorités, de contenus additionnables et additionnés en totalité. Le visage qui commande ici l'assemblage, instaure une proximité différente de celle que règle la synthèse unissant des données « en » monde, les parties « en » un tout. Il commande une pensée plus ancienne et plus éveillée que le savoir ou que l'expérience. Je peux, certes, avoir expérience de l'autre homme, mais précisément sans discerner en lui sa différence d'indiscernable. Alors que la pensée éveillée au visage ou par le visage est la pensée commandée par une irréductible différence : pensée qui n'est pas une pensée *de*... mais d'emblée une pensée *pour*..., qui n'est pas une thématisation qui est une non-indifférence pour l'autre, rompant l'équilibre de l'âme égale et impassible du connaître. Eveil qui ne doit pas aussitôt s'interpréter comme intentionalité, comme une noèse égalant – pleinement ou à vide – son *noème* et simultanée avec lui. L'altérité irréductible de l'autre homme, dans son visage, est assez forte pour « résister » à la synchronisation de la corrélation noético-noématique et pour signifier l'*immémorial* et l'*infini* qui ne « tiennent » pas dans une présence ni dans la re-présentation. Immémorial et infini qui ne se font pas immanence où l'altérité se livrerait encore à la re-présentation, même quand celle-ci se borne à une nostalgie de l'absence ou à un symbolisme sans images. Je peux certes, faire l'expérience d'autrui et « observer » son visage et l'expression de ses gestes comme un ensemble de signes qui me renseigneraient sur les états d'âme de l'autre homme, analogues à ceux que j'éprouve. Connaissance par « apprésentation » et par « intropathie » (durch Einfühlung), à s'en tenir à la terminologie de Husserl, fidèle dans sa philosophie de l'autre à l'idée que *tout sens commence dans le savoir.* Mais à cette conception de la relation à autrui, nous ne reprocherons pas seulement de s'obstiner à penser cette relation à autrui comme savoir indirect – incomparable certes à la perception où le connu se livre en « original » – mais de l'entendre encore précisément comme savoir : dans ce savoir, obtenu à partir de l'analogie entre le comportement d'un corps étranger objectivement donné et mon propre comportement, ne se forme qu'une idée générale de l'intériorité et du moi. L'altérité indiscernable d'autrui est précisément manquée. Altérité irréductible à celle qu'on atteint en greffant une différence caractéristique ou spécifique sur l'idée d'un genre commun ; irréductible à un divers assuré de synthèse dans un temps – supposé, synchronisable – où il se disperse, irréductible à l'homogénéité ultime nécessaire à toute représentation. L'autre aura ainsi perdu son altérité radicale et indiscernable pour retourner à l'ordre du monde.

Ce qu'on prend pour le secret de l'autre homme dans l'apprésentation, est précisément l'envers d'une signifiance autre que le savoir ; l'éveil à l'autre homme dans son identité, indiscernable pour le savoir, pensée où signifie la proximité du prochain, le commerce avec autrui, irréductible à l'expérience, l'approche du premier venu.

Cette proximité de l'autre est signifiance du visage – signifiance à préciser – signifiant d'emblée d'au-delà des formes plastiques qui le recouvrent de leur présence dans la perception. Avant toute expression particulière, – et sous toute expression particulière qui – déjà pose et contenance donnée à soi – recouvre et protège, nudité et dénuement de l'expression comme telle, c'est-à-dire exposition extrême, le sans-défense même. Exposition extrême – avant toute visée humaine – comme à un tir « à bout portant ». Extradition d'investi et de traqué – de traqué avant toute traque et avant toute battue. Visage dans sa droiture du *faire* face à..., naissance latente de la « distance la plus courte entre deux points » : droiture de l'exposition à la mort invisible. Expression qui tente et guide la violence du premier crime : sa rectitude meurtrière est déjà singulièrement ajustée dans sa visée à l'exposition ou à l'expression du visage. Le premier meurtrier ignore peut-être le résultat du coup qu'il va porter, mais sa visée de violence lui fait trouver la ligne selon laquelle la mort affecte de droiture imparable le visage du prochain, tracée comme trajectoire du coup asséné et de la flèche qui tue. Violence meurtrière dont la signification *concrète* ne se réduit pas à la négation – déjà pure qualité du jugement – et dont on épuise – sans doute prématurément – l'intention par l'idée d'anéantissement, comme on réduit trop rapidement à la visibilité, à la phénoménalité – à l'apparition d'une forme dans le contenu d'un ensemble, sous le soleil et les ombres de l'horizon – la nudité ou l'exposition sans défense du visage, son abandon de victime esseulée et la rupture des formes dans sa mortalité.

Mais cet *en face* du visage dans son expression – dans sa mortalité – m'assigne, me demande, me réclame : comme si la mort invisible à qui fait face le visage d'autrui – pure altérité séparée, en quelque façon, de tout ensemble – était mon affaire. Comme si, ignorée d'autrui, que déjà dans la nudité de son visage, elle concerne, elle « me regardait » avant sa confrontation avec moi, avant d'être la mort qui me dévisage moi-même. La mort de l'autre homme me met en cause et en question comme si de cette mort, invisible à l'autre qui s'y expose, je devenais de par mon indifférence, le complice ; et comme si, avant même que de lui être voué moi-même, j'avais à répondre de cette mort de l'autre, et à ne pas laisser autui à la solitude. C'est précisément dans ce rappel de ma responsabilité par le visage qui m'assigne, qui me demande, qui me réclame ; c'est dans cette mise en question, qu'autrui est prochain.

En partant de cette droiture, tendue jusqu'au dénuement, jusqu'à la nudité et au sans-défense du visage, nous avons pu autrefois dire que le visage de l'autre homme est, à la fois, ma tentation de tuer et « le tu ne tueras pas » qui déjà m'accuse ou me soupçonne et m'interdit, mais déjà aussi me demande et me réclame. Comme si j'y pouvais quelque chose et comme si déjà j'étais redevable. C'est à partir de la mortalité de l'autre homme – plutôt qu'à partir d'une quelconque nature ou destinée, commune d'emblée à « nous autres mortels » – que ma non-indifférence à autrui a la signification irréductible de la socialité et n'est pas subordonnée à la priorité de mon être-à-la-mort qui mesurerait toute authenticité, comme le voudrait *Sein und Zeit,* où l'*Eigentlichkeit* – et rien ne me serait plus propre, plus *eigen* que la mort – découvre la signification de l'humain et de son identité.

Cette façon de me réclamer, de me mettre en cause et d'en appeler à moi, cette responsabilité pour la mort d'autrui, est une signifiance à tel point irréductible que c'est à partir d'elle que le sens de la mort doit être entendu, par delà la dialectique abstraite de l'être et de sa négation à laquelle, à partir de la violence ramenée à la négation et à l'anéantissement, on dit la mort. La mort signifie dans la concrétude de l'impossible abandon d'autrui à sa solitude, dans l'interdit de cet abandon. Son sens commence dans l'inter-humain. La mort signifie primordialement dans la proximité même de l'autre homme ou dans la socialité.

C'est à partir de là que la spéculation, dans les alternatives qu'elle soulève sans pouvoir en décider, pressent le *mystère* de la mort.

La responsabilité pour l'autre homme, l'impossibilité de le laisser seul au mystère de la mort, c'est, concrètement – à travers toutes les modalités du *donner* – la susception du don ultime de mourir pour autrui. La responsabilité n'est pas ici une froide exigence juridique. C'est toute la gravité de l'amour du prochain – de l'amour sans concupiscence – à laquelle s'appuie la signification congénitale de ce mot usé et que présupposent toutes les formes littéraires de sa sublimation ou de sa profanation.

4. La question.

L'exposition à-bout-portant du visage de l'autre homme et la demande qui me réclame rompant les formes plastiques de l'apparaître, mesurent concrètement la passivité de l'abandon à l'invisible de la mort, mais aussi, dans le faire-face même du visage, la violence qui se perpètre dans cette mortalité. L'invisible de la mort ou son mystère : alternative à jamais irrésolue entre l'être et le ne pas être ; mais bien davantage : alternative entre cette alternative et un autre « terme », un tiers exclu et impensable, ce par quoi, précisément, l'inconnu de la mort s'ignore autrement que l'inconnu de l'expérience, s'excluant de l'ordre où se jouent savoir et ne pas savoir, s'excluant de l'ontologie. Naissance latente de la problématicité même de la question à partir de la demande qui vient du visage d'autrui, ni simple défaut de savoir, ni quelconque modalité de la certitude de la thèse de la croyance. Problématicité que signifie l'ébranlement de la naturelle, de la naïve position ontologique de l'identité d'étant, l'inversion du *conatus,* de la persistance et de la persévérance sans problème de l'étant dans l'être ; ébranlement et inversion par lesquels, *moi* je perce sous l'identité de l'étant et peux désormais parler de *mon* ébranlement, de *mon* conatus, de ma persistance dans l'être, de *ma* mise en question comme je parle de *ma* mise au monde ; entrée dans l'inquiétude-pour-la-mort-de-l'autre-homme : réveil, dans l'étant d'une « première personne ». Problématicité à son origine en guise de mon éveil à la responsabilité pour autrui, en guise d'un dégrisement de mon propre exister.

Mise en question, en effet, dans la demande du visage qui me réclame ; question où je n'entre pas en m'interrogeant sous la modalité théorétique d'une proposition dans un dit, mais question où j'entre astreint à la responsabilité pour la mortalité de l'autre homme, et, concrètement, comme perdant devant la mort d'autrui l'innocence de mon être : mise en question devant la mort de l'autre comme un remords ou, du moins comme un scrupule d'exister. Mon exister dans sa quiétude et dans la bonne conscience de son conatus n'équivaut-il pas à un laisser mourir l'autre homme ? Le moi comme moi brisant dans un étant sachant « à quoi s'en tenir », dans l'individu d'un genre – fût-il le genre humain – sa calme participation à l'universalité de l'être, signifie comme la problématicité même de la question. Il la signifie à travers l'ambiguïté de l'identique qui se dit *je* à l'apogée de son identité inconditionnelle et autonome, mais où il peut s'avouer aussi « moi haïssable ». Le moi, c'est la crise même de l'être de l'étant, non pas parce que le sens de ce verbe aurait à être compris dans sa teneur sémantique et en appellerait à l'ontologie, mais parce que moi, je m'interroge déjà si mon être est justifié. Mauvaise conscience qui ne se réfère pas encore à une loi. Concrètement – c'est-à-dire pensée à partir de son incontournable « mise en scène » dans le phénomène (ou dans la rupture des phénomènes) – cette mauvaise conscience, cette mise en question, me vient du visage d'autrui, qui, dans sa mortalité, m'arrache au sol solide où, simple individu, je me pose et persévère naïvement – naturellement – dans ma position. Question qui n'attend pas de réponse théorique en guise d'« information ». Question plus ancienne que celle qui va à la réponse et, de là, peut-être à de nouvelles questions, plus anciennes que les fameuses questions, qui, d'après Wittgenstein, n'ont de sens que là où les réponses sont possibles et comme si la mort de l'autre homme ne posait pas de question. Question qui en appelle à la responsabilité, laquelle n'est pas un pis-aller pratique qui consolerait un savoir échouant dans son adéquation à l'être ; responsabilité qui n'est pas la privation du savoir, de la compréhension, de la saisie et de la prise, mais proximité éthique, dans son irréductibilité au savoir, dans sa socialité.

5. A-Dieu.

Le Même voué à l'Autre : pensée éthique, socialité qui est proximité ou fraternité, qui n'est pas synthèse. Responsabilité pour autrui, pour le premier venu dans la nudité de son visage. Responsabilité au-delà de ce que je peux avoir commis ou non à l'égard d'autrui et de tout ce qui aura pu ou n'aura pu être mon fait, comme si j'étais voué à l'autre avant d'être voué à moi-même. Dans une authenticité qui précisément ne se mesure pas par ce qui m'est propre – par l'*Eigentlichkeit* – par ce qui déjà m'a touché, mais par la gratuité pure envers l'altérité. Responsabilité sans culpabilité où je suis cependant exposé à une accusation que l'alibi et la non-contemporanéité ne sauraient effacer et comme si elles l'instauraient. Responsabilité d'avant ma liberté, d'avant tout commencement en moi, d'avant tout présent. *Avant*, mais dans quel passé ? Non point dans le temps précédant l'actuel où j'aurais contracté quelque engagement. Ma responsabilité pour le premier venu renverrait ainsi à un contact, à une contemporanéité. Autrui ne serait plus maintenant, où je réponds de lui, le premier venu, il serait une vieille connaissance. La responsabilité pour le prochain est avant ma liberté dans un passé immémorial, non-représentable et qui ne fut jamais présent, plus « ancien » que toute conscience de... Je suis engagé dans la responsabilité pour l'autre selon le schéma singulier que dessine une créature répondant au *fiat* de la Genèse, entendant la parole avant d'avoir été monde et au monde.

La diachronie radicale du temps, résistant à la synchronisation de la réminiscence et de l'anticipation, aux modes de la re-présentation, est élan d'une pensée qui n'est pas englobement d'un contenu, qui est pensée pour..., qui ne se réduit pas à la thématisation, au savoir adéquat à l'être de la conscience de...

Mais l'engagement de ce « profond jadis » de l'immémorial me revient comme ordre et demande, comme commandement, dans le visage de l'autre homme, d'un Dieu qui « aime l'étranger », d'un Dieu invisible, non thématisable, qui dans ce visage s'exprime et dont ma responsabilité pour autrui témoigne sans se référer à une préalable perception. Dieu invisible qu'aucune relation ne saurait rejoindre parce qu'il n'est terme d'aucune relation, fût-elle intentionalité, parce que précisément, il n'est pas terme, mais Infini. Infini auquel je suis voué par une pensée non-intentionnelle dont aucune préposition de notre langue – pas même le *à* auquel nous recourons – ne saurait traduire la dévotion. *A-Dieu* dont le temps diachronique est le chiffre unique, à la fois dévotion et transcendance. Il n'est pas certain que la notion du « mauvais infini » de Hegel n'admette aucune révision.

6. Le sens de l'humain.

La proximité de l'autre homme, dans la responsabilité pour lui, signifie donc autrement que ce que « l'apprésentation », comme savoir, pourrait jamais en tirer, mais aussi autrement que la re-présentation intérieure de chacun signifie à chacun. Il n'est pas sûr que le sens ultime et propre de l'humain soit dans son exhibition à autrui ou à lui-même, qu'il soit dans le manifesté ou dans la manifestation, dans la vérité dévoilée ou dans la noèse du savoir. Est-il sûr que l'homme n'ait pas un sens précisément au-delà de ce que l'homme peut *être*, au-delà de ce qu'il peut *se montrer ?* Ce sens ne réside-t-il pas précisément dans son visage de premier venu, dans son étrangeté (ou, si on peut dire l'étrangèreté) d'autrui, dans la mesure où c'est précisément à cette étrangeté que s'attache son appel à moi ou son imposition à ma responsabilité ? Cette imposition à moi, cet incomber-à-moi de l'étranger, n'est-elle pas la façon dont « entre en scène », ou dont me vient à l'idée, un dieu qui aime l'étranger me mettant en question par sa demande et dont témoigne mon « me voici » ?

La signifiance de cette étrangeté diachronique de l'autre dans ma responsabilité pour lui, de cette « différence entre indiscernables » sans genre commun – moi et l'autre – coïncide avec une non-in-différence en moi pour l'autre. N'est-elle pas la signifiance même du visage, du parler originaire qui me demande et me tient en question et m'éveille ou suscite ma réponse ou ma responsabilité ? Avant tout savoir que je puisse avoir de moi-même, avant toute présence réflexive de moi à moi-même et par-delà ma persévérance dans l'être et le repos en moi-même, n'est-ce pas là le *pour-l'autre* du grand dégrisement du psychisme en humanité, l'à-Dieu rompant avec la *Jemeinigkeit* heideggérienne ?

Il ne s'agit pas par ces interrogations et ces conditionnels de reprendre la grande thèse de la psychanalyse, selon laquelle l'analyste voit plus juste en l'autre homme que l'autre homme ne voit en sa conscience spontanée et réfléchie. En l'espèce, il ne s'agit ni de voir, ni de savoir. Nous demandons si l'humanité de l'homme se définit seulement par ce qu'*est* l'homme ou si, dans le visage qui *me demande*, une autre signifiance que l'ontologique – et plus ancienne – n'est pas en train de prendre sens et d'éveiller à une autre pensée que le savoir, lequel n'est probablement qùe la pulsation même du Moi de la bonne conscience. Le sens de l'humain ne se mesure pas par la présence, fût-ce par sa présence à lui-même. La signification de la proximité déborde les limites ontologiques, l'*essence* humaine et le monde. Elle signifie par la transcendance et par l'à-Dieu-en-moi qui est la mise en question de moi. Le visage signifie dans le dénuement, dans tout le précaire de l'interrogation, dans tout l'aléa de la mortalité.

Que la Révélation soit amour de l'autre homme, que la transcendance de l'à-Dieu, séparé d'une séparation derrière laquelle ne se récupère aucun genre commun aux séparés, ni même aucune forme vide qui les embrasserait ensemble, que le rapport à l'Absolu ou à l'Infini signifie éthiquement, c'est-à-dire *dans* la proximité de l'autre homme, étranger et possiblement nu, dénué et indésirable, mais aussi *dans* son visage qui me demande, irrécusablement visage vers moi tourné me mettant en question, – tout cela ne doit pas être pris pour une « nouvelle preuve de l'existence de Dieu ». Problème qui n'a probablement de sens qu'à l'intérieur du monde. Tout cela décrit seulement la circonstance où le sens même du mot Dieu vient à l'idée, et plus impérieusement qu'une présence ; circonstance où ce mot ne signifie ni être, ni persévérance dans l'être, ni aucun arrière-monde – rien moins qu'un monde ! – sans que, dans ces circonstances précisément précises, ces négations tournent en théologie négative.

7. Le droit d'être.

Visage, par delà la manifestation et le dévoilement intuitif. Visage comme à-Dieu, naissance latente du sens. L'énoncé apparemment négatif de l'à-Dieu ou de la signification, se détermine ou se concrétise comme responsabilité pour le prochain, pour l'autre homme, pour l'étranger, à laquelle, dans l'ordre rigoureusement ontologique de la chose – du quelque chose, de la qualité, du nombre et de la causalité – rien n'oblige. Régime de l'autrement qu'être. La compassion et la sympathie auxquelles on voudrait réduire, comme à des éléments de l'ordre naturel de l'être, la responsabilité pour le prochain, sont déjà sous le régime de l'à-Dieu. La signification, l'à-Dieu, le-pour-l'autre – concrets dans la proximité du prochain – ne sont pas une quelconque privation de la vision, une intentionalité vide, une pure visée ; ils sont la transcendance qui peut-être rend seulement possible toute intuition, toute intentionalité et toute visée.

Ce qu'on continue d'appeler « identité du moi » n'est pas originairement une confirmation de l'identité de l'étant dans son « quelque chose », n'est pas une quelconque exaltation ou surenchère de cette identité du « quelque chose » s'élevant au rang d'un « quelqu'un » ; c'est la « non-interchangeabilité », l'unicité, l'éthos d'irremplaçable qui, indiscernable, ne s'individue ni par un quelconque attribut ni par quelque « privation » jouant le rôle de différence spécifique. Ethos d'irremplaçable remontant à cette responsabilité : cette identité du moi ou du « soi-même » signifie le caractère d'incessible attaché à la responsabilité ; elle tient à son éthique et, ainsi à son élection. Eveil à un psychisme vraiment humain, à une interrogation qui, derrière la responsabilité et comme son ultime motivation, est une question sur le droit d'être. Non pas dévoilé dans l'éclat de sa persévérance dans l'être, si précaire ou si assurée qu'elle soit de par la mortalité et la finitude de cet être ; mais affecté dans l'hésitation et la pudeur – et peut-être dans la honte d'injustifié qu'aucune qualité ne saurait ni couvrir, ni investir ni camper comme personnage discernable dans sa particularité. Nu en quête d'une identification qui ne peut lui venir que d'une incessible responsabilité. Condition ou in-condition à distinguer des structures signifiant la précarité ontologique de la présence, mortalité et angoisse. Il faut rester attentif à une intrigue de sens autre qu'ontologique et où se met en question le droit même d'être. La « bonne conscience », allant dans la réflexion sur le moi pré-réflexif jusqu'à la fameuse conscience de soi, c'est déjà le retour du moi éveillé dans la responsabilité – du moi comme *pour-l'autre*, du moi de « mauvaise conscience » – à son « intégrité » ontologique, à sa persévérance dans l'être, à sa santé.

8. Sujétion et primogéniture.

Mais, à proprement parler, déjà en disant ici-même le moi pré-réfléchi, le moi sans concept, le moi soucieux, devant le visage d'autrui, de son droit d'être, ce moi s'est érigé en *notion du moi*, moi de la « mauvaise conscience », il s'est protégé dans la thématisation même du présent propos, sous la *notion du moi*. Il s'est protégé, mais aussi, oublié, sous la généralité du concept, la première personne assujettie à d'autres, incomparable aux autres et qui n'est précisément pas individu d'un genre. La voici *un Moi* et, dans l'équité du concept, pur individu du genre en parfaite symétrie et réciprocité avec les autres moi's. Il est l'égal, mais il n'est plus le frère de tous les autres. Il faut sur ce point dédire le dit, revenir sur son propos et à nouveau s'éveiller à Dieu : au moi pré-réflexif, frère d'autrui, et, dans la fraternité, d'emblée responsable d'autrui, non-indifférent à la mortalité de l'autre, accusé de tout, mais sans culpabilité dont il se souvienne et avant d'avoir pris aucune décision ni accompli aucun acte libre et, par conséquent, avant d'avoir commis aucune faute dont cette responsabilité aurait découlé, responsabilité d'otage jusqu'à la substitution à l'autre homme. Dans le livre 10 de ses *Confessions* Saint-Augustin oppose à la *veritas lucens,* la *veritas redarguens* – la vérité qui accuse ou qui remet en question. Expressions remarquables pour la vérité en tant qu'éveil à l'esprit ou au psychisme humain. Moi pré-réflexif dans la passivité du *soi :* c'est par le soi, par le moi-en-question, que se conçoit seulement cette passivité, plus passive que toute passivité, plus passive que celle qui, dans le monde, reste la contre-partie d'une quelconque action en qui, même en guise de matérialité, offre déjà une résistance, la fameuse résistance passive.

Responsabilité d'otage jusqu'à la substitution à l'autre homme – infinie sujétion. A moins que cette responsabilité toujours préalable ou anarchique – c'est-à-dire sans origine dans un présent – ne soit la mesure ou le mode ou le régime d'une liberté immémoriale – plus ancienne que l'être, que les décisions et les actes. Par cette liberté, l'humanité en moi, c'est-à-dire l'humanité comme moi, dans son à-Dieu, signifie, malgré sa contingence ontologique de finitude et l'énigme de sa mortalité, une primogéniture et, dans la responsabilité incessible, l'unicité de l'élu. C'est là l'unicité du moi. Primogéniture (2) et élection, identité et priorité d'une identification et d'une excellence irréductibles à celles qui peuvent marquer ou constituer des étants, dans l'arrangement du monde, et les personnes dans le rôle joué sur la scène sociale de l'histoire comme personnages, c'est-à-dire dans le miroir de la réflexion ou dans la conscience de soi. J'ai à répondre de la mort des autres avant d'*avoir-à-être.* Ce n'est pas une aventure arrivant à une conscience qui, d'abord et d'emblée, serait savoir et représentation, conservant son assurance dans l'héroïsme de l'être-pour-la-mort où elle s'affirme comme lucidité et comme pensée pensant *jusqu'au bout* ; non-autochtonie dans l'être qui n'est pas une aventure arrivant à une conscience qui, jusque dans sa finitude, est – encore ou déjà – bonne conscience sans question quant à son droit à l'être et, dès lors, angoissée ou héroïque dans la précarité de sa finitude. La mauvaise conscience est une « instabilité » différente de celle dont menace la mort et la souffrance lesquelles passent pour la source de tous périls.

Question sur mon droit à l'être qui est déjà ma responsabilité pour la mort d'autrui, interrompant la spontanéité, sans circonspection, de ma naïve persévérance. Le droit à l'être et la légitimité de ce droit, ne se réfèrent pas, en fin de compte, à l'abstraction des règles universelles de la loi, mais en dernier ressort – comme cette loi elle-

2. Abraham, père des croyants, dans Genèse (19, 23-32) intervenait pour Sodome, tout en rappelant qu'il était « cendre et poussière ». Un apologue du Talmud (Sota) rappelle que l'« eau lustrale » qui, d'après Nombres (19) purifie les impuretées dues au contact ou au voisinage des morts, est une eau à laquelle sont mélangées, selon le rituel, les cendres d'une « vache rousse » brûlée. Le rite de purification se référerait ainsi au plaidoyer d'Abraham. L'humanité d'Abraham est plus forte que sa propre mort. Abraham n'aurait pas été décontenancé par sa propre mortalité qu'il évoquait dans sa prière pour intervenir contre la mort de l'autre homme.

même et la justice – au *pour-l'autre* de ma non-indifférence à la mort, à laquelle s'expose la droiture même du visage d'autrui (3). Qu'il me regarde ou non, il « me regarde ». La question de mon droit à l'être est inséparable du pour-l'autre en moi, elle est aussi ancienne que ce pour-l'autre. Question contre-nature, contre le naturel de la nature. Mais question de sens par excellence, en deçà ou au-delà de tous les jeux du sens que nous surprenons dans la référence des mots, les uns aux autres, dans nos passe-temps d'écriture. Question du sens de l'être : non pas l'ontologique de la compréhension de ce verbe extraordinaire, mais l'éthique de la justice de l'être. Question pure qui *me* demande et où, contre la nature, la pensée s'éveille à sa responsabilité incessible, à son identité d'indiscernable, à soi-même. La question par excellence, ou la première question, n'est pas « pourquoi il y a de l'être plutôt que rien ? », mais « ai-je droit à l'être ? » Question de sens qui ne se tourne vers aucune finalité naturelle, mais qui se perpétue dans nos étranges discours humains sur le sens de la vie, où la vie s'éveille à l'humanité. Question refoulée la plupart du temps et qui remonte à la pointe extrême de ce qu'on appelle parfois, à la légère, maladie (4).

3. Sur le passage du « pour-l'autre » à l'équité de la justice voir *Autrement qu'être, ou au-delà de l'Essence*, p. 205.

4. Ici en guise d'apologue biblique, je rappellerai les livres qui semblent constituer la « bible » du monde littéraire contemporain : l'œuvre de Kafka. Par delà les labyrinthes et les impasses du Pouvoir, de la Hiérarchie et de l'Administration qui égarent et séparent les hommes, se lève, dans cette œuvre, le problème de l'identité humaine elle-même mise en question sous l'accusation sans culpabilité, de son droit à l'être et de l'innocence de l'advenir même de l'aventure de l'être.

LA MAUVAISE CONSCIENCE ET L'INEXORABLE*

> **Le moi responsable d'autrui, moi sans moi, est la fragilité même, au point d'être mis en question de part en part en tant que je, sans identité, responsable de celui à qui il ne peut donner de réponse, répondant qui n'est pas question, question qui se rapporte à autrui sans non plus attendre de lui une réponse. L'Autre ne répond pas.**
>
> **Maurice BLANCHOT, *L'Ecriture du désastre*, p. 183.**

1. A partir de l'*intentionalité*, la conscience s'entend comme modalité du volontaire. Le mot *intention* le suggère ; et ainsi se justifie l'appellation d'*actes* conférés aux unités de la conscience intentionnelle. La structure intentionnelle de la conscience se caractérise, d'autre part, par la représentation. Elle serait à la base de toute conscience, théorétique et non-théorétique. Cette thèse de Brentano reste vraie pour Husserl, malgré toutes les précisions qu'il y aura apportées et toutes les précautions dont il l'aura entourée dans la notion d'actes objectivants. Conscience implique présence, position-devant-soi, c'est-à-dire la mondanéité, le fait d'être-donné. Exposition à

*** Paru dans *Exercices de la Patience*, n° 2.**

la saisie, à la prise, à la compréhension, à l'appropriation. La conscience intentionnelle n'est-elle pas, dès lors, le détour selon lequel s'exerce concrètement la persévérance-dans-l'être, emprise active sur la scène où l'être des étants se déroule, se rassemble et se manifeste ? Conscience comme le scénario même de l'incessant effort de l'*esse* en vue de cet *esse* même, exercice quasi tautologique du *conatus* auquel se ramène la signification formelle de ce verbe privilégié qu'on nomme, à la légère, auxiliaire.

Mais une conscience *dirigée* sur le monde et sur les objets, structurée comme intentionalité, est aussi, *indirectement*, et comme de surcroît, conscience d'elle-même : conscience du moi-actif qui se représente monde et objets, ainsi que conscience de ses actes mêmes de représentation, conscience de l'activité mentale. Conscience cependant indirecte, immédiate, mais sans visée intentionnelle, implicite et de pur accompagnement. Non-intentionnel à distinguer de la perception intérieure à laquelle elle serait apte à se convertir. Celle-ci, conscience réfléchie, *prend pour objets* le moi, ses états et ses actes mentaux. Conscience réfléchie où la conscience dirigée sur le monde cherche secours contre l'inévitable naïveté de sa rectitude intentionnelle, oublieuse du vécu indirect du non-intentionnel et de ses horizons, oublieuse de ce qui l'accompagne.

On est, dès lors, porté – peut-être trop vite – à considérer, en philosophie, ce vécu comme savoir encore non-explicité ou comme représentation encore confuse que la réflexion amènera à la pleine lumière. Contexte obscur du monde thématisé que la réflexion, conscience intentionnelle, convertira en données claires et distinctes, comme celles qui présentent le monde perçu lui-même.

Il n'est pas interdit cependant de se demander si, sous le regard de la conscience réfléchie, prise pour conscience de soi, le non-intentionnel, vécu en contrepoint de l'intentionnel, conserve et livre son sens véritable. La critique traditionnellement exercée à l'endroit de l'introspection a toujours soupçonné une modification que subirait la conscience dite spontanée sous l'œil scrutateur et thématisant et objectivant et indiscret de la réflexion, et comme une violation et une méconnaissance de quelque secret. Critique toujours réfutée, critique toujours renaissante.

Que se passe-t-il donc dans cette conscience non-réflexive que l'on prend seulement pour pré-réflexive et qui, implicite, accompagne la conscience intentionnelle visant dans la réflexion, intentionnellement, le soi-même, comme si le moi-pensant apparaissait au monde et y appartenait ? Que peut signifier, en quelque façon positivement, cette prétendue confusion, cette implication ? N'y a-t-il pas lieu de distinguer entre l'*enveloppement* du particulier dans un concept, le *sous-entendement* du présupposé dans une notion, la *potentialité* du possible dans un horizon d'une part, et l'*intimité* du non-intentionnel dans la conscience pré-réflexive ?

2. Le « savoir » de la conscience pré-réflexive de soi, *sait*-il, à proprement parler ? Conscience confuse, conscience implicite précédant toute intention – ou revenue de toute intention – elle n'est pas acte, mais passivité pure. Non seulement de par son être-sans-avoir-choisi-d'être ou de par sa chute dans un entremêlé de possibles déjà réalisés avant toute assomption, comme dans la *Geworfenheit* heideggérienne. « Conscience » qui, plutôt que de signifier un savoir de soi, est effacement ou discrétion de la présence. Mauvaise conscience : sans intentions, sans visées, sans le masque protecteur du personnage se contemplant dans le miroir du monde,

rassuré et se posant. Sans nom, sans situation, sans titres. Présence qui redoute la présence, nue de tous attributs. Nudité qui n'est pas celle du dévoilement ou de la mise à découvert de la vérité. Dans sa non-intentionalité, en deçà de tout vouloir, avant toute faute, dans son indentification non-intentionnelle, l'identité recule devant son affirmation, devant ce que le retour à soi de l'identification, peut comporter d'insistance. Mauvaise conscience ou timidité : sans culpabilité accusée et responsable de sa présence même. Réserve du non-investi, du non-justifié, de l'« étranger sur la terre » selon l'expression du psalmiste, du sans-patrie ou du sans-domicile qui n'ose pas entrer. L'intériorité du mental, c'est, peut-être, originellement cela. Non pas au-monde, mais en question. Par référence à quoi, en « souvenir » de quoi, le moi qui déjà se pose et s'affirme – ou s'affermit – dans le monde et dans l'être, reste assez ambigu – ou assez énigmatique – pour se reconnaître, selon le mot de Pascal, haïssable dans la manifestation même de son identité emphatique de l'ipséité – dans le langage, dans le dire-je. La priorité superbe de l'A *est* A, principe d'intelligibilité et de signifiance, cette souveraineté, cette liberté dans le moi humain, est aussi, si on peut dire, l'avènement de l'humilité. Mise en question de l'affirmation et de l'affermissement de l'être, qui se retrouve jusque dans la fameuse – et facilement rhétorique – quête du « sens de la vie », comme si le moi au-monde qui a déjà pris sens à partir des finalités vitales, psychiques ou sociales, remontait à sa mauvaise conscience.

La conscience pré-réflexive, non-intentionnelle, ne saurait se décrire comme prise de conscience de cette passivité, comme si, en elle, déjà, se distinguait la réflexion d'un sujet, se posant comme au « nominatif indéclinable », assuré de son bon droit à l'être et « dominant » la timidité du non-intentionnel comme une enfance de l'esprit à dépasser ou un accès de faiblesse arrivé à un psychisme impassible. Le non-intentionnel est passivité d'emblée, l'accusatif est son premier « cas » en quelque façon. A vrai dire, cette passivité qui n'est le corrélat d'aucune action, décrit moins la « mauvaise conscience » du non-intentionnel, qu'elle ne se laisse décrire par celle-ci. Mauvaise conscience qui n'est pas la finitude de l'exister signifiée dans l'angoisse. Ma mort, toujours prématurée, met en échec l'être qui en tant qu'être persévère dans l'être, mais ce scandale n'ébranle pas la bonne conscience d'être, ni la morale fondée sur le droit inalinéable du *conatus*. Dans la passivité du non-intentionnel – dans le mode même de sa spontanéité et avant toute formulation d'idées « métaphysiques » à ce sujet – se met en question la justice même de la position dans l'être qui s'affirme avec la pensée intentionnelle, savoir et emprise du main-tenant : être comme mauvaise conscience ; être en question, mais aussi à la question, avoir à répondre – naissance du langage ; avoir à parler, avoir à dire je, être à la première personne, être moi précisément ; mais, dès lors, dans l'affirmation de son être de moi, avoir à répondre de son droit à l'être.

3. Avoir à répondre de son droit d'être, non pas par référence à l'abstraction de quelque loi anonyme, de quelque entité juridique, mais dans la crainte pour autrui. Mon « au monde » ou ma « place au soleil », mon chez moi, n'ont-ils pas été usurpation des lieux qui sont à l'autre homme déjà par moi opprimé ou affamé ? Crainte pour tout ce que mon exister, malgré son innocence intentionnelle et consciente, peut accomplir de violence et de meurtre. Crainte qui remonte derrière ma « conscience de soi » et quels que soient, vers la bonne conscience,

les retours de la pure persévérance dans l'être. Crainte qui me vient du visage d'autrui. Droiture extrême du visage du prochain, déchirant les formes plastiques du phénomène. Droiture d'une exposition à la mort, sans défense ; et, avant tout langage et avant toute mimique, une demande à moi adressée du fond d'une absolue solitude ; demande adressée ou ordre signifié, mise en question de ma présence et de ma responsabilité.

Crainte et responsabilité pour la mort de l'autre homme, même si le sens ultime de cette responsabilité pour la mort d'autrui était responsabilité devant l'inexorable et, à la dernière extrémité, l'obligation de ne pas laisser l'autre homme seul en face de la mort. Même si, face à la mort – où la droiture même du visage qui me demande, révèle enfin pleinement et son exposition sans défense et son faire-face lui-même – même si, à la dernière extrémité, le ne-pas-laisser-seul-l'autre-homme ne consiste, dans cette confrontation et cet impuissant affrontement, qu'à répondre « me voici » à la demande qui m'interpelle. Ce qui est, sans doute, le secret de la socialité et, dans ses ultimes gratuité et vanité, l'amour du prochain, amour sans concupiscence.

La crainte pour autrui, crainte pour la mort du prochain, est ma crainte, mais n'est en rien crainte *pour* moi. Elle tranche ainsi sur l'admirable analyse phénoménologique que *Sein und Zeit* propose de l'affectivité : structure réfléchie où l'émotion est toujours émotion *de* quelque émouvant, mais aussi émotion *pour* soi-même, où l'émotion consiste à s'émouvoir – à *s'*effrayer, à *se* réjouir, à *s'*attrister, etc. – double « intentionalité » du *de* et du *pour* participant de l'émotion par excellence : de l'angoisse ; être-à-la-mort où l'être fini est ému *de* sa finitude *pour* cette finitude même. La crainte pour l'autre homme ne retourne pas à l'angoisse pour *ma* mort.

Elle déborde l'ontologie du *Dasein* heideggérien. Trouble éthique de l'être, par delà sa bonne conscience d'être « en vue de cet être même » dont l'être-à-la-mort marque la fin et le scandale, mais où il n'éveille pas de scrupules.

Dans le « naturel » de l'être-en-vue-de-cet-être-même, par rapport auquel toutes choses, comme *Zuhandenes* – et même l'autre homme – semblent prendre sens, l'essentielle nature se met en question. Retournement à partir du visage d'autrui où, au sein même du phénomène dans sa lumière, signifie un *surplus* de signifiance qu'on pourrait désigner comme gloire. Ce qu'on appelle parole de Dieu, ne me vient-il pas dans la demande qui m'interpelle et me réclame et, dès avant toute invitation au dialogue, déchire la forme sous laquelle l'individu qui me ressemble m'apparaît et se montre seulement, pour se faire visage de l'autre homme ? Par rapport à toute l'affectivité de l'être-au-monde – nouveauté d'une non-indifférence pour moi de l'absolument différent, autre, non représentable, non saisissable, c'est-à-dire l'Infini lequel m'assigne – déchirant la représentation sous laquelle se manifestent les étants du genre humain – pour me désigner, dans le visage d'autrui, comme, sans dérobade possible, l'unique et l'élu. Appel de Dieu, il n'instaure pas entre moi et Lui qui m'a parlé un *rapport ;* il n'instaure pas ce qui, à un titre quelconque, serait une conjonction – une co-existence, une synchronie, fût-elle idéale – entre termes. L'Infini ne saurait signifier pour une pensée qui va à terme et l'à-Dieu n'est pas une finalité. C'est, peut-être, cette irréductibilité de l'à-Dieu ou de la crainte de Dieu à l'eschatologique par laquelle s'interrompt, dans l'humain, la conscience qui allait à l'être dans sa persévérance ontologique ou à la mort qu'elle prend pour pensée ultime, que signifie, au-delà de l'être, le mot gloire. L'alternative de l'être et du néant n'est pas ultime. L'à-Dieu n'est pas un processus de l'être : dans l'appel, je suis renvoyé à l'autre homme par qui cet appel signifie, au prochain pour qui j'ai à craindre.

Derrière l'affirmation de l'être persistant analytiquement – ou animalement – dans son être et où la vigueur idéale de l'identité qui s'identifie et s'affirme et s'affermit dans la vie des individus humains et dans leur lutte pour l'existence : vitale, consciente et rationnelle, la merveille du moi revendiqué par Dieu dans le visage du prochain – la merveille du moi débarrassé de soi et craignant Dieu – est ainsi comme la suspension de l'éternel et irréversible retour de l'identique à lui-même et de l'intangibilité de son privilège logique et ontologique. Suspension de sa priorité idéale, négatrice de toute altérité, excluant le tiers. Suspension de la guerre et de la politique qui se font passer pour relation du Même à l'Autre. Dans la déposition par le moi de sa souveraineté de moi, dans sa modalité de haïssable, signifie l'éthique mais probablement aussi la spiritualité même de l'âme : l'humain ou l'intériorité humaine c'est le retour à l'intériorité de la conscience non-intentionnelle, à la mauvaise conscience, à sa possibilité de redouter l'injustice plus que la mort, de préférer l'injustice subie à l'injustice commise et ce qui justifie l'être à ce qui l'assure. Etre ou ne pas être, ce n'est probablement pas là la question par excellence.

« Tout est entre les mains de Dieu, sauf la crainte de Dieu », dit Rav Hanina cité dans une page antique du Talmud (Traité Berakhot 33B). La crainte de Dieu serait l'affaire de l'homme. La peur que, dans sa toute-puissance, le Dieu tout-puissant de la théologie ne peut pas ne pas inspirer à la créature, n'est donc pas la crainte de Dieu qui, selon la suite de ce dire de Rav Hanina, est « l'unique trésor de la trésorerie du Ciel ».

FAÇON DE PARLER*

Nous voudrions, en quelques pages, aborder la contradiction de principe qu'il y aurait à affirmer l'indépendance de l'intelligibilité éthique par rapport à la pensée théorétique et de l'être, dans un discours qui est théorétique lui-même et dont l'aspiration à la *pleine conscience* s'obstinerait cependant à affirmer la priorité de droit de la « mauvaise conscience » dans l'ordre du sensé.

La philosophie comme la science, comme la perception, prétend à un savoir : elle dit « ce qu'il en est », son essence théorétique serait indéniable. Cela est vrai de tout notre discours, de sa première à sa dernière proposition. La signification de ce qui est dit en philosophie est un savoir – vrai ou erroné – et se réfère à l'*être* corrélatif de ce savoir, est ontologie. Le privilège de ces référents corrélatifs, savoir et être, c'est-à-dire le privilège de l'intelligibilité théorétique ou de l'ontologie parmi les modes ou les régimes d'intelligibilité ou de sens autres qu'on pourrait imaginer ou trouver, sera attesté par l'inévitable recours au savoir et à l'être qui se produit même dans un énoncé philosophique qui, éventuellement, ose contester ce privilège. L'*Un* de la première hypothèse

* Paru dans *Heidegger et la question de Dieu*, Grasset, 1980.

du *Parménide* de Platon qui ne devrait « ni être nommé, ni désigné, ni opiné, ni connu » (142a), ne se sépare pas de l'être, puisqu'il est nommé désigné et connu dans le propos qui énonce et tend à démontrer cette séparation de l'Un et de l'être.

Le modèle d'une telle démonstration est évidemment le même que celui de la réfutation classique du scepticisme, laquelle, d'ailleurs, n'a jamais empêché le retour et le renouvellement du propos sceptique, ni sa prétention à une dignité philosophique. La vigueur intellectuelle de ce modèle vient de ce que la négation de la vérité n'est pas à même d'empêcher le retour réflexif de la pensée sur cette négation, retour réflexif qui saisit alors en elle l'énoncé d'une vérité qui s'installe à la place de la négation de la vérité : affirmation promise et permise à tout retour réflexif qui reconnaît de l'être jusque dans la signifiance du néant.

On devrait pourtant se demander si toute négation admet une telle réflexion, si le penser poétique, par exemple, d'emblée opérant dans la matière des mots, les trouvant, comme dirait Picasso, sans les chercher, a le temps d'écouter la réflexion, si, notamment, le penser et le parler poétiques ne sont pas précisément assez forts ou assez adonnés à leur kerygme, assez irrécusables pour empêcher le repliement de la réflexion ou pour ne pas écouter sa contradiction, si la poésie ne se définit pas précisément par cette parfaite droiture et par cette urgence. On devrait surtout se demander si, d'une autre façon – si à sa façon –, malgré son essence théorétique, la philosophie, dans une sorte d'alternance ou d'ambiguïté – énigme de sa vocation – n'est pas libre tantôt de prendre pour ultimes les suggestions et le style ontologiques de la réflexion qu'elle écoute et tantôt – et aussitôt – de les prendre pour de simples formes nécessaires à la *visibilité* du sens pensé. Bien que, par exemple, en tant que question indirecte, la proposition indicative, sous sa forme catégorique, puisse porter et englober la *question* comme une modalité dérivée de l'assertion, de l'*apophansis*, de la position de croyance, entendue comme modalité originaire, le philosophe, tout en thématisant, comme si c'était de l'être, la problématicité de la *question*, peut rechercher sa signifiance originelle propre, dût-elle remonter, comme nous l'avons suggéré, à la mauvaise conscience d'être. La réfutation du scepticisme – que nous avons évoqué comme modèle – elle aussi, opère au sein d'une rationalité propre au savoir de l'être, propre à l'ontologie dont le régime est déjà établi. Mais le philosophe peut aussi se demander si l'établissement de l'intelligibilité ontologique ne procède pas déjà d'une pensée ontologique, et cela même quand cet établissement s'expose – se laisse voir – en se soumettant déjà, dans les propositions où il s'expose, au régime dont il est seulement en train d'établir la légitimité.

Que cette soumission aux formes de l'exposition ne soit pas accidentelle – personne n'en doutera (1).

1. Dans une lettre non datée de Franz Rosenzweig à Martin Buber (voir Franz Rosenzweig ; *Der Mensch und sein Werk – Gesammelte Schriften – Briefe und Tagebücher*, vol. II, pp. 824-827. Martinus Nijhoff éditeur, Den Haag), admirablement commentée et éclairée avec rigueur, par le professeur Bernhard Casper de la faculté de théologie de Fribourg-en-Brisgau (voir : *Philosophisches Jahrbuch*, 1979, vol. II, pp. 225-238, Karl Alber éditeur, Fribourg-Munich), l'auteur de l'*Etoile de la Rédemption* appelé à donner son amical avis sur les premières épreuves de *Ich und Du*, objecte à Buber la faiblesse du mot-originaire, de l'*Urwort* : Je-Cela *(Ich-Es)*. Il le traite d'*avorton (Krüppel)*, inadéquat au poids véritable du langage portant *sur* l'être, à la proposition non dialogale. Mais la neutralité du pronom *Cela (Es)*, désignant l'être thématisé, tiendrait, d'après Rosenzweig, dans la formule *je-cela*, surtout à la faiblesse du *Je*, lequel conviendrait, à la rigueur, à l'interprétation idéaliste du réel, à la constitution des objets par la subjectivité transcendantale du Je, mais non pas à la réalité réelle, à la *créature* dont l'absoluité tient à Dieu qui ne saurait s'exprimer par le *Je*, ni, jusqu'au bout, par le Tu, mais qui est Il, troisième

Personne en effet ne saurait méconnaître que la rationalité théorétique de l'ontologie n'est aucunement une péripétie quelconque de la signifiance du sens, même s'il y a lieu de contester qu'elle signifie de signifiance ultime ou originelle. L'ontologie est précisément vérité de l'être, un dé-couvrir, un dé-voiler, un faire voir. Mais est-ce le *voir* et le *faire voir* qui justifient le *voir ?* Est-il certain que la vérité justifie en dernier lieu la recherche de la vérité ou que la recherche de la vérité se justifie par elle-même, comme si la vérité coïncidait avec l'Idée du Bien ? « C'est le savoir (...) en tant que conscience donatrice originaire sous toutes ses formes qui est l'ultime source de droit pour toute affirmation rationnelle » – cette proposition husserlienne vaut sans doute pour la science déjà installée en face de l'être. S'applique-t-elle sans équivoque au savoir philosophique qui prétend penser derrière la science ? Que la rationalité puisse s'appeler *justification* et non pas toujours démonstration, que l'intelligibilité se réfère à la justice n'est pas un simple jeu de métaphores. Les raisons qu'une certaine raison ignore cessent-elles, pour autant, de signifier de façon sensée ? Sans attribuer ces « raisons que la Raison ne connaît pas » au cœur ou en s'interrogeant sur l'acception qu'il conviendrait de conférer à ce vocable, la philosophie

personne, n'ayant plus rien de commun avec le *il* négligé dans le dialogue. Le vrai mot pour l'être du monde serait : Il-Cela. « Il fait vivre et fait mourir ». L'importance véritable de la proposition se prononçant *sur* l'être et du langage usant de ces propositions, se révélerait, d'après Rosenzweig, notamment, dans le fait même que la théorie du *Je-Tu* que contient le livre fondamental de Buber se fait, d'un bout à l'autre, dans ce langage. Voilà encore un recours au modèle de la réfutation du scepticisme ! Mais il est évident que le langage ontologique est ici revendiqué non pas à partir de l'éternité et de l'ultimité de l'être qui serait porteur de tous sens, mais à partir de toute la théologie de la création qui confère à l'être son assise ou son commencement et son véritable poids.

peut entendre ces raisons derrière les formes ontologiques que lui révèle la réflexion. Le sens que la philosophie laisse voir à l'aide de ces formes se libère des formes théorétiques qui le laissent voir et se dit comme si ces formes ne s'incrustaient précisément pas dans ce qu'elles laissent voir et dire. Dans une inévitable alternance, la pensée va et vient entre les deux possibilités.

C'est en cela que réside l'énigme de la philosophie par rapport au dogmatisme ontologique et à sa lucidité unilatérale. Mais aussi comme la permanence de sa crise. Ce qui, concrètement, signifie que pour la philosophie la proposition ontologique reste ouverte à une certaine réduction, disposée à se dédire et à se vouloir tout autrement dite.

TABLE DES MATIERES

ACHEVÉ D'IMPRIMER
EN JUILLET 2004
PAR L'IMPRIMERIE
DE LA MANUTENTION
A MAYENNE
FRANCE
N° 246-04

Dépôt légal : 3e trimestre 2004